KB010495

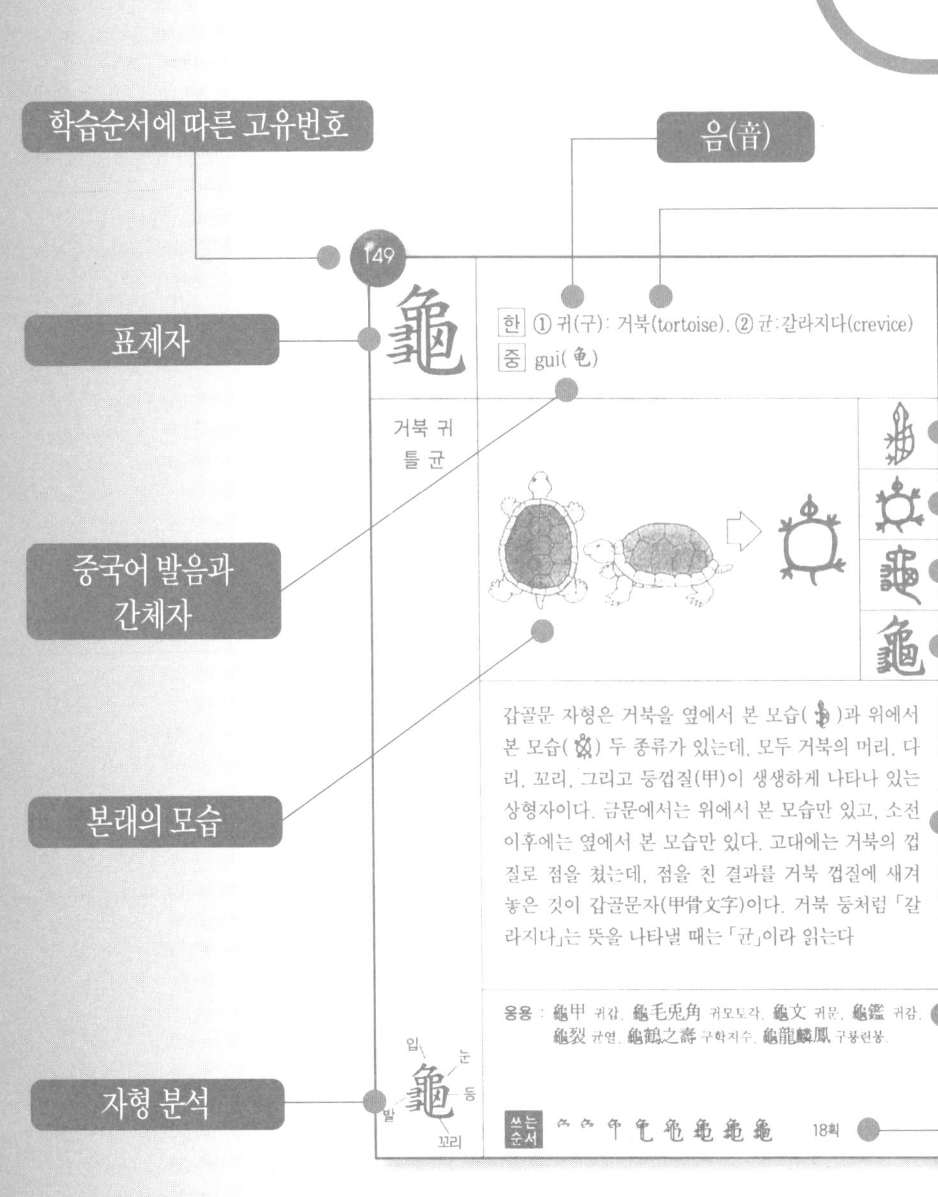

학습순서에 따른 고유번호
음(音)
149
표제자
龜
한 ① 귀(구): 거북(tortoise). ② 균:갈라지다(crevice)
중 gui(龟)
거북 귀
틀 균
중국어 발음과 간체자
본래의 모습
갑골문 자형은 거북을 옆에서 본 모습( )과 위에서 본 모습( ) 두 종류가 있는데, 모두 거북의 머리, 다리, 꼬리, 그리고 등껍질(甲)이 생생하게 나타나 있는 상형자이다. 금문에서는 위에서 본 모습만 있고, 소전 이후에는 옆에서 본 모습만 있다. 고대에는 거북의 껍질로 점을 쳤는데, 점을 친 결과를 거북 껍질에 새겨 놓은 것이 갑골문자(甲骨文字)이다. 거북 등처럼 「갈라지다」는 뜻을 나타낼 때는 「균」이라 읽는다
응용 : 龜甲 귀갑, 龜毛兎角 귀모토각, 龜文 귀문, 龜鑑 귀감, 龜裂 균열, 龜鶴之壽 구학지수, 龜龍麟鳳 구룡린봉.
자형 분석
입
눈
등
발
꼬리
쓰는 순서
18획

비봉한자학습법은 이렇게 구성되어 있습니다!!

뜻(해당 영어 단어)

갑골문(甲骨文)

금문(金文)

소전(小篆)

해서(楷書)

漢

字

자형 및 어의 설명

응용 예(초급에서 고급까지)

쓰는 순서와 획수

비봉한자학습법

비봉 한자 학습법(2)

(개정판)

뿌리를 찾아 원리를 이해하는

비봉 한자 학습법(2)

(개정판)

박 기 봉 저

비봉출판사

머 리 말

이 책은 "한자는 배우기 어렵다"는 많은 사람들의 인식과는 달리, "한자는 그 학습 방법만 옳으면 한글보다도 더 쉽고 재미있게 배울 수 있다"는 필자의 체험을 많은 사람들과 공유하기 위해서 썼다.

한글은 자음과 모음을 조합할 정도의 논리적 사고능력이 갖추어진 후에야 학습이 가능하지만, 한자는 그 바탕이 상형(象形), 즉 모양을 본뜬 그림이기 때문에, 한자를 최초로 만든 사람이 본따서 그렸을 대상을 그림으로 보여 주고 그것이 지금처럼 변해 오는 과정을 설명해 줄 수 있다면, 누구나 그것을 직관적으로 쉽게 이해할 수 있다.

본인은 갑골문자(甲骨文字)와 금문(金文)을 공부하면서, 비록 극도로 단순화되고 추상화되어 불과 몇 가닥의 선(線)으로만 표현되고 있긴 하지만, 그 살아 숨쉬는 듯한 생생한 모습에 반하여, 그리고 그 옛날에 이미 복잡한 사물의 핵심을 그토록 날카롭게 추상화해 낸 그들의 지적 능력에 반하여, 그것을 남들에게도 보여주고 싶은 마음에 안절부절 못한 적이 많았다.

이제 본인의 이런 마음과, 지난 1세기 동안 고문자(古文字) 연구에 많은 업적을 쌓은 중국과 일본의 저명한 고문학자(古文學者)들의 연구성과를 대부분 결합하여 「비봉 漢字 학습법」이란 이름의 책으로 한국의 독자들에게 보여드리게 되었다.

이 책은 우리말을 잘 이해하고, 일본어 책을 읽고, 동양고전을 읽고, 중국어 책을 읽는 데 가장 필요한 기본 한자 2,000자를 익히기 위한 준비단계로 500자를 선정, 다시 이를 1,2단계로 나누어서 그 뿌리의 같고 다

름에 따라 한자 하나하나에 순서를 매겨서 설명해 나가는 방식을 취하였다.

갑골문이나 금문을 만든 사람이 눈앞에 두고 그리거나 머리속으로 생각하였던 대상을 다시 현대적 감각으로 형상화해 내는 수고는 김태란(金泰蘭) 씨가 맡아 주었고, 한자 10개를 배운 후 잠시 쉬면서 삶의 지혜를 기를 수 있도록 고사성어(故事成語) 이야기 한 마당씩을 펼쳐 놓는 작업은 편집부의 이윤희(李允姬) 씨와 김이경(金利璟) 씨가 맡아 주었다. 뿐만 아니라 이 둘은 본문 교정작업까지 꼼꼼하고 성실하게 챙겨 주었는데, 이 세 미인들에게 진심으로 감사드린다.

그리고 이 책을 쓰도록 동기를 부여해 주고, 한자 학습에 있어서는 무엇보다 한자의 배열 순서가 중요하다는 점을 깨닫는 계기를 마련해 준 중국 사회과학원의 이낙의(李樂毅) 교수에게 감사드린다. 이 책에서 그림 오른편에 있는 갑골문(甲骨文), 금문(金文), 소전(小篆), 해서(楷書)의 네 종류 자체(字體) 중 많은 부분은, 이 교수가 쓰고 본인이 한국어로 번역 출판한 「한자정해(漢字正解)」에서 전재(轉載)한 것임을 밝혀둔다.

끝으로, 한자 한 글자의 학습은 곧 그 한 글자가 들어가서 만들어진 수많은 우리말 단어들의 절반을 공부하는 것과 마찬가지이므로, 한자를 2,000자 정도만 익히고 나면 국어사전에 등장하는 수 만 개의 한자어 단어들이 저절로 이해되고, 결국은 독서능력도 크게 제고될 것이다. 이러한 기대를 가지고 많은 사람들이 이 책을 친구삼아 한자 2,000자를 쉽고 재미있게 배워나갈 수만 있다면, 이 책을 쓰느라 들인 시간과 수고에 대한 보상으로는 충분하고도 남을 것이다.

1997년 12월

저 자

(제 2 권)

차　　례

풀과 나무

가축과 동물

새·기타

비봉 漢字 학습법

(제 2 권)

251

比

한 비: 견주다(compare)

중 bǐ(비)　　일 ヒ(히) · ビ(비)

견줄 비

갑골문 자형 '㔺'는 두 사람이 오른쪽을 향하여 나란히 서 있는 모습이다. 본래의 뜻은 「나란히 서다」이다. 두 사람이 나란히 서 있으면 누가 더 큰지 비교하기가 쉽다. 그래서 「비교하다」는 뜻이 생겼다. 두 가지 서로 다른 종류의 사물을 어떤 기준으로 나란히 세워 서로 비교하는 것이 「비유」이다(*참고:化 화, 從 종, 旅 려 등).

응용 : 比較 비교, 比重 비중, 比例 비례, 比率 비율, 比等 비등, 等比 등비, 比方 비방, 對比 대비, 無比 무비, 櫛比 즐비, 比翼鳥 비익조, 周而不比 주이불비, 比目連枝 비목연지, 天涯比隣 천애비린.

쓰는 순서  4획

252

從

한 종: 좇다. 따르다(follow). …로부터(from)

중 cóng(총)(从)　　일 ジュウ(쥬-)

좇을 종

자형은 '彳'(行)과 '从'(종)과 '止'(지) 세 부분으로 되어 있다. 자형의 변화과정을 소급해 보면 '從 → 𨔝 → 𢓊 · 辵 → 𢔏 · 𨑃 · 从'과 같다. 갑골문 자형 '从'(从)은 두 사람이 같이 왼쪽 방향으로 가는데, 한 사람은 앞서고 다른 한 사람은 뒤따라 좇아가는 모습으로, 본래의 뜻은 「따르다」이다. 후에 「따라간다」는 행동을 나타내기 위하여 '彳'(行) 또는 '止'(止)를 덧붙였는데, 금문에서부터는 이 둘을 모두 쓰게 되었다. 「…로부터」란 뜻도 있다.

응용 : 從者 종자, 侍從 시종, 從事 종사, 從屬 종속, 從心 종심, 從今 종금, 從軍記者 종군기자, 屈從 굴종, 服從 복종, 順從 순종, 主從 주종, 面從腹背 면종복배, 病從口入, 禍從口出 병종구입, 화종구출.

길　두 사람

從

발

쓰는 순서　丿 彡 彳 彳' 𢓋 𢓊 從 從　11획

253

衆

한 중: 무리(mass). 많다(many)

중 zhòng(쭝)(众)　일 シュウ(쥬-)・シュ(슈)

무리 중

衆

자형은 ‘血’(혈)과 ‘[illegible]’으로 되어 있다. 자형의 변화 과정을 소급해 보면 ‘衆→…→…·…→…·…·…’ 등과 같다. 갑골문의 자형들은 많은 사람들(…→乑→…)이 태양(日·日→日) 아래에서 일을 하고 있는 모습으로, 본래의 뜻은 「많은 사람」, 「무리」이다. 갑골문에서의 태양(日·日)이 금문에서는 감시자의 눈(目·目)으로, 그리고 후에는 「착취당하다」는 의미를 나타내는 ‘피’(血)로 변하였다. 「많다」는 뜻은 본래의 뜻에서 파생된 것이다(*聚 취 참조).

피(본래는 태양이었다)

세 사람(乑)

응용 : 衆臣 중신, 大衆 대중, 民衆 민중, 衆口 중구, 衆生 중생, 衆寡 중과, 衆論 중론, 衆人 중인, 衆意 중의, 公衆 공중, 觀衆 관중, 聽衆 청중, 衆口難防 중구난방, 衆口鑠金 중구삭금, 衆寡不敵 중과부적, 烏合之衆 오합지중.

쓰는 순서　12획

254 仰

한 앙: 우러러보다(face, upward)

중 yǎng(양) 일 ギョウ(교-) · コウ(코-)

우러러볼 앙

자형은 ‘亻’(人)과 ‘卬’(앙)으로 되어 있다. 자형의 변화과정을 소급해 보면 ‘仰 → [illegible] → [illegible] → [illegible]’으로, 갑골문 자형 ‘[illegible]’(卬)은 한 사람은 서 있고 다른 한 사람은 무릎을 꿇고 앉아 있는 모습이다. 무릎을 꿇은 사람이 상대를 보려면 위로 쳐다보아야 한다. 본래의 뜻은 「우러러 보다」이다. 그러나 자형 ‘[illegible]’은 서 있는 사람이 상대를 억눌러 무릎을 꿇게 만드는 모습으로 볼 수도 있다. 이런 뜻은 후에 손수변 ‘扌’를 덧붙여 ‘抑’(억)으로 쓰고 「누르다」는 뜻을 나타냈다.

사람 / 서 있는 사람 / 仰 / 꿇어 앉은 사람

응용 : 仰天 앙천, 仰角 앙각, 仰望 앙망, 仰友 앙우, 仰祝 앙축, 信仰 신앙, 敬仰 경앙, 仰婚 앙혼, 仰請 앙청, 仰天大笑 앙천대소, 仰不愧於天, 俯不怪於人 앙불괴어천, 부부작어인. ※ 抑制 억제, 抑壓 억압, 抑留 억류.

쓰는 순서 丿 亻 亻 仏 仰 仰 6획

255

한 협: 끼다(clip). 부축하다(assist)

중 jiā(찌아) 일 キョウ(쿄-)

낄 협

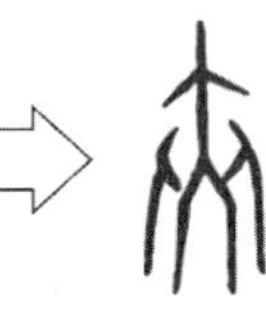

자형은 '大'(대)와 두 개의 '人'으로 되어 있다. 갑골문과 금문의 자형 '亦', '亦' 등은 정면을 보고 서 있는 '큰 사람'(大)이 좌우 겨드랑이 밑으로 작은 사람 둘(人人)을 끼고 있는 모습으로, 본래의 뜻은 「양쪽에 끼다」이다. 그러나 작은 사람들의 입장에서 보면, 둘이서 큰 사람 하나를 부축해 주고 있는 모습이기도 하다. 그래서 「부축하다」는 뜻도 있다. '挾'(협), '俠'(협)과도 통용된다. '夾'이 들어 있는 한자들은 모두 「협」으로 읽고, 「끼다」는 뜻이 있다.

응용 : ① 挾 협:끼다, 俠 협:협기·끼다, 峽 협:골짜기, 狹 협:좁다.
② 夾持 협지, 夾扶 협부, 夾輔 협보, 夾門 협문, 夾室 협실, 夾路 협로, 夾角 협각, 夾刀 협도, 夾攻 협공.

작은 사람

夾

큰 사람

쓰는 순서 一 ⺈ 㐅 夾 夾 7획

256

央

한 앙: 가운데(center)

중 yāng(양) 일 オウ(오-)

가운데 앙

자형은 '大' 위에 '冂'이 얹혀 있는 모습이다. 자형의 변화과정을 소급해 보면, '央→央→央→央→央'과 같다. 갑골문 자형 '央'은 큰 사람(大)이 물건이 담긴 그릇('凵')을 머리에 이고 서 있는 모습으로, 이처럼 물건을 손으로 붙잡지 않고 머리에 이고 있으려면 「중심」을 잘 잡지 않으면 안 된다. 본래의 뜻은 「중앙」, 「중심」이다. '목에 칼을 차고 있는 모습'으로 '殃'(앙:재앙)의 본래자라고 주장하는 학자도 있다. 「끝나다」, 「오래」 등의 뜻도 있다.

응용 : ① 泱 앙:물이 깊다, 殃 앙:재앙, 秧 앙:모, 鴦 앙:원앙. ② 中央 중앙, 未央 미앙: 곧·오래지 않아서, 長樂未央 장락미앙.

짐·물건

央

사람(大)

쓰는 순서 丨 冂 口 央 央 5획

한 인: 말미암다(on the basis of). 까닭(reason)

중 yīn(인) 일 イン(인)

말미암을 인
까닭 인

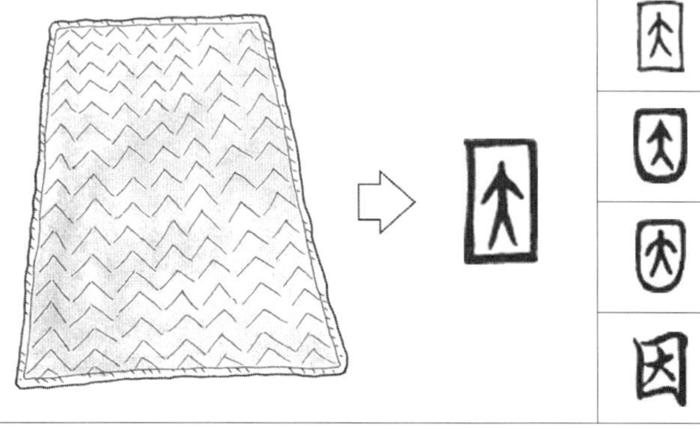

자형은 '口' 안에 '大'가 있는 모습이다. 그러나 자형의 변화과정을 소급해 보면 '因→[古字]→[古字]→[古字]'과 같다. '宿'(숙:잠자다)의 갑골문 자형 '[古字]'에서 보는 것처럼 '[古字]'은 곧 「돗자리」나 「요」의 모양으로, 본래의 뜻은 「돗자리」였고, '茵'(인: 돗자리)의 본래자이다. 후에 와서, 돗자리는 바닥에 깔아놓고 항상 쓰는 물건이므로 '因'이 「종전대로 하다」, 「비롯되다」는 뜻으로 주로 쓰이게 되자, 본래의 뜻은 돗자리의 재료인 '풀'(艸→艹)을 덧붙여 '茵'으로 쓰게 되었다.

응용 : 原因 원인, 因果 인과, 因緣 인연, 因襲 인습, 因循 인순, 近因 근인, 要因 요인, 敗因 패인, 素因 소인, 病因 병인, 因果應報 인과응보, 因私害公 인사해공.

쓰는 순서

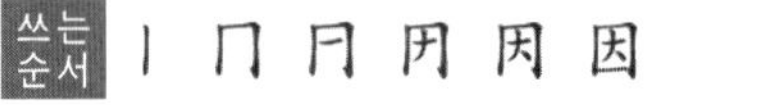

6획

258

去

한 거: 떠나가다(leave). 과거(last)

중 qù(취) 反 來(래) 일 きょ(쿄) · こ(코)

갈 거

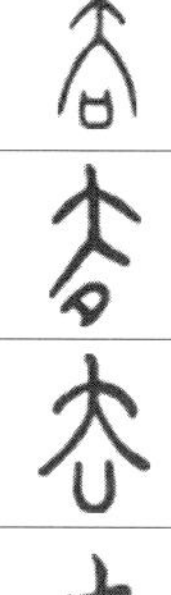

자형의 변화과정을 소급해 보면, '去 → [고문자] → [고문자] → [고문자]'와 같다. 갑골문 자형 '[고문자]'는 '大'(대)와 '口'로 이루어져서, "사람(大)이 집의 입구 또는 일정한 지역(口)을 떠나간다"는 뜻을 나타냈다. 본래의 뜻은 「가다」, 「떠나가다」이다. 「죽음」은 이 세상을 '떠나가는 것'이고, 「과거」는 현재의 시점에서 보면 '지나가 버린' 시간이며, 「버리는 행동」은 물건이 손에서 떠나가는 것이므로, 「떠나가다」는 본래의 뜻에서 이런 여러 뜻들이 파생되었다(*자형의 변화는 '赤' 적 참조).

사람(大→土)

去

집의 입구나 지역(口)

응용 : 去來 거래, 去就 거취, 退去 퇴거, 除去 제거, 逝去 서거, 過去 과거, 去年 거년, 去勢 거세, 去頭截尾 거두절미, 來者不拒, 去者不追 내자불거, 거자불추.

쓰는 순서 一 十 土 去 去 5획

259

竝

한 병: 나란히(side by side)
중 bìng(삥) 일 ヘイ(헤이)

나란히 설 병

자형은 두 개의 '立'(립)이 좌우로 나란히 있는 모습이다. 자형의 변화과정을 소급해 보면 '竝(並)→ … → … → …'과 같다. 갑골문 자형 '…'은 두 사람이 나란히 서 있는 모습으로, 본래의 뜻은「나란히 서다」,「나란히」이다. '竝'(並)은 선후(先後)나 상하(上下) 구분 없이 어떤 행동을 동시에 함께 하는 것을 나타낸다. '竝'과 '並'은 같은 자(字)이고, '倂'(幷)과도 통용된다.

서 있는 사람

지면

응용 : 竝立 병립, 竝進 병진, 竝唱 병창, 竝行 병행, 竝列 병렬, 竝存 병존, 竝力 병력, 竝稱 병칭, 竝發 병발, 竝有 병유, 竝合 병합, 兩雄不竝立 양웅불병립.

쓰는 순서 10획

260

倂

한 병: 합치다. 아우르다(combine)

중 bìng(삥) 일 ヘイ(헤이)

아우를 병

자형은 '亻'(인)과 '幷'(병)으로 되어 있다. 자형의 변화과정을 소급해 보면 '倂→[古字]→[古字]·[古字]→[古字]·[古字]' 등과 같다. 갑골문의 자형들은 두 사람이 좌(左) 또는 우(右)를 향하여 서 있는데, 그들의 다리가 하나 또는 두 개의 끈으로 함께 묶여 있는 모습이다. 본래의 뜻은 「아우르다」, 「하나로 합치다」이다. 최초의 자형 '[古字]'에다 '亻'(人)을 덧붙이지 않은 '幷'도 같은 뜻의, 같은 자(字)이다. '竝'과 통용된다.

응용 : 倂合 병합, 倂呑 병탄, 倂用 병용, 合倂 합병, 合倂症 합병증, 兼倂 겸병.

사람 셋

倂

묶은 끈

쓰는 순서 ノ 亻 亻' 亻' 亻' 亻 亻 亻 倂 10획

衆心成城(중심성성 : 쭝 신 청 청)

옛날 중국 춘추(春秋)시대 말년, 주(周) 나라를 경왕(景王)이 다스리던 때였습니다. 경왕은 어느 날 갑자기 그 당시 쓰이던 화폐를 폐지하고 새 화폐를 만들어서 백성들에게 큰 피해를 주었습니다. 다시 2년 뒤에는 또 큰 종을 만들겠다는 생각을 하고 이를 대신들에게 상의하자, 단목공(單穆公)이란 신하는 그것을 반대하며 이렇게 말했습니다.

"종을 만드는 이유는 그 아름다운 소리를 듣기 위해서인데, 종소리가 너무 크면 사람들을 놀라게 할 뿐입니다. 사람의 눈이 사물을 보려면 일정한 거리를 둬야 하듯이, 사람의 귀가 소리를 듣는 데에도 일정한 한도가 있는 법입니다. 그래서 옛날 성인들이 크고 작은 종을 만들면서 그 규격을 분명하게 정했던 것입니다. 뿐만 아니라 큰 종을 만들려면 백성들의 재물을 축내고 그들에게 힘든 일을 시켜야 하는데, 그렇게 하는 것은 백성들에게 죄를 짓는 일이 되므로 해서는 안 됩니다."

단목공의 반대에 반감을 품은 경왕은 이번에는 음악을 관장하는 관리 주구(州鳩)에게 자기 생각을 지지해 주기를 은근히 기대하면서 그 의견을 물었습니다. 그러자 주구는 다음과 같이 대답했습니다.

"음악 소리는 대소경중(大小輕重)의 구별이 있고, 그 대소에도 한계가 있을 때 비로소 모든 악기들의 소리가 조화를 이룰 수 있습니다. 음악 자체로 보더라도 만드시려는 종은 적당하지 않고, 국가와 백성들의 이익이란 관점에서도 적합하지 않습니다. 폐하 혼자를 위해서 백성들을 고생시킨다면 그들의 원성과 분노만 사고 말 것입니다."

그러나 경왕은 두 사람의 말을 무시하고 큰 종을 만들게 했습니다. 종이 다 만들어지자 그는 무척 기뻤습니다. 종소리가 매우 아름답다고 느꼈기 때문입니다. 경왕은 다시 주구(州鳩)를 불러 그 종소리를 감상하도록 했습니다. 종소리를 듣고 나서 그는 이렇게 말했습니다.

"폐하께서 이 종을 만드실 때 백성들에게 고통을 주었으므로, 그들은 이 종소리를 싫어할 것입니다. 많은 사람들의 마음(衆心)이 하나로 모아지면 성벽처럼 단단한 힘을 이루게 됩니다(成城). 그러므로 많은 사람들(衆口)이 비난하면 이 종과 같은 쇠도 녹일 수 있습니다(鑠金)."

백성들에게 고통을 주어서는 안 된다는 뜻을 이렇게 비유했습니다.

이로부터 중심성성(衆心成城)은 많은 사람들이 마음을 모아 단결하면 그 힘이 비할 데 없이 강해질 수 있다는 것을 비유하는 성어가 되었습니다. 〔출처: ≪國語 · 周語下≫(국어 · 주어하)〕

〈한자풀이〉

衆(중): 무리. **心**(심): 마음. **成**(성): 이루다. **城**(성): 성벽, 성.

兄

한 형: 형(elder brother)

중 xiōng(씨옹) 일 ケイ(케이) · キョウ(쿄-)

형 형

자형은 '儿'(人) 위에 '口'(구:입)가 있는 모습이다. 갑골문 자형 '㫈·㫈'은 하늘을 향해 입을 크게 벌리고 무엇인가를 빌고 있는 사람의 모습으로, 본래의 뜻은 「빌다」, 「기원하다」였다. 집안에서 제사지낼 때 제주(祭主)가 되어 신에게 빌 수 있는 사람은 나이가 많은 「어른」 또는 「형」이었다. 그래서 '兄'이 「형」이란 뜻으로 쓰이게 되자, 따로 신(神) 또는 제사와 관련된 것임을 나타내는 '示'를 덧붙인 '祝'(축:빌다)으로써 본래의 뜻을 나타냈다.

응용 : 兄弟 형제, 兄氏 형씨, 兄嫂 형수, 老兄 노형, 家兄 가형, 長兄 장형, 學兄 학형, 仁兄 인형, 伯兄 백형, 難兄難弟 난형난제, 四海之內皆兄弟 사해지내개형제.

입
兄
사람의 몸

쓰는 순서 5획

兌

한 ① 열: 기뻐하다(pleasant). ② 태: 바꾸다(exchange)
중 duì(뚜이) 일 ダ(다) · タイ(타이) · エツ(에츠)

기쁠 열
교환 태

자형은 '八'과 '口'(구:입)와 '儿(人)으로 되어 있다. 갑골문 자형 '兌', '兌'는 '兄'(兄) 위에 '八'이 있는 모습으로, '八'은 큰 소리로 웃을 때 양쪽 입가에 생기는 주름 또는 벌려진 입의 모습을 나타낸다. 본래의 뜻은 「기뻐하다」이고, '悅'(열:기뻐하다)의 본래자이다. 「바꾸다」는 뜻은 후에 생겼지만, 지금은 주로 이런 뜻으로만 쓴다(이때는 「태」로 읽는다). '兌'는 다른 한자와 결합되어 주로 '예', '세', '태' 등의 소리를 나타내는 부호로서 사용된다.

응용 : ① 帨 세:수건, 悅 열:기쁘다, 脫 탈:달아나다, 稅 세:세금, 說 설·세:말하다, 銳 예:날카롭다, 兌 세·태:허물. ② 兌換 태환, 兌換紙幣 태환지폐.

쓰는 순서 丿 八 八 𠆢 台 台 兌 兌 7획

263

克

한 극: 이기다(conquer). 할 수 있다(be able to)

중 kè(커) 일 こく(코쿠)

이길 극
능할 극

자형은 '儿'과 '古'로 되어 있다. 이를 갑골문과 금문의 자형 '[illegible]·[illegible]', '[illegible]·[illegible]' 등과 대비해 보면, 두 손으로 무릎을 짚고 상체를 숙이고 있는 모습 '[illegible]'이 '儿'로 변하고, 큰 부피의 무거운 짐('[illegible]·[illegible]')이 '古'로 변했음을 알 수 있다. 본래의 뜻은 「짐을 지다」이다. 「무거운 짐을 지고 일어설 수 있다」는 뜻에서 「할 수 있다」, 「극복하다」, 「(싸움에서) 이기다」 등의 뜻이 생겼다. '克己'(극기)란 자기 욕심의 유혹을 이기고 예의와 양심에 따라 행동한다는 뜻이다.

응용 : 克服 극복, 克己 극기, 克己復禮 극기복례, 超克 초극, 以柔克剛 이유극강, 相生相克 상생상극, 戰無不勝, 攻無不克 전무불승, 공무불극.

짐
克
몸·사람

쓰는 순서 一 十 𠫓 古 古 㔾 克 7획

尸

한 시: 주검(corpse)

중 shī(스)　　일 シ(시)

주검 시

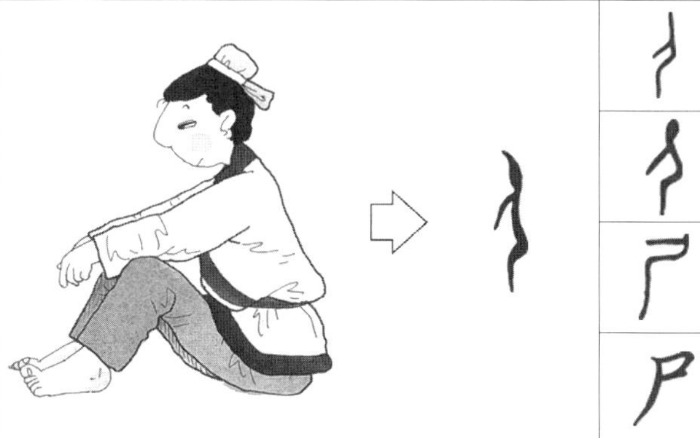

자형의 변화과정을 소급해 보면 '尸 → ⺈ → ⺈·⺈· → ⺈·⺈·⺈' 등과 같다. 갑골문의 자형들은 무릎을 세워서 쪼그리고 앉아 있는 모습으로, 이는 본래 동이족(東夷族)의 앉는 자세이다. 엉덩이와 무릎 부분이 꺾여진 것이 이 자세의 특징이다. '尸'가 부수자로 들어 있는 한자는 사람의 이런 자세와 관련이 있다. 본래의 뜻은 '앉아 있는 사람'이고, 제사 때 사자(死者) 대신에 신위(神位)에 앉는 아이(尸童:시동)를 가리키기도 한다. '시체'(屍)란 뜻으로도 가차되었다.

응용 : ① 居 거: 앉다, 屈 굴: 굽히다, 尾 미:꼬리, 尻 고:꽁무니, 尿 뇨:오줌, 屎 시:똥. ② 尸童 시동, 尸位 시위, 尸解 시해, 尸體 시체, 尸位素餐 시위소찬, 血海尸山 혈해시산.

쓰는 순서　㇕ 𠃌 尸　3획

한 미: 꼬리(tail). 끝(end)

중 wěi(웨이) 일 ビ(비)

꼬리 미

자형은 '尸'(시)와 그 아래에 '毛'(모: 털)가 있는 모양이다. 갑골문의 자형 '⺈'는 사람의 꽁무니에 짐승의 꼬리털을 장식한 모습으로, 본래의 뜻은 「짐승의 꼬리」이다. 꼬리는 몸의 끝에 붙어 있으므로 「끝」이란 뜻이 있다. 사람이 꽁무니에 짐승의 꼬리를 붙이는 것은 서남이(西南夷)들의 풍속으로, 그들이 춤을 출 때에는 짐승의 꼬리를 꽁무니에 달고 짐승의 흉내를 냈다고 한다. 큰 일의 끝을 '大尾'(대미)라고 한다.

응용 : 首尾 수미, 大尾 대미, 交尾 교미, 首尾相應 수미상응, 燕尾服 연미복, 龍頭蛇尾 용두사미, 尾行 미행, 後尾 후미, 末尾 말미, 去頭截尾 거두절미.

사람

尾

꼬리털

쓰는 순서 ㄱ ㅋ 尸 尸 尸 尸 尾 7획

266

尿

한 뇨: 오줌(urine)

중 niào(냐오)　　일 ニョウ(뇨-)

오줌 뇨

자형은 '尸'(시)와 그 아래에 '水'(수)가 있는 모습이다. 갑골문의 자형 '[甲骨文], [甲骨文]'은 남자가 서서 오줌을 누는 모습이다. 본래의 뜻은 「오줌(을 누다)」이다. 소전에서는 꽁무니 부위에 털(毛)이 나 있는 '尾([篆文])'의 아래에 '水'가 있는 모습([篆文])으로 바뀌었다가, 후에 다시 '尸' 아래에 '水'가 있는 모습으로 되었다. 사람의 배설물 중에는 '尿' 외에도 '屎'(시)란 것이 있다. '尸'(사람) 아래에 '水' 대신 '米'(미: 쌀)가 있는 모습이다.

응용 : 尿道 요도, 尿道炎 요도염, 尿路 요로, 尿石 요석, 尿血 요혈, 泌尿器科 비뇨기과.

사람 — 尿 — 물

쓰는 순서 　7획

267

居

한 거: 살다(live)

중 jū(쥐) 일 キョ(쿄)

살 거

자형은 '尸'(시)와 '古'(고)로 되어 있다. 금문의 자형 '[illegible]' 또는 '[illegible]'는 사람이 의자나 난간 위에 걸터앉아 있는 모습이다. 본래의 뜻은 「걸터 앉다」이다. 자형에서 '古'는 '옛날'이란 뜻이 아니라 의자 또는 난간의 모습이다. '앉다'는 본래의 뜻에서 「앉아서 쉬는 곳」이란 뜻과 「머물러 살다」, 「있다」 등의 뜻이 생겼다. 「논어」에 '居, 吾語汝'(거, 오어여: 앉거라, 내가 너희에게 말해 주마)란 말이 나오는데, 여기서 '居'는 본래의 뜻으로 쓰이고 있다.

사람

居

의자·난간

응용 : 居住 거주, 居室 거실, 起居 기거, 別居 별거, 居留 거류, 住居 주거, 同居 동거, 閒居 한거, 居安思危 거안사위, 居必擇隣 거필택린, 玉居山而草木潤 옥거산이초목윤, 食無求飽, 居無求安 식무구포, 거무구안

쓰는 순서 ㄱ ㅋ 尸 尸 尸 屈 居 居 8획

268

卩

한 절: 마디(joint)

중 jié(지에)　　일 セツ(세츠)

마디 절

갑골문 자형 ‘ · ’은 양쪽 무릎을 바닥에 대고 꿇어 앉은 사람의 옆모습으로, ‘節’(절:마디)의 본래자이다. 옛날 사람들은 바닥에 자리를 깔고 앉을 때는 언제나 이런 자세로 앉았다고 한다. ‘卩’(또는 ‘㔾’)이 독립된 자로 쓰인 경우는 드물고, 주로 부수자(偏旁)로 쓰여서 「꿇어 앉은 사람」과 관련이 있는 뜻을 나타낸다. 이것이 「병부」, 「신표」란 뜻으로 쓰이게 된 것은 나중에 와서의 일이다.

사람이 꿇어 앉은 모습

卩

응용 : 令 령:법령·부리다, 命 명:시키다, 印 인:찍다·도장, 卬 앙:우러러보다, 抑 억:누르다, 卽 즉:나아가다, 卿 경:벼슬, 危 위:위태하다, 卷 권:말다·굽다.

쓰는 순서　㇆ 卩　2획

269

巴

한 파: 땅이름(name of region)

중 bā(빠)　　일 ハ(하)

땅이름 파

옛날에는 '코끼리를 통째로 삼키는 큰 뱀'(巴蛇食象)이라고 설명하였으나, 이와 비슷한 뜻은 '파충류'(爬蟲類)란 단어에만 남아 있다. 갑골문의 자형 '[갑골문]·[갑골문]'은 두 팔을 들어올린 채 무릎을 꿇고 앉아 있는 사람의 모습이다. 사람이 꿇어 앉아 있는 모습을 나타내는 자형으로는 '卩'(印), '儿'(光·兄), '己'(配), '巴'(邑) 등 여러 모양이 있다. '巴'는 주로 다른 자와 결합하여 '파'란 소리를 나타내는 부호로 쓰인다. '巴黎(bāli)'는 프랑스의 수도 'Paris'이다.

팔을 들고 꿇어 앉아 있는 모습

巴

응용 : ① 肥 비, 邑 읍, 邕 옹. ② 琶 파:비파, 爸 파:아비, 芭 파:파초, 把 파:잡다·쥐다, 靶 파:고삐·과녁.

쓰는 순서　ㄱ ㄲ ㄲ 巴　4획

270

邑

한 읍: 고을(city)

중 yì(이)　　일 ユウ(유-)

고을 읍

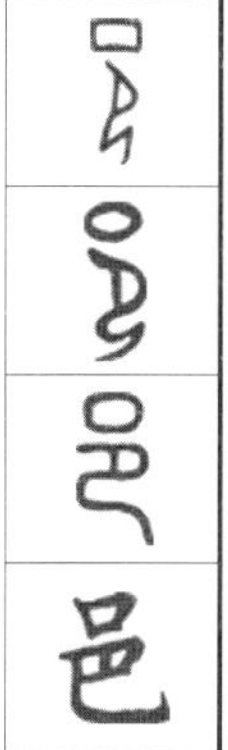

갑골문 자형 '邑'은 일정한 장소(口) 아래에 꿇어 앉은 사람의 모습(巴)으로써 「사람들이 모여 사는 곳」, 즉 「마을」이란 뜻을 나타냈다. 꿇어 앉은 사람의 모습이 '巴→巴→巴→巴'로 변해 왔다. 마을 주위에 담을 쌓은 것이 '城'(성)이고, 성 중에서 가장 큰 성, 즉 '수도'를 옛날에는 '國'(국)이라 하였는데, 후에 와서 '國'은 나라 전체를 가리키게 되었다. '邑'이 부수자로 쓰일 때에는 자형의 오른 쪽에서 '阝'처럼 변한다.

응용 : ① 邦 방:나라, 邱 구:언덕, 郊 교:성밖, 郡 군:고을, 郭 곽:둘레, 都 도:도읍, 鄕 향:마을·고향, 鄭 정:정나라, 隣 린:이웃. ② 邑內 읍내, 邑長 읍장, 小邑 소읍, 都邑 도읍, 城邑 성읍, 村邑 촌읍, 食邑 식읍, 鄕邑 향읍, 京邑 경읍.

쓰는 순서  　7획

難兄難弟(난형난제 : 난 씨옹 난 띠)

중국 한(漢) 나라 때 진식(陳寔)이란 고을 현령이 살았습니다. 진식(陳寔)은 가난한 집에서 태어났으나 어려서부터 학문을 좋아하여 관리가 된 후에는 무슨 일이건 공평하게 처리해 평판이 아주 좋았습니다. 그리하여 후에는 태구현(太丘縣)의 현령이 되었습니다.

그는 현령이 된 후에도 아주 청렴하게 생활하고 처결하는 일은 공평무사하였으므로 백성들의 존경을 받았습니다.

진식에겐 두 아들이 있었는데, 큰 아들 이름은 원방(元方)이었고, 작은 아들은 계방(季方)이었습니다. 원방은 후에 조정의 시중(侍中), 사도관(司徒官)이란 관직을 거쳐 상서령(尙書令:지금의 대통령 비서실장)까지 지냈으며, 계방은 현령으로 있는 부친을 지성껏 도우면서 인격을 수양

한 결과, 예주(豫州)에서는 성(城)의 담벽에 이들 부자 세 사람의 초상화를 붙여놓고 백성들로 하여금 그들의 인품과 덕행을 따라 배우도록까지 하였습니다.

형인 원방에게는 장문(長文)이란 아들이 있었고, 동생인 계방에게는 효선(孝先)이란 아들이 있었습니다.

하루는 원방의 아들 장문과 계방의 아들 효선이 각자 자기 아버지를 자랑하다가, 서로 자기 아버지가 더 훌륭하다고 말싸움이 붙었습니다. 그러나 누구의 말이 맞는지 결론을 내리기가 쉽지 않았습니다. 그래서 할아버지인 진식을 찾아가서 과연 누가 더 훌륭한지 결론을 내려달라고 부탁했습니다.

진식은 잠시 생각한 다음 손자들의 질문에 이렇게 대답했습니다.

"둘 다 모두 훌륭하니, 원방이 비록 형이기는 하나 꼭 형답다고 하기가 어렵고(難兄), 수방이 비록 동생이기는 하나 동생답다고 하기도 어렵다(難弟)."

두 형제가 똑같이 훌륭하므로 그 둘 중에서 누가 더 훌륭한지를 가리기가 어렵다는 대답이었습니다.

그로부터 난형난제는 형제의 재능이 다 우수한 경우를 비유하게 되었습니다. 〔출처:≪世說新語 · 德行≫(세설신어 · 덕행)〕

〈한자풀이〉

難(난): 어렵다. **兄**(형): 형. **弟**(제): 아우.

271

한 령: 명령하다(command). 법령(decree)

중 lìng(링)　　일 レイ(레이)

명령 령

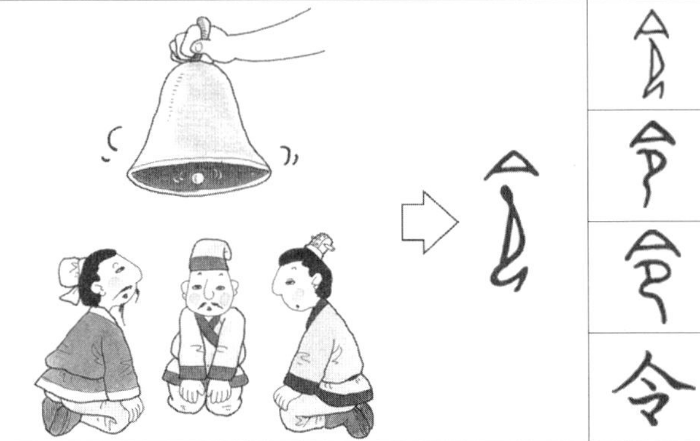

자형은 꿇어앉은 사람(㔾 → 卩) 위에 'ㅅ'(ㅅ)이 있는 모습이다. 고대에는 정령(政令)을 발표하기 위하여 사람을 모을 때는 목탁(木鐸)을 쳤는데, 'ㅅ'는 방울 또는 목탁의 모습이고, '㔾'(→ 卩)는 정령이나 명령을 들으려고 모인 사람들의 모습이다. 본래의 뜻은 「시키다」, 「명령하다」이고, '命'(명)과 같은 뜻으로 사용되었다. 「수령」(首令), 「아름답다」 등의 뜻은 파생된 뜻들이다. 'ㅅ'은 명령을 내리는 사람의 '입'(口) 또는 '큰 집'이라고 하는 설도 있다.

목탁
令
끓어 앉은 사람

응용 : 命令 명령, 口令 구령, 政令 정령, 法令 법령, 律令 율령, 司令 사령, 三軍司令 삼군사령, 守令 수령, 令夫人 영부인, 令息 영식, 不令而行 불령이행, 朝令暮改 조령모개, 軍令如山 군령여산, 巧言令色 교언영색.

쓰는 순서 ノ 人 亼 今 令　5획

한 명: 명령하다(order). 운명(destiny)

중 mìng(밍) 일 メイ(메이) · ミョウ(묘-)

명령할 명

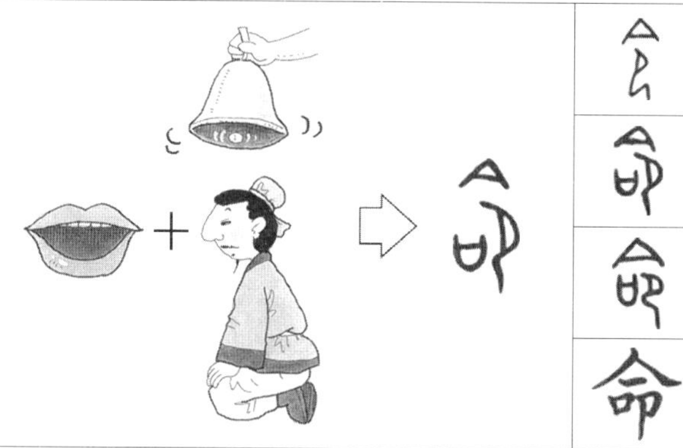

자형은 '令'에다 '口'를 덧붙인 모습이다. 본래의 뜻은 '令'과 마찬가지로 「명령하다」, 「시키다」이다. 그러나 '令'이 많은 사람들이 함께 지켜야 할 법령이나 규칙 등을 가리키는 데 반하여, '命'은 주로 상급자가 하급자에게 직접 지시하는 것을 나타낸다. 사람의 목숨이나 운명은 하늘의 명령에 의하여 정해지는 것이라고 생각하여 「수명」, 「생명」, 「운명」 등의 뜻을 갖게 되었다.

응용 : 命令 명령, 命分 명분, 使命 사명, 亡命 망명, 生命 생명, 運命 운명, 宿命 숙명, 天命 천명, 短命 단명, 人命 인명, 革命 혁명, 見危致命 견위치명, 死生有命, 富貴在天 사생유명, 부귀재천, 盡人事待天命 진인사대천명.

쓰는 순서  8획

273

服

한 복: 복종하다(obey). 옷(clothes)

중 fú(푸)　　일 フく(후쿠)

복종할 복
의복 복

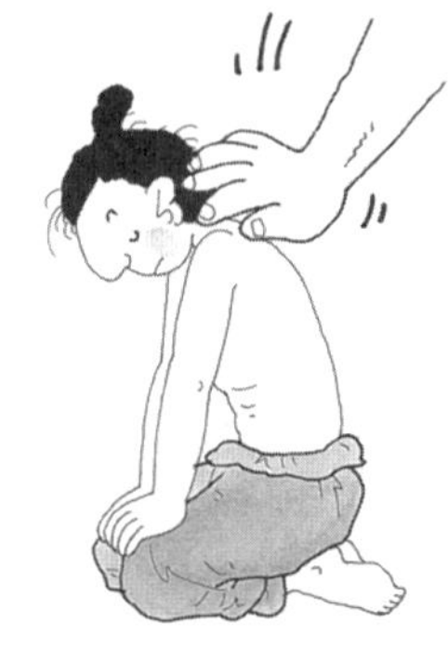

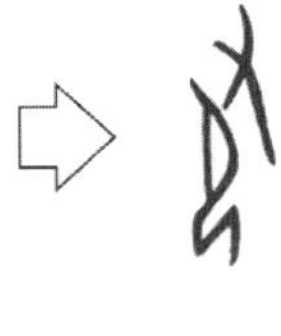

자형은 '月'과 '𠬝'으로 되어 있다. '月'은 본래 '月'(凡:범)이 변한 것으로 '배(舟)'나 '그릇'을 나타낸다. '𠬝'의 갑골문 자형 '𠬝'은 손(又)으로 다른 사람의 목 부위를 내리 눌러 꿇어앉히는 모습이다. 본래의 뜻은 「복종시키다」, 「일을 시키다」이다. 어떤 일이나 직책에 '종사하는' 것이나(*服務 복무), 차(車)나 옷(衣)처럼 항상 사람과 함께 있으면서 사람을 위하여 쓰이는 기물(器物)도 '服'이라고 한다(*及 급 참조).

꿇어 앉은 사람
소리 부호
服
손

응용 : 服從 복종, 服役 복역, 服務 복무, 服用 복용, 服藥 복약, 服裝 복장, 校服 교복, 軍服 군복, 內服 내복, 信服 신복, 克服 극복, 心服 심복, 口服 구복, 不服 불복, 口服心不服 구복심불복.

쓰는 순서 丿 刀 月 月 月 肌 服 服 8획

274

奴

한 노: 노예(slave). 하인(servant)

중 nú(누)　　일 ド(도)·ヌ(누)

노예 노

고문의 자형 '[illegible]·[illegible]' 등은 큰 손(⺕ → 又)으로 한 여자([illegible] → 女)를 붙잡아 굴복시키는 모습으로, 본래의 뜻은 「노예」이다. 옛날에는 전쟁 포로나 죄인을 노예로 삼았다. '奴'에서 '女'는 반드시 여자를 나타낸다기보다는 포로나 죄인 등 약자를 나타낸다. '奴婢(노비)'란 말에서 '奴'가 남자노예를, '婢'가 여자노예를 가리키는 것이 그 증거이다. 이밖에 「하인」, 「천한 일을 하는 사람」 등의 뜻도 있다.

응용 : 奴隸 노예, 奴婢 노비, 奴僕 노복, 官奴 관노, 家奴 가노, 農奴 농노, 守錢奴 수전노, 賣國奴 매국노, 匈奴 흉노, 婢膝奴顔 비슬노안, 世亂奴欺主 세란노기주.

쓰는 순서 く 女 女 奴 奴　5획

한 여: 같다(like), 따르다(according)

중 rú(루) 일 ニョ(뇨)

따를 여
같을 여

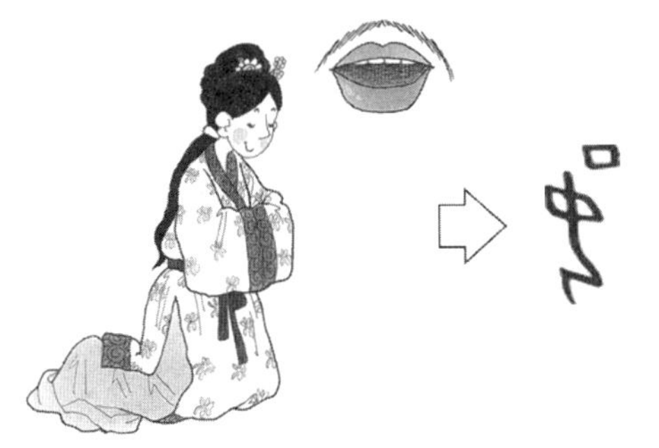

자형은 '女'(여)와 '口'(구:입)로 되어 있는데, '口'는 여자의 입이 아니라 남자의 입이다. 모계 사회가 끝나고 부계(父系) 씨족사회가 된 이후 가정에서의 여자의 지위는 낮아져서, 여자는 남자가 시키는 대로 '따르고', '순종하는' 처지로 바뀌었다. 본래의 뜻은 「따르다」, 「순종하다」이다. 시키는 대로 따라서 하게 되면 그 결과는 시키는 사람의 뜻과 같게 된다. 그래서 「같다」는 뜻이 생겼다(*夫唱婦隨 부창부수 의 의미가 담겨 있는 글자이다).

시키는 남자의 입
如
여자

응용 : 如此 여차, 如意 여의, 如前 여전, 如何 여하, 缺如 결여, 不如 불여, 如三秋 여삼추, 歲月如流 세월여류, 百聞不如一見 백문불여일견, 天時不如地利, 地利不如人和 천시불여지리, 지리불여인화.

쓰는 순서 〈 女 女 如 如 如 6획

姓

한 성: 성(family name)
중 xìng(씽) 일 セイ(세이)

성 성

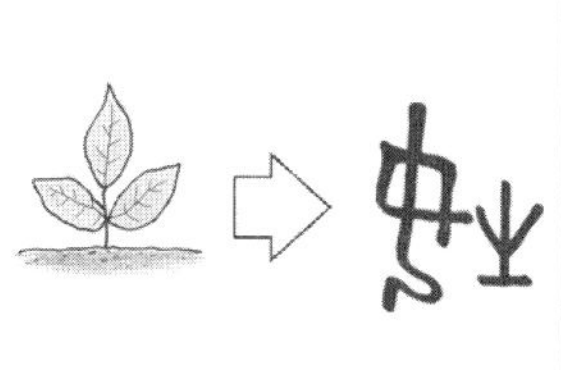

자형은 '女'와 '生'(생)으로 되어 있다. '生'의 갑골문 자형 '⊻'은 땅 위로 새싹이 돋아나는 모습으로, 본래의 뜻은 「낳다」, 「자라다」이지만, 여기서는 소리도 함께 나타낸다. 본래의 뜻은 「낳아준 여자」이다. 혈통관계를 나타내는 '성'(姓)은 지금은 아버지 쪽을 따르지만 고대 모계 사회에서는 어머니 쪽을 따랐다. 그래서 고대부터 있었던 '姜'(강)씨, '姬'(희)씨 등의 성에는 부수자 '女'가 들어 있다. 후에 오면 같은 '姓(성)'이 여러 '氏(씨)'로 갈라진다(*氏 참조).

「낳다」는 뜻과 「생」이란 소리 표시

여자

응용 : 姓名 성명, 姓氏 성씨, 同姓 동성, 百姓 백성, 異姓 이성, 易姓革命 역성혁명, 變名易姓 변명역성, 異姓同名 이성동명, 同姓不婚 동성불혼.

쓰는 순서 𡿨 ㄑ 女 女 女 女 姓 姓 姓 8획

277

妻

한 처: 아내(wife)

중 qī(치)　　일 サイ(사이)

아내 처

자형은 '女' 위에 '⺻'가 있는 모습으로, 이것을 갑골문 자형 '…·…' 등에서 보면, 위쪽의 '⺻'는 손(又→彐)으로 여자의 머리카락(屮→十)을 잡고 있는 모양이다(*秉 병·聿 율 참조). 손으로 한 여자의 머리를 잡을 수 있는 남자는 그 여자의 남편이고, 그 여자는 곧 그 남자의 「아내」이다. 후에 와서는 정식으로 혼례를 치루고 맞이한 배우자만을 '妻'라고 부르게 되었다. '여자를 강제로 훔쳐서 아내로 삼는 약탈혼'의 풍속을 나타낸 것이란 설도 있다.

응용 : 妻子 처자, 妻兄 처형, 妻弟 처제, 妻家 처가, 妻娚 처남, 小妻 소처, 賢妻 현처, 前妻 전처, 後妻 후처, 良妻 양처, 愛妻 애처, 糟糠之妻 조강지처, 家貧則思良妻 가빈즉사양처.

쓰는 순서 一 ⺕ ⺕ ⺕ ⺻ 妻 妻 妻 8획

278

妾

한 첩: 첩(concubine)

중 qiè(치에) 일 ショウ(쇼-)

첩 첩

자형은 '女' 위에 '立'이 있는 모습이다. 이를 갑골문 자형 '[illegible], [illegible]' 등에서 보면, '立'은 곧 여인의 머리에 꽂혀 있는 장식품임을 알 수 있다(*龍 용 참조). 자형은 머리를 아름답게 장식한 여자의 모습으로, 본래의 뜻은 「아내」이고, '妻'와 같은 뜻으로 썼다. 본처 이외의 배우자, 즉 소실(小室)을 낮추어서 '妾'이라고 부르면서 '妻'와 구별하기 시작한 것은 일부다처제(一夫多妻制)가 정착된 이후의 일이다.

응용 : 愛妾 애첩, 侍妾 시첩, 妻妾 처첩, 妃妾 비첩, 蓄妾 축첩, 臣妾 신첩, 賤妾 천첩, 妾室 첩실, 妾婦 첩부.

머리 장식 — 妾 — 여자

쓰는 순서 丶 亠 亠 立 立 妾 妾 妾 8획

孕

한 잉: 잉태하다(pregnant)

중 yùn(윈)　　　일 はらむ(하라무)

아이밸 잉

자형은 '乃'(내)와 '子'(자)로 되어 있다. 자형의 변화과정을 거슬러 올라가 보면 '孕 → 孕 → · ' 등과 같다. 갑골문 자형 ' '은 여자의 뱃속( )에 '아이'( )가 들어 있는 모습으로, 본래의 뜻은 「아이를 배다」, 「잉태하다」이다. 따라서 자형의 '乃'는 곧 '人'의 변형임을 알 수 있다. 「낳아서 기르다」는 뜻도 있다. 갑골문 자형 ' '은 '身'(신)의 갑골문 자형 ' '과 비슷하나, ' '(孕)은 배속에 있는 것이 아기이고, ' '(身)은 배꼽이다.

응용 : 孕胎 잉태, 孕婦 잉부, 孕育 잉육, 孕母 잉모, 孕乳 잉유, 字孕 자잉, 胎孕 태잉, 懷孕 회잉.

쓰는 순서 5획

280

字

한 자: 낳다(bear). 문자(character)
중 zì(쯔) 일 ジ(지)

낳을 자
문자 자

자형은 '宀'(면:집) 아래에 '子'가 있는 모습이다. 금문의 자형 '[금문 자형]·[금문 자형]' 등은 '아기'(子→子)가 '집'(宀→宀) 안에 있는 모습으로, 본래의 뜻은 「아기(새끼)를 낳다」, 「기르다」이다. 후에 와서 '字'는 주로 「문자」, 「글자」란 뜻으로 쓰이게 되었는데, 한자에서는 '人·木·日·月' 등처럼 사물의 모양을 본뜬 기본 상형자를 '文'(문)이라 하고, '休'(휴)·'明'(명) 등처럼 둘 이상의 '文'이 결합되어 '새끼를 친(낳은)' 것을 '字'라고 한다. '文'과 '字'를 합하여 '文字'라 한다.

응용 : 文字 문자, 數字 수자, 活字 활자, 誤字 오자, 正字 정자, 十字 십자, 漢字 한자, 脫字 탈자, 古字 고자, 題字 제자, 字典 자전, 字解 자해, 字義 자의, 字體 자체, 字形 자형, 八字所管 팔자소관.

집 — 字 — 아기

쓰는 순서 丶 丶 宀 宁 宇 字 6획

如魚得水(여어득수 : 루 위 더 쉐이)

이 말은 우리에게도 잘 알려진 중국 소설 『삼국지』의 주인공 유비(劉備)의 이야기에서 나왔습니다.

『삼국지』를 읽은 분들은 다 아시겠지만, 그 당시 중국은 어제의 적이 오늘의 우방(友邦)이 되고 어제의 우방이 오늘의 적이 되는 지극히 혼란한 시대였습니다. 서로 패권을 빼앗기 위해 모략을 일삼았고, 배신과 맹세가 난무하는 혼란의 도가니였습니다.

싸움에서 이기기 위해 군주들은 총명한 전략가를 곁에 두려고 했습니다. 그 전략가가 얼마나 머리가 좋은가에 따라서 싸움의 승패가 결정되는 경우가 많았기 때문입니다.

천하를 통일하고 싶은 야망을 지닌 유비도 예외가 아니어서 똑똑한 전략가를 곁에 두고자 했습니다. 그때 서서(徐庶)란 사람이 유비에게 제갈량(諸葛亮)을 추천했습니다. 제갈량은 인적이 드문 오두막집에서 혼자 학문을 닦으며 살고 있었습니다.

유비는 제갈량의 초라한 오두막집을 찾아가 자기를 도와 천하를 통일하자고 청했지만, 제갈량은 거절했습니다. 유비가 세 번째 제갈량을 찾아갔을 때에야 비로소 제갈량은 유비의 청을 받아들이면서 그 당시 정세를 분석하고 전략을 설명해 주었습니다. 유비는 제갈량의 전략이 뛰어난 데 탄복했습니다.

이것에 관한 이야기는 그 후 삼고초려(三顧草廬 : 세 번 초가집을 찾아가다)라는 고사성어로 전해져 내려오고 있습니다. 그 이후 두 사람의 사이는 가까워졌으나, 유비와 의형제를 맺은 관우와 장비는 제갈량을 그다지 좋게 생각하지 않았습니다. 그래서 유비는 동생들을 타일러 이렇게 말했습니다.

"내가 제갈량을 얻은 것은 물고기가 물을 만난 것과 같다(如魚得水). 자네들은 제발 두 말 하지 말게나."

후세 사람들은 마음이 통하는 상대방이나 자기 뜻을 펼 수 있는 좋은 상황을 만나면, 이를 여어득수(如魚得水)라는 말로 표현하게 되었습니다. 〔출처:≪華陽國志 · 劉先主志≫(화양국지 · 유선주지)〕

〈한자풀이〉

如(여): ~와 같다. 魚(어): 물고기. 得(득): 얻다. 水(수): 물.

281

한 손: 손자(grandson)

중 sūn(쑨)(孙) 일 ソン(손)

손자 손

자형은 '子'와 '系'(계)로 이루어져 있다(*系 계 참조). 그러나 갑골문과 금문의 자형 '', '' 등은 '子'와 '糸'(사:실)로 되어 있다. '실'(糸)은 그 본성이 길게 이어지고, 독립된 두 개의 물체를 서로 연결시켜 주는 역할을 한다. 따라서 '孫'은 본래「아버지의 아들, 그 아들의 아들…」등처럼 그 자식이 계속 이어진다는 뜻을 나타낸다. 금문의 명문(銘文)에는 '' 이 많이 나오는데, '子子孫孫'은 곧 '자손 대대로', '영원히'란 뜻이다.

응용 : 孫子 손자, 孫女 손녀, 外孫 외손, 子孫 자손, 曾孫 증손, 高孫 고손, 祖孫 조손, 後孫 후손, 王孫 왕손, 絶孫 절손, 孝子孝孫 효자효손, 兒孫自有兒孫福, 莫與兒孫作馬牛 아손자유아손복, 막여아손작마우.

쓰는 순서 10획

保

한 보: 보호하다. 지키다(protect)

중 bǎo(바오)　　　일 ホ(호)

지킬 보
보호할 보

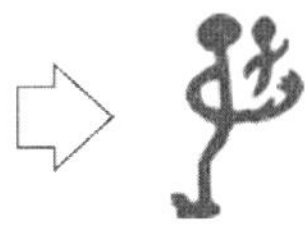

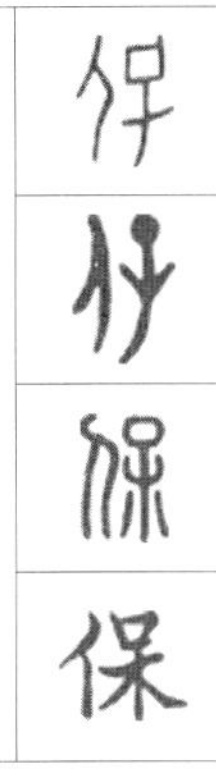

자형은 '人'(亻)과 '呆'(口+木)로 되어 있다. 그러나 고문의 자형 '[illegible]·[illegible]·[illegible]·[illegible]·[illegible]' 등은 '어른'(亻→人)이 '아기'([illegible])를 등에 업고 있는 모습이다. 후에 등 뒤로 돌려서 아기를 잡고 있던 손이 팔과 분리된 후 다시 아기의 아래쪽에 붙으면서 아기의 자형이 '[illegible]'에서 '呆'로 변했다. 본래의 뜻은 「보호하다」이다. 「지키다」, 「보증하다」 등의 뜻은 모두 「아기를 등에 업고 있다」는 뜻에서 파생된 것이다.

응용 : 保母 보모, 保育 보육, 保護 보호, 保身 보신, 保安 보안, 保位 보위, 保障 보장, 保險 보험, 保眼鏡 보안경, 留保 유보, 確保 확보, 擔保 담보, 保國安民 보국안민, 朝不保夕 조불보석.

쓰는 순서 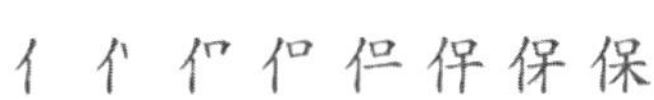 9획

283

直

한 직: 곧다(straight)

중 zhí(즈) 反 曲(곡) 일 チョウ(쵸우) · ジキ(지키)

곧을 직

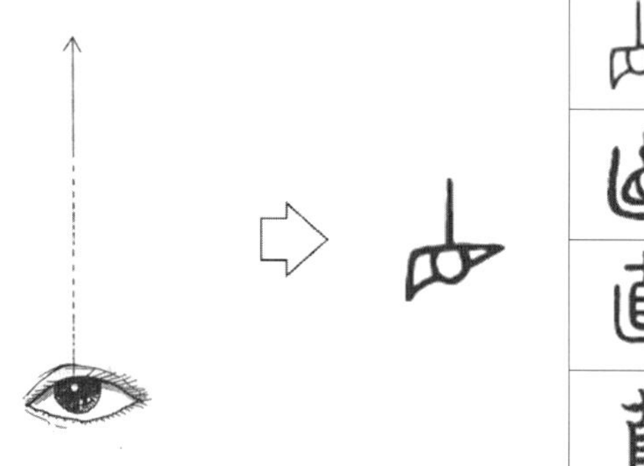

자형의 변화과정을 소급해 보면 '直 → 𥄂 → [고문자] → [고문자] · [고문자]' 등과 같다. 갑골문 자형 '[고문자]'은 눈의 시선(빛)은 굽혀지지 않고 똑바로 나간다는 뜻을 나타낸 것으로, 본래의 뜻은 「똑바로 보다」, 「곧다」, 「똑바르다」이다. 금문 이후 곱자 모양(乚)을 덧붙여서, 곱자를 사용해서 그은 선은 「똑바르다」는 뜻을 나타냈다. '옳다', '정직하다', '바로잡다', '곧바로', '다만' 등은 모두 본래의 뜻에서 파생된 것이다.

추 — 直 — 눈, 곱자

응용 : 直線 직선, 直立 직립, 直徑 직경, 直角 직각, 直系 직계, 直流 직류, 直言 직언, 直接 직접, 直行 직행, 直後 직후, 是非曲直 시비곡직, 正直 정직, 忠直 충직, 愚直 우직, 純直 순직, 蓬生麻中, 不扶而直 봉생마중, 불부이직.

쓰는 순서 一 十 𠆢 古 有 育 直 直 8획

德

한 덕: 도덕(virtue). 은혜를 베풀다(favor)
중 dé(더) 일 トク(토쿠)

덕 덕

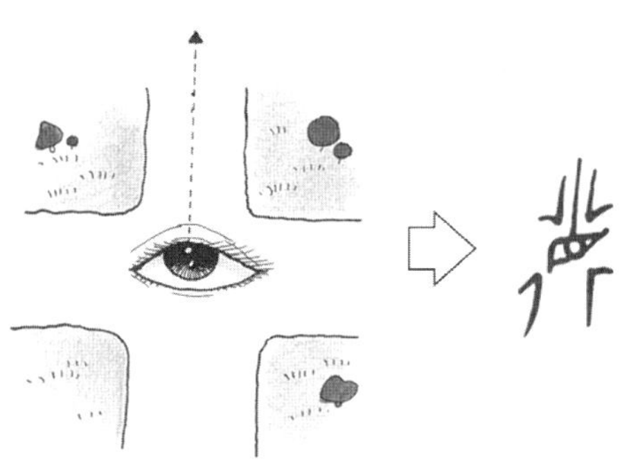

자형은 '彳'(行)과 '直'(直)과 '心' 세 부분으로 되어 있다. 그러나 갑골문 자형 '𢓊'은 '直'(直)에 행동한다는 의미의 '彳'(行)을 덧붙여서, "올바름(直)을 실천하는(行:行) 것"이란 뜻을 나타냈다. 금문 이후에 다시 '心'을 덧붙여서, '마음 속으로 올바르게 행동하기를 바라는 것'이 곧 '德'임을 나타냈다. '道德'(도덕)은 개인의 내면적인 '德'과 사회적으로 확립된 '道'를 합쳐 부른 말이다. '은혜를 베푼다'는 뜻은 본래의 뜻에서 파생된 것이다.

길·행동(行) 곧음(悳)
德
마음(心)

응용 : 德性 덕성, 德望 덕망, 德行 덕행, 德分 덕분, 德談 덕담, 功德 공덕, 道德 도덕, 美德 미덕, 不德 부덕, 有德 유덕, 陰德 음덕, 婦德 부덕, 君子愛人以德 군자애인이덕, 恃德者昌, 恃力者亡 시덕자창, 시력자망.

쓰는 순서 彳 彳 彳 彳 彳 徳 德 德 15획

285

省

한 성: 살펴보다(self-examine)
중 xǐng(싱) 일 セイ(세이)·ショウ(쇼-)

살필 성

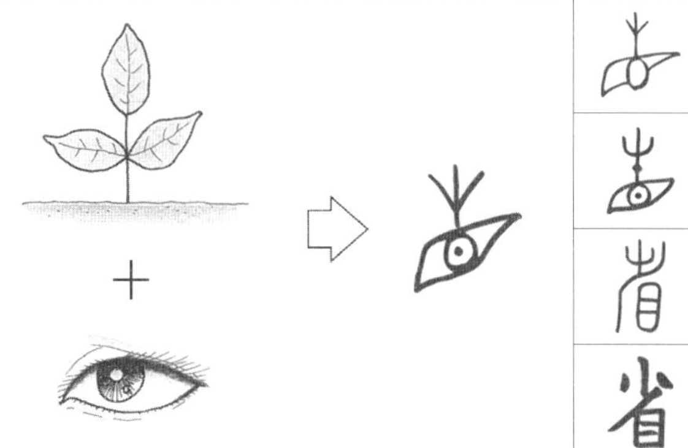

자형은 '少'와 '目'으로 이루어져 있다. 자형의 변화 과정을 소급해 보면 '省→ 眚 → [古字] → [古字], [古字]'과 같다. 갑골문 자형은 뜻을 나타내는 '[古字]'(目)과 갓 태어난 싹으로써 '미세하다'는 뜻과 함께 '생'이란 소리를 나타내는 '屮'(生)의 합문(合文)인데, 후에 '屮'이 '少'로 잘못 변하였다. 본래의 뜻은 「자세히 살펴보다」이다. 자세히 살펴본 후 쓸데 없는 것은 줄여 없애는데(少), 그래서 '省'에는 「줄이다」는 뜻이 생겼다(*이때는 '생'이라 읽는다. 省略생략).

생(生)이란 소리를 표시

눈(目)

응용 : 反省 반성, 自省 자성, 內省 내성, 省察 성찰, 修省 수성, 省墓 성묘, 省略 생략, 省文 생문, 省減 생감, 人事不省 인사불성, 內省不疚 내성불구, 一日三省吾身 일일삼성오신.

쓰는 순서  9획

286

視

한 시: 보다(see)

중 shì(스)　　일 シ(시)

볼 시

자형은 '示(시)'와 '見(견)'으로 이루어진 형성자이다. 갑골문과 금문의 자형 '[ancient form]', '[ancient form]' 등은 '目'과 '示'로 되어 있는데, 여기서 '示'(丅,[ancient form])는 '제단'이란 뜻이 아니라 '시'란 소리만을 나타낸다. 소전 이후 '目'이 '見'(견:보다)으로 바뀌었다. 본래의 뜻은 「보다」이다. '見'과 '視'는 다같이 '본다'는 뜻을 나타내지만, '視'는 '그냥 보인다'는 뜻이고, '見'은 '보고 본 것을 의식한다'란 차이가 있다(*예:視而不見).

'시'란 소리를 나타낸다(示)

視

본다(目→見)

응용 : 視力 시력, 視線 시선, 視神經 시신경, 視野 시야, 近視 근시, 遠視 원시, 無視 무시, 巡視 순시, 注視 주시, 直視 직시, 坐視 좌시, 不知其子, 視其父 부지기자, 시기부, 視而不見, 聽而不聞 시이불견, 청이불문.

쓰는 순서　12획

287

宦

한 환: 관직(official). 내시(eunuch)

중 huàn(후안) 일 カン(칸)

벼슬살이 환

자형은 '宀'(면)과 '臣'(신)으로 이루어져 있다. 금문의 자형 '宦'은 큰 집(宀) 안에 노예나 신하처럼 고개를 숙이고 있는 눈(臣)이 있는 모습으로, 본래의 뜻은 '궁궐 안에서 노예 생활을 하는 사람'이다. 궁궐 안에 갇혀서 노예 같은 생활을 하는 사람은 곧 「내시」인데, 이들을 '宦官'(환관)이라고 부른다. 후에 와서는 관직생활 또는 벼슬살이 자체를 가리키게 되었다. '宦路'(환로)란 '벼슬 길'이란 뜻이고, '仕宦'(사환)이란 '벼슬살이 한다'는 뜻이다.

응용 : 宦官 환관, 宦路 환로, 宦遊 환유, 宦學 환학, 仕宦 사환, 名宦 명환, 微宦 미환, 貴官顯宦 귀관현환.

집 — 宦 — 노예·신하의 눈

쓰는 순서 丶 ⺀ 宀 ... 宦 9획

288

한 와: 졸다(asleep). 눕다(lie)

중 wò(워)　　　일 ガ(가)

누울 와

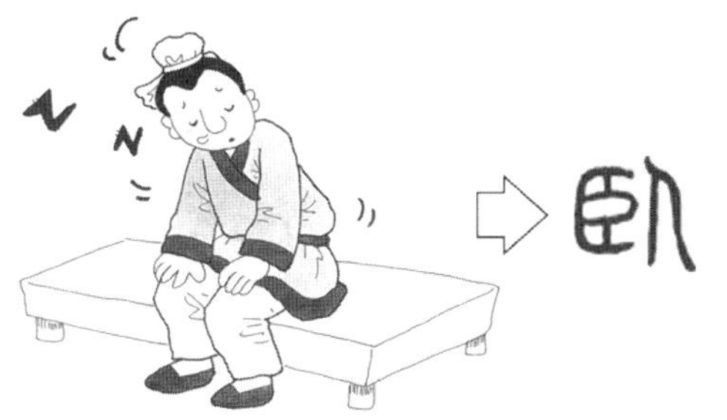

자형은 '臣'(신)과 '人'으로 되어 있다. 자형의 변화 과정을 소급해 보면, '臥→[古字]→[古字]·[古字]→[古字]·[古字]' 등과 같다. 갑골문의 자형들은 앉아서 고개를 숙인 채 졸고 있는 모습이다. 졸 때의 눈의 모습은 주인 앞에서 고개를 숙이고 있는 노예나 신하의 '눈'(臣)의 모습과 같다. 본래의 뜻은 「눈을 감고 쉬다」, 「졸다」이다. 후에 와서는 주로 「누워서 자거나 쉬는 것」을 가리키게 되었다.

눈(臣)

臥

사람(人)

응용 : 臥席 와석, 臥室 와실, 臥病 와병, 臥龍 와룡, 臥虎 와호, 橫臥 횡와, 仰臥 앙와, 假臥 가와, 臥薪嘗膽 와신상담, 高枕而臥 고침이와, 食不甘味, 臥不安席 식불감미, 와불안석.

쓰는 순서　一 丆 𠀐 𦣞 臣 臣丿 臥　8획

289

監

한 감: 살펴보다(inspect). 감독하다(supervise)

중 jiān(찌엔)(监)　　일 カン(칸)

볼 감

자형은 '臣'과 '𠂉', 즉 '臥'(와)와 '皿'으로 되어 있다. 그러나 자형의 변화과정을 소급해 보면 '監→[古字]→[古字]→[古字]'과 같다. 갑골문의 자형은 '[古字]'(見)과 '[古字]'(皿)으로 되어서, 무릎을 꿇고 고개를 숙인 채 그릇 안의 물에 자기 얼굴을 비춰보고 있는 모습이다. 본래의 뜻은 「거울」이다. 구리 거울이 발명된 이후에는 재료를 나타내는 '金'(금)을 덧붙여서 '鑑'(감)으로 썼다. 「비추어 보다」, 「살피다」, 「감독하다」 등의 뜻은 「거울」이란 본래의 뜻에서 파생된 것이다.

응용 : 監督 감독, 監事 감사, 監修 감수, 監視 감시, 監察 감찰, 監獄 감옥, 監護 감호, 衆惡之必監焉, 衆好之必監焉 중오지필감언, 중호지필감언.

눈(臣) 사람의 몸

監

물 담긴 그릇

쓰는 순서 　14획

臨

한 림: 임하다(arrive). 마주 대하다(face)
중 lín(린)(临)　일 リン(린)

임할 림

자형은 '臣'과 '𠂉', 즉 '臥'(와)와 '品'(품)으로 되어 있다. 금문의 자형 '[glyph]'은 고개를 숙인 채([glyph]) 밑에 있는 '많은 물건들'(品)을 내려다 보고 있는 사람(亻)의 모습으로, 본래의 뜻은 「높은 곳에서 아래를 내려다 보다」이다. 높은 사람이 낮은 사람을 대하여 이야기하거나, 어떤 장소에 나오거나, 다스리는 경우를 '臨'이라고 하는 것은 모두 이러한 자세가 함축하고 있는 뜻으로부터 생겨난 것이다.

눈(臣)　사람의 몸(人)
臨
물건(品)

응용 : 臨席 임석, 臨時 임시, 臨床 임상, 臨迫 임박, 臨終 임종, 臨界 임계, 君臨 군림, 光臨 광림, 親臨 친림, 降臨 강림, 臨戰無退 임전무퇴, 臨機應變 임기응변, 臨河羨魚 임하선어, 如臨深淵, 如履薄冰 여림심연, 여리박빙.

쓰는 순서 17획

臥薪嘗膽(와신상담 : 워 씬 창 딴)

기원전 494년, 중국 춘추시대 때 오(吳) 나라가 월(越) 나라를 침입했다가 도리어 오 나라 왕이 목을 베인 일이 있었습니다. 훗날 오 나라 왕의 아들 부차(夫差)는 자기 아버지의 원수를 갚기 위해 다시 월 나라에 쳐들어가 수도를 포위하였고, 월 나라 왕 구천(勾踐)은 할 수 없이 항복을 했습니다. 오 나라의 대신들은 월왕 구천을 죽여버림으로써 후환을 제거해야 한다고 주장하였습니다. 그러나 부차는 승리감에 도취해, 항복한 사람을 죽이는 것은 어진 행위가 아니라고 하면서 다만 구천과 그 가족을 포로로 잡아 갔습니다.

오 나라에 잡혀간 구천은 동굴 속에 갇혀 살면서 말을 기르라는 명령을 받았습니다. 구천은 모욕과 고초를 참으면서 부차에게 순종하였지만,

마음 속으로는 다시 월 나라를 찾겠다는 의지를 버리지 않았습니다. 또 부차가 병이 들었을 때는 충성을 보이기 위해 부차의 대변을 맛보기까지 했습니다. 그러면 부차가 건강을 회복할 날짜를 알 수 있다고 했는데, 우연히도 구천이 애기한 그 날짜에 부차의 병이 나아, 구천에 대한 부차의 신임은 두터워져 갔습니다. 3년 뒤, 부차는 구천이 확실히 자기에게 충성하는 사람이 되었다고 생각하고 풀어 주었습니다.

월 나라에 돌아온 구천은 원수를 갚기 위해 다시 오 나라와 사활을 건 전쟁을 하기로 결심하였습니다. 그리고 자신이 오 나라에서 갇혀 지내면서 고생하던 시절을 잊어버리지 않기 위하여, 그리고 원수를 갚겠다는 자신의 의지가 무디어지지 않도록 하기 위하여, 장작 위에 누워 잠을 잤으며(臥薪), 천장에 쓸개를 매달아 놓고 밥을 먹을 때마다 쓴 쓸개 맛을 보았습니다(嘗膽). 그러는 한편 백성과 동고동락(同苦同樂)하며 월 나라를 부흥시키는 데 모든 힘을 쏟았습니다. 또한 자주 부차에게 복종과 충성을 표시하여 자신에 대한 경계심을 풀도록 하였습니다.

그리하여 15년 뒤 구천은 마침내 오 나라를 침공해서 정복하는 데 성공하였습니다.

후세 사람들은 안일한 생활을 멀리하고 고생을 견디면서 자신이 원하는 바를 이루기 위해서 정진하는 경우를 월왕 구천의 행동을 묘사한 와신상담에 비유하였습니다.〔출전:《史記·越王勾踐世家》(사기·월왕구천세가)〕

〈한자풀이〉

臥(와): 눕다. 薪(신): 장작, 땔나무. 섶. 嘗(상): 맛보다.
膽(담): 쓸개.

291

聞

한 문: 듣다(hear). 소문(news)

중 wén(원)(闻)　　일 ブン(분)·モン(몬)

들을 문

자형은 소리를 나타내는 '門'(문)과 뜻을 나타내는 '耳'(이:귀)로 되어 있다. 그러나 갑골문 자형 '·' 등은 '見'(·)처럼 사람의 머리 부위에 큰 귀() 만 그려놓고 그 귀에 손을 갖다 대고 있는 모습으로, 흔히 작은 소리를 주의해서 똑똑히 들으려고 할 때 취하는 자세이다. 본래의 뜻은 「듣다」, 「들어서 이해하다」이다. 「소문」, 「알리다」는 뜻도 있다. 지금과 같은 형성자(形聲字)로 바뀐 것은 소전(小篆) 이후부터이다.

응용 : 見聞 견문, 新聞 신문, 所聞 소문, 風聞 풍문, 傳聞 전문, 寡聞 과문, 多聞 다문, 博聞 박문, 聞道 문도, 聽而不聞 청이불문, 耳聞不如目睹 이문불여목도, 百聞不如一見 백문불여일견.

쓰는 순서 丨 𠃌 ⺆ 門 門 門 聞 聞 14획

292

聲

한 성: 소리(sound). 명성(reputation)

중 shēng(성)(声)　일 セイ(세이)·ショウ(쇼-)

소리 성

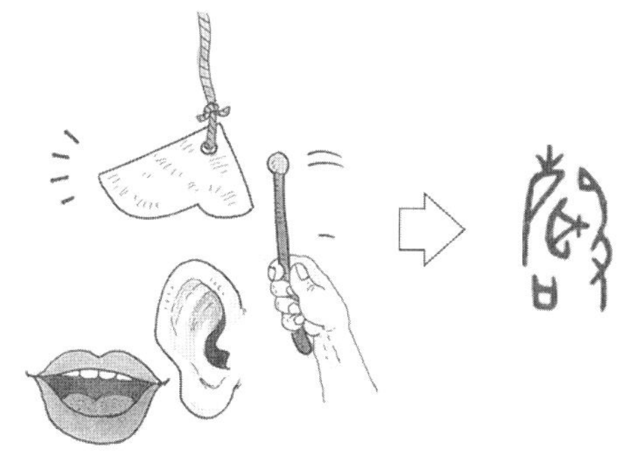

자형은 '声'과 '殳'(수)와 '耳'(이) 세 부분으로 되어 있는 회의자이다. 갑골문 자형 '聲'은 돌(石)로 만든 '경'(磬)이란 악기를 매달아 놓고, 그것을 채로 칠 때(殳) 나는 소리(ㅂ)를 귀로 듣고 있는 모습이다. 본래의 뜻은 「소리」이다. 후에 「경」은 '→声'으로, 채는 '→殳'로, 「소리를 듣는다」는 뜻은 '→耳'로 바뀌었다. '聲'은 귀로써 듣는 자연계의 모든 소리를 타나내는데 「소문」, 「소식」, 「명성」, 「노래」 등은 이로부터 파생된 것이다.

'경'(磬)이란 악기 — 聲 — 채 — 귀

응용 : 聲量 성량, 聲明 성명, 聲樂 성악, 聲援 성원, 名聲 명성, 音聲 음성, 四聲 사성, 秋聲 추성, 風聲 풍성, 肉聲 육성, 歡聲 환성, 歎聲 탄성, 異口同聲 이구동성, 聲東擊西 성동격서, 一手獨拍, 雖疾無聲 일수독박, 수질무성.

쓰는 순서 　17획

293

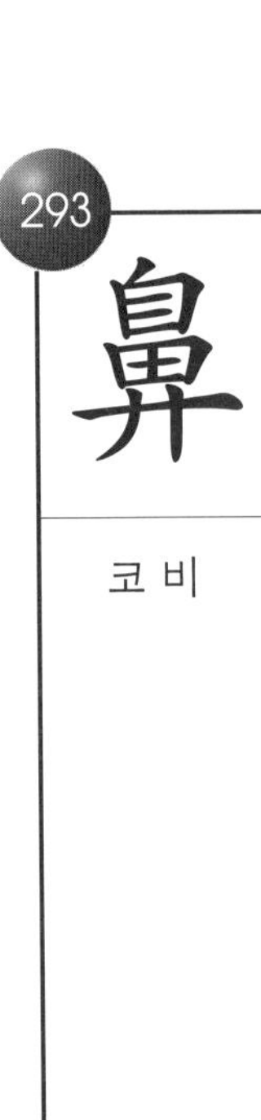

한 비: 코(nose)

중 bí(비)

일 ビ(비)

코 비

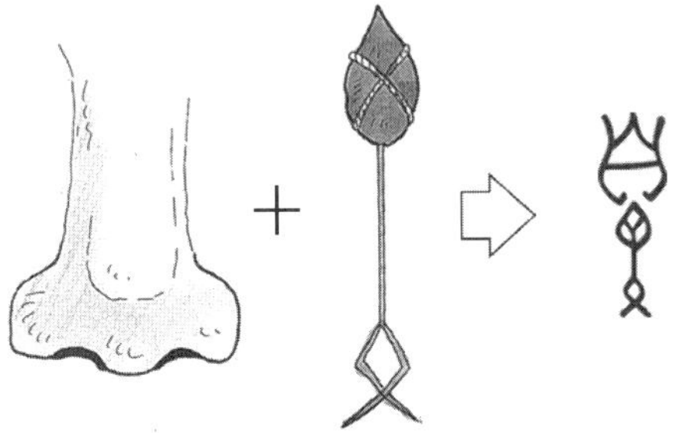

자형은 '自'(자)와 '畀'(비)로 되어 있다. '自'의 갑골문 자형 '𦣹'는 사람의 코 모습으로, 본래의 뜻은 「코」이다. 중국인들은 자신을 가리킬 때 엄지손가락으로 '코'를 가리킨다. 그래서 '自'가 '자기'란 뜻을 갖게 되었다. '自'가 후에 와서 주로 「자기」란 뜻과 「…로부터」란 뜻으로 쓰이게 되자, 본래의 뜻은 소리 부호 '畀'(비)를 덧붙여 '鼻'( )로 쓰게 되었다. 태생(胎生) 동물은 최초에 코부터 형체를 갖추어 나가기 시작하므로 「처음」, 「최초」를 '鼻祖'(비조)라 하게 되었다.

응용: 鼻孔 비공, 鼻腔 비강, 鼻笑 비소, 鼻息 비식, 鼻音 비음, 鼻炎 비염, 鼻血 비혈, 鼻祖 비조, 耳鼻咽喉科 이비인후과.

쓰는 순서  14획

294

한 식: 호흡(breath). 쉬다(have a rest)
중 xī(시) 일 ソク(소쿠)

숨쉴 식

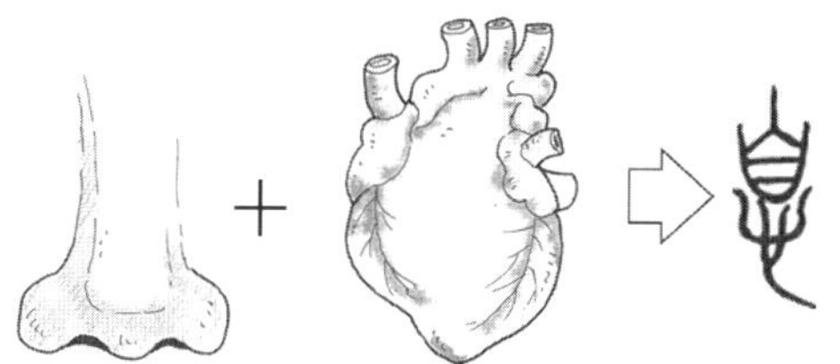

자형은 '自'와 '心'(심)으로 되어 있다. '自'는 '코'의 본래자로, 옛날 사람들은 코(自)와 심장(心→心)으로 숨을 쉰다고 생각했다. 본래의 뜻은 「숨」, 「숨을 쉬다」이다. 우리말 「쉬다」에 '호흡한다'는 뜻과 '휴식한다'는 뜻이 있듯이, 한자 '息'에도 '호흡한다'는 뜻과 함께 '휴식하다', '멈추다' 등의 뜻이 있다. 호흡은 살아 있음의 가장 큰 특징이다. 그래서 '息'에는 「살다」, 「자라다」, 「번식하다」, 「아들」 등의 뜻도 있게 되었다.

응용 : 安息 안식, 休息 휴식, 調息 조식, 止息 지식, 瞬息 순식, 子息 자식, 令息 영식, 棲息 서식, 喘息 천식, 消息 소식, 利息 이식, 歎息 탄식, 川流不息 천류불식, 日出而作, 日入而息 일출이작, 일입이식.

쓰는 순서 ′ ľ 㔾 白 自 自 息 息 10획

295

名

한 명: 이름(name). 유명한(famous)
중 míng(밍) 일 メイ(메이)·ミョウ(묘-)

이름 명

자형은 '夕'(석:저녁) 아래에 '口'가 있는 모습이다. 갑골문 자형은 'ㅂ)'으로, 'ㅂ'는 '입'(口)을, ')'은 달(月), 저녁(夕) 또는 어둠을 나타낸다. 달밤 또는 저녁에는 상대의 얼굴을 똑똑히 볼 수 없으므로 자기 이름을 말해야만 서로 누구인지 알 수 있다. 본래의 뜻은「이름」, 또는「자기의 이름을 말하다」이다.「명성」,「유명한」등의 뜻은 파생된 것이다(*銘(명:새기다)은 캄캄한 지하에 묻혀 있는 사람이 자기의 이름을 비석이나 기물을 통해 말하고 있는 것이라고 볼 수도 있다).

저녁(夕)
名
입(口)

응용 : 姓名 성명, 人名 인명, 有名 유명, 假名 가명, 知名 지명, 名曲 명곡, 名士 명사, 名山 명산, 名節 명절, 名作 명작, 名實相副 명실상부, 人死留名, 虎死留皮 인사유명, 호사유피, 名不正則言不順 명부정즉언불순.

쓰는 순서 ノ ク タ タ 名 名 6획

296

告

한 고: 알리다(inform, notice)

중 gào(까오) 일 コク(코쿠)

고할 고

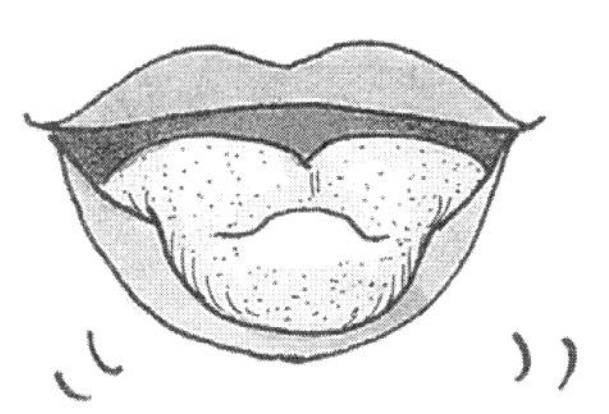

자형은 '口' 위에 '生'가 있는 모습이다. 이를 갑골문 자형 '[illegible]·[illegible]' 등에서 보면, '[illegible]'(舌:혀), '[illegible]'(言:말), '[illegible]'(音:음) 등과 마찬가지로, '告'는 크게 벌린 '입'([illegible]:口) 밖으로 길게 내민 '혀'([illegible])의 모습을 본뜬 것임을 알 수 있다. '입으로 말하는 것'과 관련이 있다. 본래의 뜻은 「알리다」, 「보고하다」이다. 아랫사람이 위로 보고하는 것이 '告'이고, 윗사람이 아랫사람에게 알리는 것은 '誥'(고:고하다)이다. '告'의 윗부분은 '소'(牛)를 나타낸 것이란 설명도 있다.

혀 — 告 — 입(口)

응용 : 告白 고백, 告別 고별, 告示 고시, 告知 고지, 告祀 고사, 告發 고발, 告訴 고소, 警告 경고, 報告 보고, 密告 밀고, 忠告 충고, 上告 상고, 布告 포고, 抗告 항고, 告往知來 고왕지래, 無所告訴 무소고소.

쓰는 순서 丿 𠂉 𠂒 生 牛 告 告 7획

한 합: 합하다(combine, join)

중 hé(허) 일 ゴウ(고-)・ガツ(가츠)・カツ(카츠)

합할 합

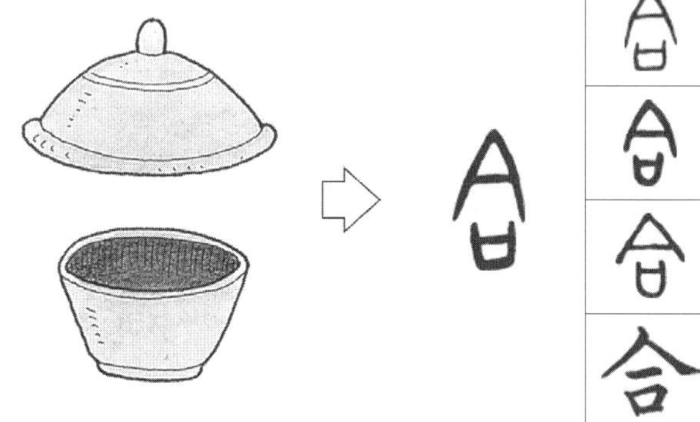

갑골문 이후 자형의 변화가 거의 없는 한자 중의 하나이다. 자형은 'A'과 '口' 두 부분으로 되어 있는데, 위의 'A'는 그릇의 뚜껑을, 아래의 '口'는 그릇을 나타낸다. 그릇 위에 그릇의 뚜껑을 덮으면 합쳐져서 하나처럼 된다. 본래의 뜻은 「합하다」, 「합치다」이다. 그릇과 뚜껑처럼 둘 이상이 합쳐져서 하나가 된다는 뜻에서 「모이다」, 「일치하다」, 「적합하다」, 「만나다」 등의 뜻이 생겨났다(*會 회 참조).

그릇 두껑

그릇(口)

응용 : 合計 합계, 合流 합류, 合本 합본, 合理 합리, 合法 합법, 合格 합격, 合心 합심, 合宿 합숙, 合意 합의, 合作 합작, 集合 집합, 和合 화합, 離合 이합, 合縱連橫 합종연횡, 知行合一 지행합일, 烏合之卒 오합지졸.

 6획

298

한 회: 모이다(meet). 모임(meeting)

중 huì(후이)(会)　　일 カイ(카이) · エ(에)

모일 회

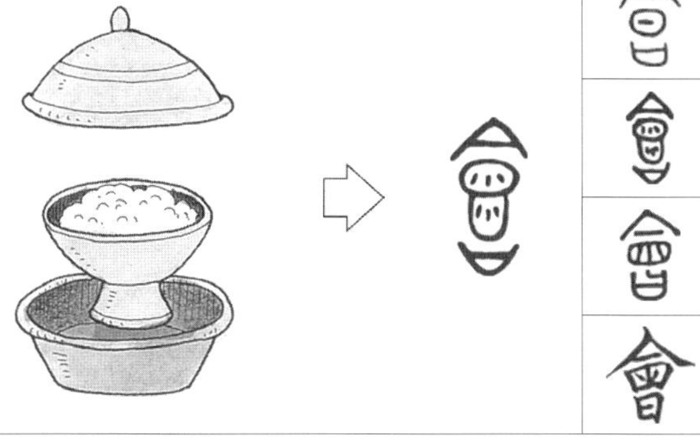

자형은 'A'와 '曰' 사이에 '四'가 있는 모습이다. 이를 갑골문 자형 '㑹 · 㑹' 등에서 보면, 'A'는 그릇의 뚜껑을, 'ㅂ'(→曰)는 그릇을, 그리고 중간에 있는 'ㅇ·ㅇ'(→四)는 음식물을 나타낸다. '그릇'(ㅂ)에 '음식물'(ㅇ)을 담은 후 '뚜껑(A)'을 닫으면 이 세 가지가 모두 모여서 하나가 된다. 본래의 뜻은 「모이다」, 「만나다」이다. 고문에서는 '口'(구:입)와 '曰'(왈:말하다)이 서로 통용되었으므로, 후에 그릇의 모양 '口'가 '曰'로 변했다.

응용 : 會議 회의, 會談 회담, 會社 회사, 會長 회장, 會話 회화, 國會 국회, 大會 대회, 司會 사회, 社會 사회, 再會 재회, 協會 협회, 開會 개회, 百川會海 백천회해, 以文會友 이문회우, 牽强附會 견강부회.

쓰는 순서 人 亼 亼 亼 亼 㑹 會 會　13획

한 창: 창고(warehouse)

중 cāng(창)(仓)　　일 ソウ(소-)

곳집 창

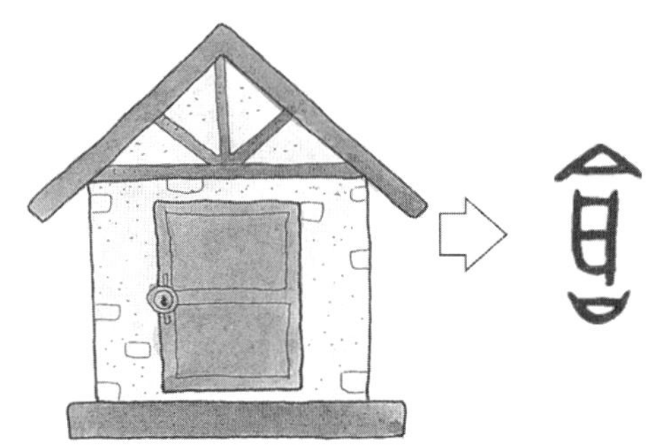

자형은 '亼', '戶', '口' 세 부분으로 되어 있다. 갑골문 자형 '倉·倉'은 양곡 창고를 정면에서 바라본 모습으로, '亼'는 창고의 지붕을, '戶'(→戶→戶)는 창고의 문을, '口'는 창고의 기초를 나타낸다. 본래의 뜻은 「양곡 창고」이다. 양곡 창고는 음식물의 재료인 양곡을 저장해 두는 큰 그릇(合)과 같은데, 중간에 '문'(戶→戶→戶)이 달려 있는 점만 다르다. 이와는 달리 '庫'(고:창고)는 본래 무기(車:전차)를 저장해 두는 창고를 가리켰다.

응용 : 倉庫 창고, 倉廩 창름, 倉粟 창속, 穀倉 곡창, 社倉 사창, 官倉 관창, 太倉一粟 태창일속, 倉廩實則知禮節 창름실즉지예절.

쓰는 순서 丿 人 亽 今 仓 仓 倉 倉 倉 倉　10획

300

品

한 품: 물건(article). 품수(grade)

중 pǐn(핀) 일 ヒン(힌)

물품 품

자형은 세 개의 '口'(ㅂ)로 되어 있다. '口'는 '입'이 아니라 사발과 같은 '그릇'의 모양이고, 그것을 세 개 겹쳐 놓은 것은 「많다」는 뜻을 나타내기 위해서이다(* 예: 森 삼, 卉 훼, 劦 협, 晶 정 등 참고). 제사지낼 때 여러 개의 그릇에 여러 가지 음식을 담아서 늘어 놓은 모습으로, 본래의 뜻은 「여러 가지 물건」이다. 옛날에는 제사지낼 때 조상에 따라서 제물에도 차등을 두었으므로, '品'에는 「등급」, 「품수」란 뜻이 있게 되었다.

그릇 세 개 — 品

응용 : 物品 물품, 食品 식품, 正品 정품, 生必品 생필품, 小品 소품, 品人 품인, 品目 품목, 品種 품종, 品質 품질, 品格 품격, 品位 품위, 品性 품성, 品行端正 품행단정, 九品 구품, 五品 오품.

쓰는 순서 9획

掩鼻之計(엄비지계 : 앤 비 즈 지)

중국 전국(戰國)시대 때, 위(魏) 나라 왕은 초(楚) 나라 왕에게 후궁으로 미인 한 사람을 선물로 보냈습니다. 초왕은 그 여인의 아름다움에 홀딱 반해버렸습니다. 그러자 초왕의 정부인인 정수(鄭袖)는 왕이 새로 들어온 미인을 매우 좋아한다는 사실을 알고는, 자신도 그녀를 매우 사랑해 주었습니다. 의복이나 노리개 등도 그녀가 좋아하는 것들만 골라서 주고, 방이나 침실가구 등도 좋은 것들만 골라서 갖추어 주었습니다. 한 마디로, 정수가 그녀를 사랑해 주는 정도는 왕보다도 더했습니다.

그러자 왕은, "부인이 그 남편을 섬기는 이유는 색(色) 때문이다. 따라서 이런 경우 부인이 질투를 하게 되는 것은 인지상정(人之常情)일 것이다. 그런데도 부인은 과인이 새 미인를 좋아한다는 사실을 알고는 그녀를 나보다 더 사랑하는바, 이는 곧 효자가 그 부모를 섬기는 방법이고, 충신이 그 임금을 섬기는 방법이다."라고 하면서 부인을 칭찬했습니다.

새로 들어온 후궁을 자신이 질투하지 않고 있다는 점을 왕으로부터 인정받았다고 생각한 정수는 그녀에게 말했습니다.

"왕께서는 자네가 아름답다고 무척이나 좋아하고 계신다네. 그러나, 한 가지 흠은, 자네의 코만은 보기 싫어하신다네. 자네가 만약 왕을 뵙게 되거든 어떤 일이 있어도 그 코만은 반드시 가리도록 하게."

그리하여 그 여자는 왕을 뵐 때마다 왕이 보기 싫어한다는 자신의 코를 손으로 가렸습니다. 후궁의 이런 행동을 의아하게 생각한 왕은 이 사실을 정수에게 물었습니다. "새로 들어온 여자가 과인을 볼 때마다 손으로 자기 코를 가리는데, 그 이유가 무엇이오?"

그러자 정수가 대답했습니다. "소첩은 그 이유를 알고는 있습니다만…" 남의 잘못을 사실대로 지적하기 곤란해 하는 듯한 부인의 태도에 왕은 말했습니다. "비록 듣기 곤란한 일이라도 꼭 말해 주어야 하오."

그러자 정수는 어쩔 수 없다는 듯이 말했습니다. "아마도 왕의 몸에서 나는 냄새가 싫어서일 것입니다."

이 말에 몹시 화가 난 왕은 새로 들어온 미인의 코를 베어버리라고 명령하였습니다.

왕이 총애하던 미인을 이처럼 음험하고 간교한 방식으로 제거해 버린 이 정수(鄭袖)의 계략을 후세 사람들은 "코를 가리도록 한 계략"(掩鼻之計)이라고 부르면서 경계하는 교훈으로 삼게 되었습니다. 〔출처: ≪戰國策 · 楚策≫ (전국책 · 초책) 〕

〈한자풀이〉

掩(엄): 가리다. **鼻**(비): 코. **之**(지): ~의. **計**(계): 계략, 계책.

한 구: 구역(region). 구분하다(divide)

중 qū(취) 일 ク(쿠)

구역 구

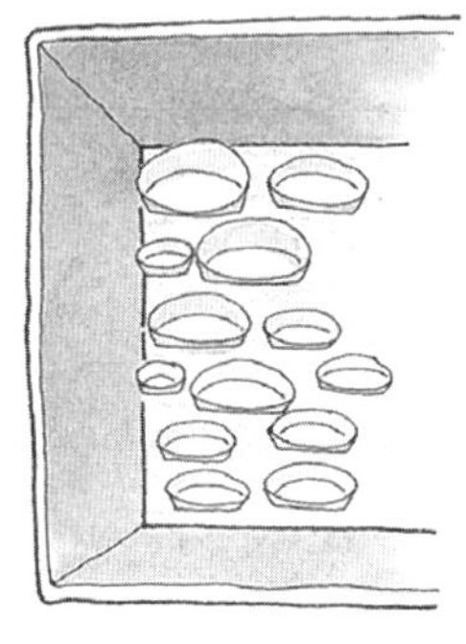

자형은 '品'(품)과 '匚'(방:상자)으로 되어 있으나, 자형의 변화과정을 소급해 보면 '區 → 區 → 區 → 〈區·區〉' 등과 같다. 갑골문의 자형들은 많은 '그릇'이나 '물건들'(品)을 '匚·乚·>' 등처럼 구획지워진 공간의 한 쪽 구석에 쌓아 놓은 모습이다. 본래의 뜻은 「물건을 감추어둔 장소」이다. '감추어둔 장소'는 보통의 장소와는 구분되므로 「구분하다」, 「갈라놓다」, 「거처」, 「장소」 등의 뜻이 생겨났다.

응용 : 區分 구분, 區間 구간, 區別 구별, 區域 구역, 區劃 구획, 區區 구구, 地區 지구, 學區 학구, 管區 관구.

구획된 지역(공간)

그릇(口)

쓰는 순서 一 丅 丆 ... 區 11획

한	신: 정수리(top of the head)
중	xìn(신) 일

정수리 신

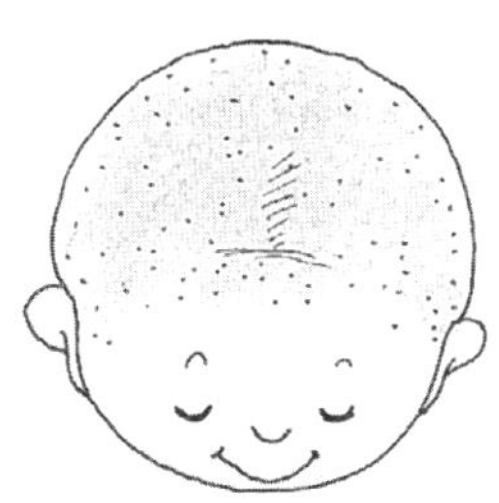

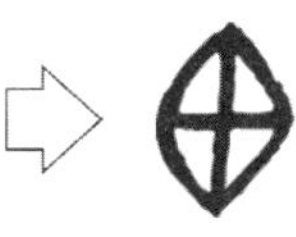

자형의 변화과정을 소급해 보면 '囟→⊠→⊕→⊕'과 같다. 갑골문 자형 '⊕'은 두개골이 채 닫히지 않은 아기의 머리를 위에서 본 모습이다. 본래의 뜻은 「정수리」, 「머리꼭지」이다. 정수리는 머리에서 가장 높은 부위에 속하는데, 이것의 여러 가지 변형된 모습들(囟 · 甶 · 田)로 「머리」란 뜻을 나타냈다. 같은 「머리」란 뜻을 나타내지만, 눈 위에 머리털을 붙인 '首'(수)와 '눈' 아래에 몸을 붙인 '頁'(혈)과 비교해 보면 그 차이점이 분명해진다.

응용 : ① 腦 뇌, 惱 뇌, 思 사, 鬼 귀, 畏 외, 異 이. ② 囟門 신문, 囟滑 신골.

정수리의 문양

쓰는 순서 ′ 丨 冂 囟 囟 6획

303

腦

한 뇌: 머리 · 뇌(brain)
중 nǎo(나오)(脑)　　일 ノウ(노-)

머릿골 뇌

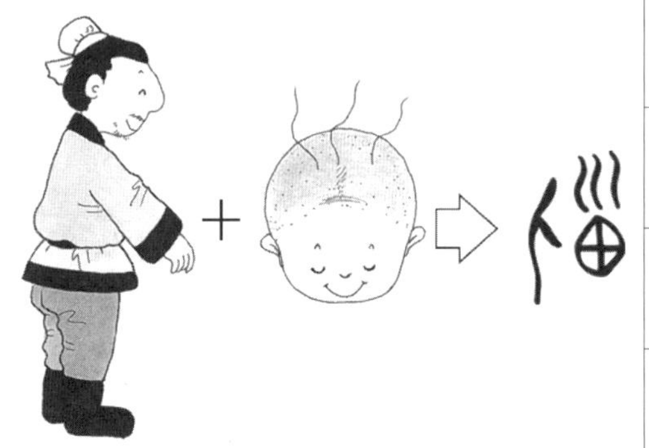

자형은 '月'(肉:육)과 '𡿺'(뇌)로 되어 있다. '㚴'는 사람의 머리털(巛) 아래에 정수리(囟)가 있는 모습인데, 그 바로 아래에 사람의 머릿골, 즉 '뇌'가 들어 있다. 본래의 뜻은 「머릿골」, 「뇌」이다. 후에 부수자 '月'(고기육 변)을 덧붙여서 '𡿺'는 곧 사람의 신체의 한 부분임을 나타냈다(예: 肝 간, 肺 폐, 胃 위, 脈 맥 등). 소전의 자형 '㚴'에서는 부수자를 '月'(肉) 대신에 '亻'(人)으로 쓰고 있다. '뇌'는 생각하고 느끼는 기능과 몸의 신경체계를 지배하는 기능을 한다.

사람의 신체 / 머리털 / 腦 / 정수리

응용 : 頭腦 두뇌, 腦裏 뇌리, 腦炎 뇌염, 腦神經 뇌신경, 腦出血 뇌출혈, 腦貧血 뇌빈혈, 腦溢血 뇌일혈, 腦死 뇌사, 腦波 뇌파, 腦卒中 뇌졸중, 腦性痲痺 뇌성마비, 有頭無腦 유두무뇌.

쓰는 순서 丿 月 月巛 月巛 腦 腦 腦 腦　13획

304

惱

한 뇌: 괴로워하다(be annoyed)

중 nǎo(나오)(恼)　　일 ノウ(노-)

괴로워할 뇌

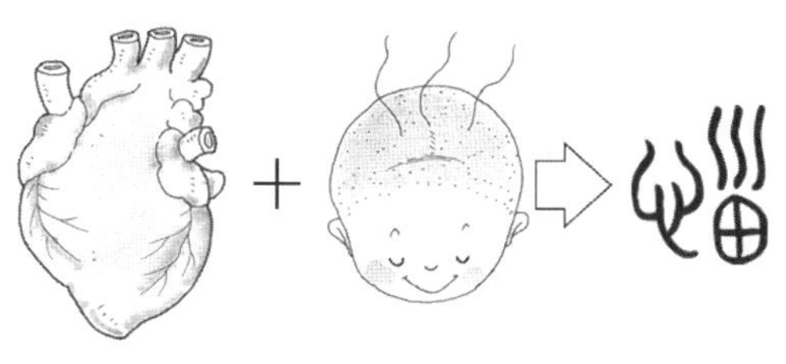

자형은 '忄(心:심)과 '𡿺'(뇌)로 되어 있다. '𡿺'는 '뇌'라는 소리와 함께 사고(思考)와 감정, 즉 생각하고 느끼는 등의 기능을 담담하는 신체 부위인「뇌」를 가리킨다. 그리고 옛날 사람들은「심장」(心)이 사고와 감정을 지배하는 기관이라고 생각했다. 그래서 부수자 '心'(忄)과 '𡿺'로써 생각하고 느끼는 감정의 일종을 나타냈는데, 본래의 뜻은「고민하다」,「괴로워하다」,「괴롭히다」이다. 자형 구성의 원리는 '心'과 '囟'(신)으로 이루어진 '思'(사)와 동일하다.

심장·마음(心)
머리털
惱
정수리

응용 : 苦惱 고뇌, 煩惱 번뇌, 百八煩惱 백팔번뇌, 心惱 심뇌, 痛惱 통뇌, 惱殺 뇌쇄.

쓰는 순서 忄 忄 忄𫶧 ... 惱　12획

305

한 사: 생각하다(think)

중 sī(쓰)　　일 シ(시)

생각 사

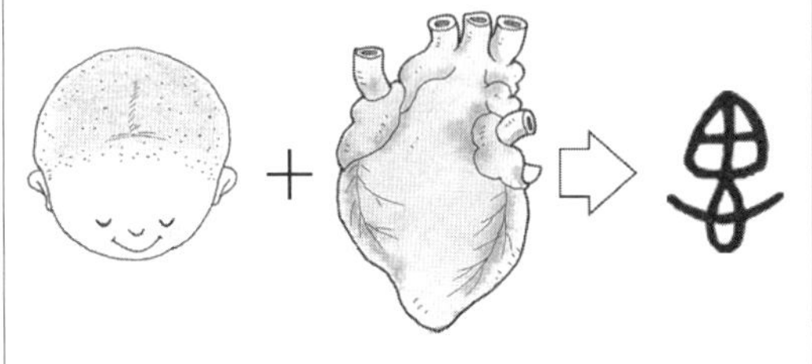

思

자형은 '田'(전)과 '心'(심)으로 되어 있다. 이를 금문의 자형 ''와 대비해 보면, '田'은 '囟'(신:정수리)의 변형으로 '머리'를 나타낸다. 옛날 사람들은 '생각하고' '느끼는' 것은 머리(田)와 심장(心)의 기능에 속한다고 생각했다. 그래서 머리와 심장의 모습으로 「생각한다」는 뜻을 나타냈다. '思'와 거의 같은 뜻으로 쓰이는 한자에 '想'(상)이 있는데, '思'는 주로 논리적인 것을, '想'은 감정적인 것을 가리킨다.

머리·정수리

마음·심장

응용 : 思考 사고, 思念 사념, 思索 사색, 思想 사상, 思親 사친, 心思 심사, 意思 의사, 深思熟考 심사숙고, 勞心焦思 노심초사, 窮則思變 궁즉사변, 三思而後行 삼사이후행, 家貧則思良妻 가빈즉사양처.

쓰는 순서 丨 冂 冂 田 田 田 思 思 思　9획

306

한 귀: 귀신(ghost)

중 guǐ(궤이) 일 キ(키)

귀신 귀

갑골문의 자형 '[甲骨文]·[甲骨文]·[甲骨文]·[甲骨文]' 등은 사람의 몸([甲骨文]·[甲骨文]·[甲骨文])에 크고 괴상하게 생긴 머리 모양(田·⊕→由)을 가진 어떤 물체의 모습으로, 본래의 뜻은 「귀신」이다. 옛날 사람들은 사람이 죽어서 그 뼈가 썩으면 '鬼'가 된다고 생각했다. 이에 대하여 천둥과 번갯불([甲骨文]→[甲骨文]:申)로 대표되는 신비스런 자연현상을 주관하고 있는 자연신(自然神)을 '神'(신)이라고 생각했다. '畏'(외:두렵다)는 '鬼'와 같은 계열의 자이다.

응용 : ① 醜 추, 魂 혼, 魄 백. ② 鬼面 귀면, 鬼神 귀신, 鬼畜 귀축, 鬼火 귀화, 惡鬼 악귀, 餓鬼 아귀, 魔鬼 마귀, 寃鬼 원귀, 神出鬼沒 신출귀몰, 疑心生暗鬼 의심생암귀, 弄神弄鬼 농신롱귀, 感天地, 動鬼神 감천지, 동귀신.

쓰는 순서 ′ ⺁ 白 白 甶 甶 鬼 鬼 鬼 10획

307

畏

한 외: 두려워하다(fear)

중 wèi(웨이) 일 イ(이)

두려워할 외

갑골문 자형 '[illegible]·[illegible]·[illegible]' 등은 귀신([illegible]·[illegible])이 손에 몽둥이([illegible])를 들고 따라오면서 때리려고 하는 아주 무서운 모습으로, 본래의 뜻은 「두려워하다」, 「무서워하다」이다. 우리는 밤에 귀신이 나오는 무서운 꿈을 '惡夢'(악몽)이라고 하는데, 옛날 사람들은 '畏夢'(외몽)이라고 했다. 무서운 대상 앞에서는 행동을 삼가고 조심한다. 그래서 「삼가다」, 「조심한다」는 뜻도 생겼다(*長: [illegible] 장 참조).

응용 : 畏敬 외경, 畏怖 외포, 畏縮 외축, 畏恐 외공, 畏懼 외구, 可畏 가외, 恭畏 공외, 尊畏 존외, 貪生畏死 탐생외사, 無所畏懼 무소외구, 後生可畏 후생가외, 初生之犢不畏虎 초생지독불외호.

쓰는 순서 9획

308

失

한 실: 잃다(lose)

중 shī(스) 反 得(득) 일 シツ(시츠)

잃을 실

자형의 변화과정을 소급해 보면 '失→[古字]→[古字]·[古字]' 등과 같다. 금문의 자형에서 왼쪽의 '[古字]·[古字]'는 '손'([古字]: 手)이고, 오른쪽 아래의 '[古字]·[古字]'는 손에서 어떤 물건이 흘러내리는 모습을 나타낸 지사부호이다. 본래의 뜻은 「손에서 놓치다」, 「잃다」이다. 「실패하다」, 「허물」 등의 뜻은 본래의 뜻에서 파생된 것이다. 자기 자신을 꼭 잡고 있으면 잃는 것도 적지만, 자신을 놓치면 많은 잘못과 실수를 범하게 된다.

손(手)
失
떨어지는 물건

응용 : 失手 실수, 失禮 실례, 失敗 실패, 失業 실업, 失意 실의, 失望 실망, 失機 실기, 失明 실명, 失性 실성, 失笑 실소, 失神 실신, 失言 실언, 失足 실족, 過失 과실, 消失 소실, 損失 손실, 利害得失 이해득실, 小貪大失 소탐대실.

쓰는 순서 ノ ㅗ ニ 夫 失 5획

한 반: 뒤집다(turn out)

중 fǎn(판)　　일 ハン(한)·ホン(혼)

뒤집을 반

자형은 '厂(한)'과 '又'(=手)로 되어 있다. 갑골문 자형 '反'은 동굴 속의 암벽을 손만 사용해서 기어오르는 모습이다. 얼마 올라가지도 못하고 중간에서 '거꾸로' '뒤집혀서' 원래 자리로 '되돌아 올' 것이 뻔하다. 본래의 뜻은 「뒤집히다」, 「되돌아오다」이다. 「어기다」, 「배반하다」, 「거꾸로」, 「반성하다」 등의 뜻은 본래의 뜻에서 파생된 것이다. 이밖에 '反'을 '손을 뒤집는 모습', 또는 '손(又)으로 돌(厂→厂→石)을 뒤집는 모습'으로 해석하기도 한다.

응용: 反手 반수, 反復 반복, 反映 반영, 反逆 반역, 反對 반대, 反則 반칙, 反省 반성, 反芻 반추, 反抗 반항, 背反 배반, 違反 위반, 相反 상반, 正反合 정반합, 易如反掌 이여반장, 物極則反 물극즉반, 求益反損 구익반손.

쓰는 순서 一 厂 万 反　4획

310

한 피: 껍질(skin). 가죽(hide). 껍질벗기다(peel)

중 pí(피)　　　일 ヒ(히)

가죽 피

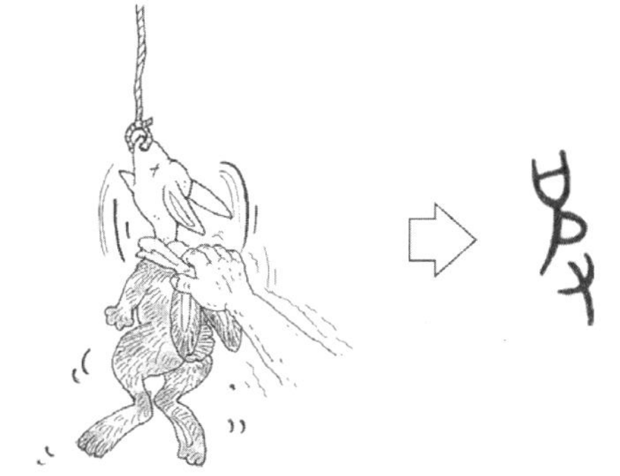

자형의 변화과정을 소급해 보면 '皮→[glyph]→[glyph]→[glyph]' 등과 같다. 금문의 자형 '[glyph]'는 짐승을 매달아 놓고 손([glyph])으로 가죽을 벗기는데, 머리 부분이 다 벗겨진 후 그 가죽이 몸 부분에 뭉쳐 있는 모습이다. 본래의 뜻은 「가죽」, 「가죽을 벗기다」이다. 털이 붙어 있는 생가죽을 '皮', 털을 뽑은 후 무두질하여 부드럽게 가공해 놓은 것을 '革'(혁)이라 한다. 식물의 줄기의 껍질도 '皮'라고 한다. 짐승의 가죽은 고대에 의복, 무구(武具), 장비의 중요한 재료였다.

응용 : 毛皮 모피, 皮革 피혁, 皮膚 피부, 皮相的 피상적, 面皮 면피, 草根木皮 초근목피, 果皮 과피, 虎皮羊質 호피양질, 皮骨相接 피골상접, 豹死留皮, 人死留名 표사유피, 인사유명, 皮之不存, 毛將焉附 피지부존, 모장언부.

쓰는 순서 丿 厂 广 皮 皮　5획

反求諸己(반구제기 : 판 치우 주 지)

약 3천 년 전, 중국에는 하(夏)라는 나라가 있었습니다. 하 나라는 본래 순(舜) 임금 때 홍수를 잘 다스려 유명해진 우(禹)가 순 임금의 뒤를 이어 세운 나라입니다.

하 나라에는 여러 제후국이 있었는데, 그 중에서 유호(有扈)라는 제후가 반란을 일으켜 쳐들어 왔습니다. 우 임금은 아들 계(啓)를 파견하여 유호의 침략을 방어하도록 했습니다. 계와 유호는 싸움터에서 한판 승부를 벌이게 되었습니다.

그러나 이 싸움에서 계는 유호에게 패배했습니다. 계의 부하는 다시 유호에게 도전해 보자고 설득했지만, 계는 고개를 흔들며 이렇게 말했습니다.

"다시 싸울 필요 없다. 이번 전투에서 우리의 조건은 유호보다 결코 못하지 않았다. 그런데도 우리는 전투에서 패배했다. 원인은 내가 유호보다 덕(德)이 부족하기 때문이고, 내가 부하를 다스린 방법이 유호만 못했기 때문이다. 실패한 원인을 외면한 채 무작정 싸움을 걸기보다는 나 자신에게서 잘못을 찾아 반성하고(反求諸已) 고치려 노력하는 자세가 옳지 않겠나."

그로부터 계는 덕(德)과 실력을 쌓기 위해 열심히 노력했습니다. 새벽 일찍 일어나 일을 시작했으며 매끼 검소한 반찬으로 밥을 먹었고, 검소한 옷차림을 하였습니다. 또한 백성들을 제몸같이 아꼈으며 덕이 있는 어른을 존경하였고, 널리 인재를 등용하였습니다. 이렇게 일 년이 지나자 이 소문을 전해 들은 유호는 감히 다시 침공해 올 엄두를 못 내고 마음속으로부터 계에게 탄복했다고 합니다.

한편, 맹자(孟子)는 이렇게 말했습니다. '인(仁)'을 행하는 사람의 태도는 활쏘기 시합을 하는 것과 같다. 활을 쏘는 사람은 먼저 자신의 자세를 바르게 하고 난 뒤에 화살을 쏘는데, 화살이 과녁에 맞지 않더라도(發而不中), 자기를 이긴 사람을 원망하지 않고(不怨勝己者), 스스로 돌이켜보아 자신에게서 실패의 원인을 찾는다(反求諸已)."

반구제기(反求諸已)는 자기가 실패한 상황에서 남을 탓하지 않고 자신에게서 실패의 원인을 찾는 겸허하고도 진지한 자세를 이르는 성어입니다. 〔출처:≪孟子·離樓上≫(맹자·이루상)〕

〈한자풀이〉

反(반): 되돌리다. **求**(구): 구하다.

諸(제): **之於**(지어)의 줄임형, ~에게서. **己**(기): 자기·스스로.

311

鼓

한 고: 북(drum)

중 gǔ(구)　　일 コ(コ)

북 고

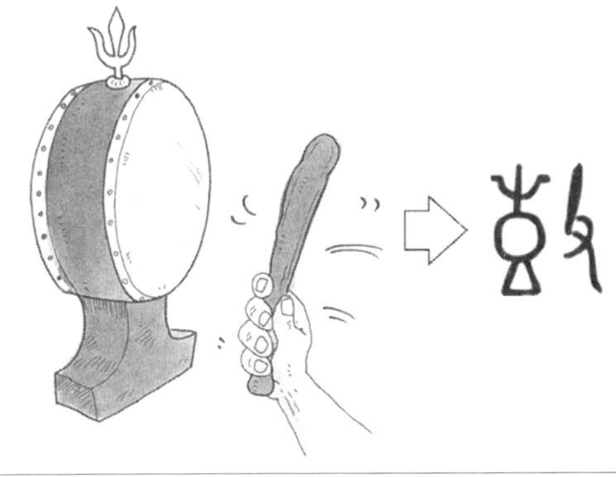

자형은 '壴'와 '支'(지)로 되어 있다. '壴'의 갑골문 자형은 '𡔷, 𡔷, 𡔷, 𡔷' 등으로, 위에 장식물(ψ, 屮)이 달려 있고 아래에 받침대(凵, 丄)가 있는 「북」의 모양이다(중간의 '日, 口' 부분이 쇠가죽으로 된 북면(面)이다). 북채를 손에 잡고(攴→支) 「북」을 치고 있는 모습으로, 본래의 뜻은 「북」(명사), 「북을 치다」(동사)이다. 옛날의 「북」 소리는 공격의 신호로 사용되었으므로, 「(싸움이나 기운을)부추기다」는 뜻이 생겼다.

응용 : 鼓樂 고악, 鼓笛 고적, 鼓吹 고취, 鼓舞 고무, 鼓膜 고막, 鼓唱 고창, 軍鼓 군고, 擊鼓 격고, 申聞鼓 신문고, 鐘鼓 종고, 鼓瑟鼓琴 고슬고금, 鼓舞人心 고무인심, 鼓舌搖脣 고설요순, 含哺而熙, 鼓腹而游 함포이희, 고복이유.

북 / 북체 / 손 — 鼓

쓰는 순서: 一 十 士 吉 吉 壴 壴 鼓 13획

312

敎

한 교: 가르치다(teach)

중 jiào(찌아오) 일 キョウ(쿄-)

가르칠 교

자형은 '爻'(효)와 '子'(자)와 '攵'(攴:복) 세 부분으로 되어 있다. 자형의 변화과정을 소급해 보면 '敎 → 敎 → 敎 → 敎' 등과 같다. 갑골문 자형 '敎'는 한 손에 회초리를 들고(攴) 아이에게(子) '셈' 공부(爻)를 하도록 독촉하고 있는 모습으로, 본래의 뜻은 「가르치다」이다. '子' 위에 있는 '爻'(효:yáo)는 산(算) 가지를 교차시킨 모습(乂)을 겹쳐 놓은 것으로, '효', '교' 등의 소리와 함께 '셈'을 가르친다는 뜻을 나타내고 있다(*學 학 참고).

효(爻)란 소리를 표시

응용 : 敎育 교육, 敎士 교사, 敎導 교도, 敎理 교리, 敎授 교수, 敎室 교실, 敎訓 교훈, 敎材 교재, 敎職 교직, 敎化 교화, 敎學 교학, 宣敎 선교, 布敎 포교, 說敎 설교, 國敎 국교, 敎學相長 교학상장, 有敎無類 유교무류.

쓰는 순서 11획

313

敗

한 패: 때려부수다(defeat). 실패하다(fail)

중 bài(빠이)　　일 ハイ(하이)

패할 패

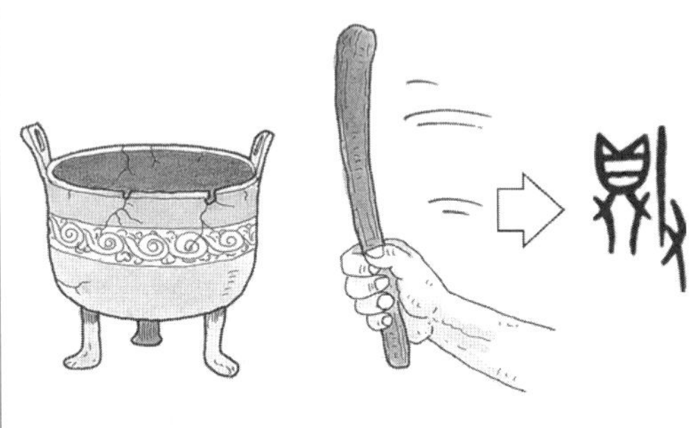

자형은 '貝'(패)와 '攵'(攴)으로 되어 있다. 자형의 변화과정을 소급해 보면 '敗→[illegible]→[illegible]→[illegible]·[illegible]' 등과 같다. 갑골문의 자형은 손에 막대기를 들고([illegible]) 귀중한 '재물' 또는 '돈'([illegible] → 貝)이나, 청동으로 만든 귀중한 그릇인 '솥'([illegible] → 鼎)을 내리치고 있는 모습이다. 본래의 뜻은 「때려부수다」, 「깨뜨리다」이다. 금문 이후부터 '솥'은 없어지고 '貝'만으로 그 뜻과 소리를 나타냈다. 「실패하다」, 「썩다」, 「무너지다」, 「싸움에 지다」 등은 본래의 뜻에서 파생된 것이다.

조개(또는 솥)

敗

손에 막대기를 든 모습

응용 : 敗亡 패망, 敗訴 패소, 敗戰 패전, 敗走 패주, 大敗 대패, 成敗 성패, 勝敗 승패, 慘敗 참패, 失敗 실패, 敗家亡身 패가망신, 成則爲王, 敗則爲賊 성즉위왕, 패즉위적, 功者難成而易敗 공자난성이이패.

쓰는 순서 丨 冂 冃 月 目 貝 貝⺊ 敗 11획

314

敝

한 폐: 해지다. 떨어지다(worn out)

중 bì(삐) 일 ヘイ(헤이)

해질 폐

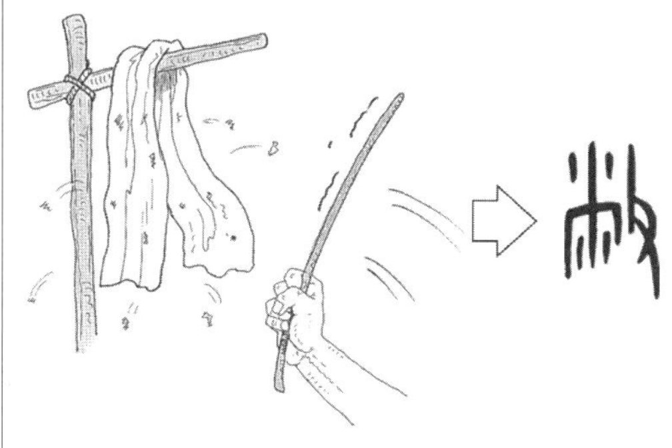

자형은 '㡀'와 '攵'(攴)으로 되어 있다. 이를 갑골문 자형 '[갑골문]·[갑골문]' 등과 대비해 보면, '巾'(건:수건)에 네 개의 작은 점을 덧붙여 놓은 것이 '㡀'임을 알 수 있다. 자형은 손에 막대기를 잡고([갑골문]) 수건(巾)을 때리자 작은 천 조각들이 떨어지고 있는 모습으로, 본래의 뜻은 「(옷이나 천이) 떨어지다」, 「해지다」, 「(그릇이) 깨지다」 등이다. 떨어지거나 깨어져 못쓰게 된 기물들은 내다 버리므로 「버리다」는 뜻도 갖게 되었다. 자기 쪽을 낮추어 부르는 겸사로도 쓴다.

수건(巾)에서 먼지(⁞⁞)가 떨어지는 모습

敝

손에 막대기를 든 모습

응용 : 敝笠 폐립, 敝衣 폐의, 敝甲 폐갑, 敝件 폐건, 裂敝 열폐, 罷敝 파폐, 破敝 파폐, 穿敝 천폐, 毁敝 훼폐, 敝社 폐사, 敝校 폐교, 敝屋 폐옥, 敝店 폐점, 棄如敝死 기여폐사.

쓰는 순서 (필순 도해) 11획

315

散

한 산: 흩어지다(disperse)

중 sàn(싼) 일 サン(산)

흩어질 산

자형의 변화과정을 소급해 보면 '散 → → · → · ' 등과 같다. 갑골문 자형은 손에 막대기를 들고( ) 나무나 풀숲( )을 향해 힘껏 내리치니 초목의 열매나 잎이 우수수 떨어져 흩어지는 모습이다. 본래의 뜻은 「흩어지다」이다. 후에 '숲'(林)이 '삼'(: 麻)으로 바뀌고, 삼 껍질을 벗겨 말린 후 뭉쳐서 쌓아둔 모습(·)이 추가되면서, 삼의 '껍질을 벗기고 있는' 모습으로 되었고, 그리하여 「분리시키다」, 「갈라지다」라는 뜻을 갖게 되었다.

손에 막대기를 든 모습

삼

散

삼과 삼껍질

응용 : 分散 분산, 飛散 비산, 解散 해산, 霧散 무산, 離散 이산, 散文 산문, 散步 산보, 散在 산재, 散策 산책, 散布 산포, 散會 산회, 雲集霧散 운집무산, 魂飛魄散 혼비백산.

쓰는 순서 12획

316

弄

한 롱: 가지고 놀다(play with)

중 nòng(농) 일 ロウ(로-)

희롱할 롱

자형은 '王'(玉:옥)과 '廾'(공)으로 되어 있다. 갑골문 자형 '[illegible]'은 '두 손'([illegible]→廾)으로 '옥'(王→玉)을 잡고 있는 모습인데(*戒 계 참조), 본래의 뜻은 「가지고 놀다」이다. 두 손 안에 잡고 있는 것은 마음대로 할 수 있으므로, 「멋대로 하다」, 「업신여기다」, 「놀리다」 등의 뜻이 생겼다. 흔히 실없이 남을 놀리는 것을 '戱弄'(희롱)이라 하는데, '戱'는 본래 병영에서 무기를 가지고 노는 것을, '弄'은 구슬 등 작은 장난감을 손에 들고 노는 것을 가리켰다.

응용 : 弄談 농담, 弄物 농물, 弄月 농월, 弄筆 농필, 弄蕩 농탕, 戱弄 희롱, 愚弄 우롱, 嘲弄 조롱, 吟風弄月 음풍농월, 班門弄斧 반문농부, 舞文弄筆 무문농필, 弄鬼弄神 농귀농신.

옥(玉)

弄

두손

쓰는 순서 一 二 千 王 王 王 弄 7획

317

한 구: 갖추다(possess). 도구(tool). 그릇(utensil)

중 jù(쥐) 일 グ(구)

갖출 구

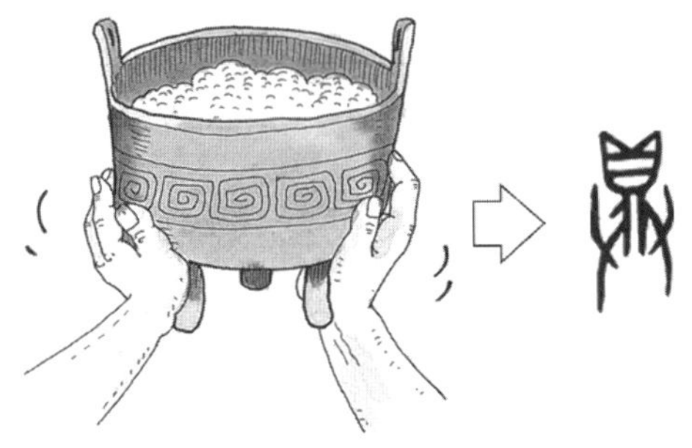

자형의 변화과정을 소급해 보면 '具→[古字]→[古字]→[古字]' 등과 같다. 갑골문 자형 '[古字]'는 '두 손'([古字]→[古字]→廾→六)으로 음식을 만들거나 담아 놓는 '솥'([古字]→[古字]→[古字]→目)을 들고 있는 모습으로, 본래의 뜻은 「음식을 차리다」, 「(음식을)갖추다」이다. 그리고 또한 '솥'은 「음식을 만들거나 담아놓는 그릇」이란 의미에서 「그릇」, 「도구」 등의 뜻도 갖게 되었다. '具體'(구체)란 '형체를 갖추다'란 뜻이다.

응용 : 具色 구색, 具備 구비, 具象 구상, 具體 구체, 具現 구현, 工具 공구, 家具 가구, 農具 농구, 道具 도구, 用具 용구, 玩具 완구, 漁具 어구, 文具 문구, 器具 기구, 機具 기구, 將相之具 장상지구, 形具神生 형구신생.

쓰는 순서 丨 冂 冂 月 目 旦 具 具 8획

318

俱

한 구: 함께(together). 다(all)
중 jù(쥐) 일 ク(쿠) · グ(구)

함께 구

자형은 '亻'(人)과 '具'(구)로 되어 있다. 여기서 '具'는 본래 '두 손'(→六)으로 음식을 만드는 '솥'(→→)을 들고 있는 모습으로, 「갖추다」는 뜻과 함께 '구'란 소리를 나타낸다. '俱'의 본래의 뜻은 「여러 사람이 한 가지 일을 같이 하다」이다. 후에는 주로 「함께」, 「다 같이」란 뜻으로 쓰이고 있다. 양친 부모께서 모두 살아계시는 것을 '俱存'(구존)이라 한다. 영어의 '클럽'(club)을 중국에서 '俱樂部'(구락부)로 번역한 의미와 재치도 음미해 볼 만하다.

'구'란 소리와 '갖추다'는 뜻을 표시

사람(人)

응용 : 俱現 구현, 俱發 구발, 俱存 구존, 俱樂部 구락부, 俱學 구학, 俱死 구사, 百廢俱興 백폐구흥, 昆倫失火, 玉石俱焚 곤륜실화, 옥석구분, 白沙在泥, 與之俱黑 백사재니, 여지구흑, 痲雀雖小, 肝膽俱全 마작수소, 간담구전.

쓰는 순서 10획

319

한 공: 함께하다(share). 공통의(common)

중 gòng(꽁)　　일 キョウ(쿄-)

함께 공

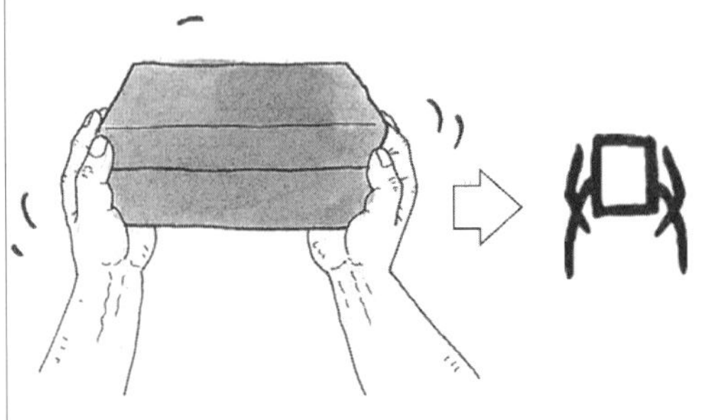

자형의 변화과정을 소급해 보면 '共 → 𢍏 → 𦥑 · 𢍏 · 𢍏 → 𢍏' 과 같다. 고문의 자형들은 두 손(𠂇又)으로 물건(口 · ○ · 凵)을 받쳐 들고 있는 모습인데, 윗사람에게 물건을 드리려고 할 때에는 그것을 '두 손으로' 잡고 바쳐야 한다. 본래의 뜻은 「함께 하다」, 「함께」, 「공동으로」 등이다. 「바치다」, 「드리다」 등의 뜻은 모두 본래의 뜻에서 생긴 것이다(*갑골문에서는 둥근 물체도 반드시 '口'로 쓴다). 「바치다」, 「드리다」란 뜻은 주로 '供'(공)을 쓴다.

그릇(口)

두 손

응용 : 共同 공동, 共產 공산, 共生 공생, 共存共榮 공존공영, 共有 공유, 共著 공저, 共鳴 공명, 共濟 공제, 共助 공조, 共通 공통, 共和國 공화국, 公共 공공, 不共戴天 불공대천, 天人共怒 천인공노, 同死生, 共患難 동사생, 공환난.

쓰는 순서　一 十 廾 廾 共 共 共　6획

320

恭

한 공: 공손한(reverent). 공경하는(respectful)

중 gōng(꽁)　　일 キョウ(쿄-)

공손할 공

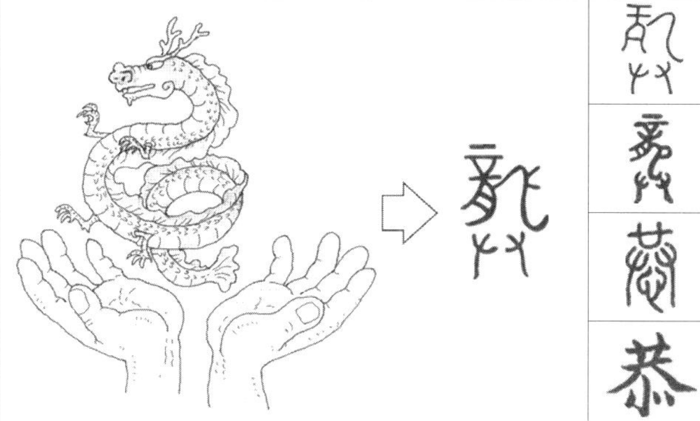

지금의 자형은 '共'과 '⺗'(心)으로 되어 있다. 그러나 갑골문과 금문의 자형 '[갑골문]'과 '[금문]·[금문]' 등은 두 손([손])으로 한 마리의 용([용]·[용])을 받들고 있는 모습으로, 이것이 '恭'의 본래자이다. 이것이 소전 이후 '共'과 '心'으로 이루어진 '恭'으로 변했다. 본래의 뜻은 「공손하다」, 「받들다」인데, 이는 신령스런 동물인 용을 받들거나 윗사람에게 두 손으로 물건을 바칠 때의 마음가짐을 나타낸다.

'받들다'는 뜻과 소리부호(공)

마음(心)

응용 : 恭敬 공경, 恭遜 공손, 恭待 공대, 恭順 공순, 恭祝 공축, 恭賀 공하, 不恭 불공, 足恭 족공, 洗耳恭聽 세이공청, 兄友弟恭 형우제공, 恭敬不如從命 공경불여종명.

쓰는 순서 一 十 廾 丗 共 共 恭 恭　10획

人琴俱亡(인금구망 : 런 친 쥐 왕)

동진(東晋) 시대 때, 중국의 유명한 서예가 왕희지(王羲之)에게는 왕휘지(王徽之)와 왕헌지(王獻之)라는 두 아들이 있었습니다.

왕휘지는 기분 내키는 대로 행동하기로 유명했습니다. 어느 해 겨울 밤 첫눈이 내린 후 달이 밝게 비추기 시작하자 그는 기분이 좋아져서 혼자 술을 마시고 시를 읊었습니다. 그러다가 갑자기 친구를 보고 싶은 생각이 들자 배를 타고 그를 찾아갔습니다. 밤새껏 배를 타고 그 이튿날 아침에야 친구의 집 대문 앞에 도착한 그는 대문 안에는 들어가 보지도 않고 다시 타고 왔던 뱃머리를 돌려 집으로 돌아와 버렸습니다. 집안 사람들이 이상하게 여겨 왜 그냥 돌아왔느냐고 묻자 그는, "흥이 나서 갔고(乘興而行), 흥이 다해 돌아왔을 뿐인데(興盡而返), 친구를 꼭 만나야만 할 이유라도 있는가?" 라고 되물은 일도 있습니다.

왕휘지와 헌지 두 형제는 매우 우애가 좋았습니다. 젊었을 때는 둘이 같은 방을 쓰면서 밤 늦도록 책을 읽고 의견을 나눴습니다. 형인 왕휘지는 동생 왕헌지의 총명함에 탄복하며 그 재능을 귀히 여겼습니다.

만년(晩年)에 왕휘지가 관직을 사직하고 고향에 돌아와 보니 동생이 중병에 걸려 누워 있었습니다. 그는 매우 가슴아파하면서 의사이자 점쟁이인 무사(巫師)에게 부탁하였습니다. "듣자 하니 사람의 수명에는 정해진 연수가 있으므로, 살아 있는 사람의 수명을 죽어가는 사람에게 빌려줄 수도 있다고 하던데, 내 재능이 아우만 못하니 내 수명을 아우에게 빌려주어 아우가 대신 몇 년 더 살게 하고 내가 먼저 죽게 해 주시오."

그러자 무사는 대답했습니다. "그렇게는 안 되오. 그리고 보아하니 당신의 수명도 이미 다하여 남에게 빌려 줄 게 없소.."

그 후 며칠 지나지 않아 왕헌지는 병으로 세상을 떠나고 말았습니다.

동생이 죽은 뒤, 왕휘지는 슬픔을 이기지 못하고 평소 동생이 즐겨 타던 거문고를 꺼내어 놓고 타지는 않은 채 한참동안 바라만 보고 있다가는 "아, 헌지야, 사람도 죽고(人亡) 거문고도 죽었구나(琴亡)…"라고 장탄식을 하다가 기절해 버리고 말았습니다. 그 후 한 달쯤 후에 왕휘지도 동생의 뒤를 따라 세상을 떠났습니다.

이로부터 인금구망(人琴俱亡)은 죽은 사람의 유품을 보면서 죽은 이를 생각하는 심정을 비유하는 성어가 되었습니다. 〔출처:≪世說新語 · 傷逝≫(세설신어 · 상서)〕

〈한자풀이〉

人(인): 사람. 琴(금): 거문고. 俱(구): 모두. 亡(망): 죽다.

321

供

한 공: 바치다(supply). 드리다(give)

중 gōng(꽁) 일 キョウ(쿄-)·ク(쿠)

바칠 공

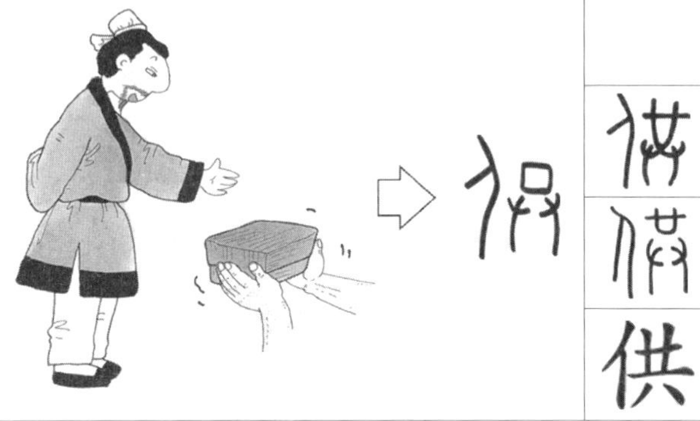

자형은 '亻'(人)과 '共'으로 되어 있다. '共'은 본래 어떤 물건을 두 손으로 들어 올려 윗사람에게 바치는 모습으로, 「바치다」, 「함께」라는 뜻과 함께 「공」이란 소리를 나타낸다. 여기에 '人'을 덧붙여서, 어떤 귀한 물건을 바쳐 올리는 상대가 귀신이 아니라 '사람' 임을 나타냈다. 본래의 뜻은 「드리다」, 「사람에게 바치다」이다. 「받들어 모신다」는 뜻과 「죄인이 범죄 사실을 진술한다」는 뜻은 파생된 것이다.

물건(口) 供 사람 두 손

응용 : 供給 공급, 供養 공양, 供出 공출, 供托 공탁, 供招 공초, 供述 공술, 供案 공안, 提供 제공, 獻供 헌공, 供不應求 공불응구, 供過於求 공과어구.

쓰는 순서 ノ 亻 亻 仁 什 供 供 供 供 8획

322

爭

한 쟁: 다투다(contend)

중 zhēng(정)　　일 ソウ(소-)

다툴 쟁

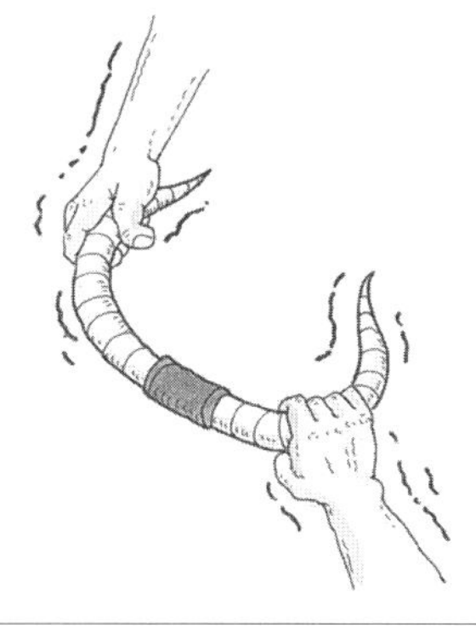

자형의 변화과정을 소급해 보면 '爭 → → → → ' 등과 같다. 갑골문 자형 ' '은 쇠뿔처럼 휘어진 물건( ) 하나를 두 사람이 서로 차지하려고 두 손(→)으로 서로 잡아당기고 있는 모습이다. 후에 와서 휘어진 물건이 펴지면서 자형은 '줄다리기 모습' 처럼 되었다. 본래의 뜻은 「서로 차지하려고 싸우다」, 「다투다」이다. 말로 다투는 것이 '言爭' (언쟁), 나라 사이의 다툼이 '戰爭' (전쟁)이다.

응용 : 論爭 논쟁, 紛爭 분쟁, 戰爭 전쟁, 抗爭 항쟁, 鬪爭 투쟁, 爭奪 쟁탈, 生存競爭 생존경쟁, 蝸角之爭 와각지쟁, 百家爭鳴 백가쟁명, 二虎相爭, 必有一傷 이호상쟁, 필유일상, 鷸蚌相爭, 漁翁得利 휼방상쟁, 어옹득리.

손 / 爭 / 손 / 물건

쓰는 순서　8획

323

한 위: 하다(do). 만들다(make). 위하다(for)

중 wéi(웨이) 일 イ(이)

할 위

자형의 변화과정을 소급해 보면 '爲→[소전]→[금문]→[갑골문]' 등과 같다. 갑골문의 자형은 '손'([字形]·[字形])으로 '코끼리의 긴 코'([字形])를 잡아끌면서 일을 시키고 있는 모습인데, 소전 이후 코끼리의 특징이 없어졌다. 고대의 전설에 의하면, 순(舜) 임금이 역산(歷山)에서 논밭을 갈 때에도 코끼리를 이용했다고 한다. 본래의 뜻은 「일을 하다」, 「만들다」이다. 「되다」, 「삼다」, 「위하다」, 「행위」 등의 뜻은 모두 「일을 한다」는 본래의 뜻에서 파생된 것이다.

응용 : 行爲 행위, 作爲 작위, 營爲 영위, 無爲 무위, 當爲 당위, 爲主 위주, 爲始 위시, 爲國 위국, 有所不爲而後可以有爲 유소불위이후가이유위, 勿以惡小而爲之, 勿以善小而不爲 물이악소이위지, 물이선소이불위.

손 / 爲 / 꼬리 / 코끼리 다리

쓰는 순서 12획

324

한 윤: 다스리다(rule). 관직명(official title)

중 yǐn(인) 일

다스릴 윤

자형은 '彐'(又:手)과 '丿'로 되어 있다. 그러나 갑골문 자형 '尹·尹' 등에서는 '丿'이 아니라 '丨'으로 되어 있는데, '손'(又·又)으로 권력의 상징인 홀(笏), 또는 정책이나 명령을 기록하는 '붓'을 잡고 있는 모습이다. 본래의 뜻은 「다스리다」이다. 「벼슬」 또는 「고위 관직명」이란 뜻은 이로부터 파생된 것이다. 옛날에는 높은 관직명에 '尹'을 많이 썼다. 조선시대에는 서울시장을 '한성판윤(漢城判尹)'이라고 했다.

응용 : 令尹 영윤, 府尹 부윤, 道尹 도윤, 判尹 판윤, 卿尹 경윤, 官尹 관윤, 里尹 이윤, 尹司 윤사, 伊尹太公之謀 이윤태공지모.

쓰는 순서 

325

君

한 군: 군주(monarch). 임금(king)

중 jūn(쥔)　　일 クン(쿤)

군주 군

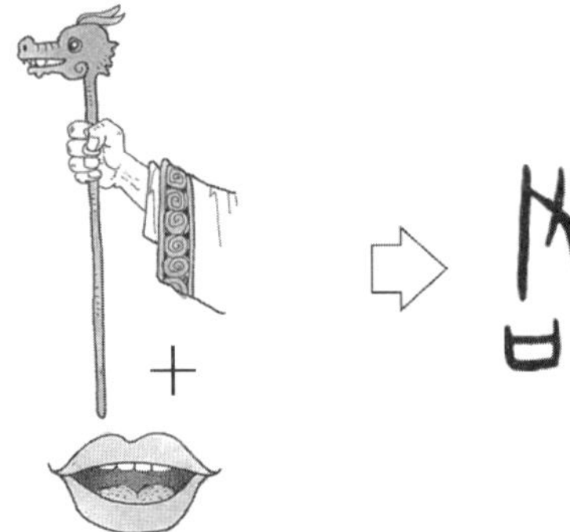

자형은 '尹'(윤)과 '口'로 되어 있다. 갑골문 자형 '[갑골문]'은 '높은 관직에 있는 사람'([갑골문]→ 尹)이 '입'(ㅂ→口)으로 명령을 내리고 있는 모습으로, 본래의 뜻은 「다스리는 사람」이다. 고대에는 왕(王) 주위에 많은 '君'들이 있었는데, 후에 봉건제가 확립되자 여러 봉건제후들을 '君'이라 불렀다. 제후의 부인들도 '君'이라 부르고, 덕이 있는 남자도 높여서 '君子'라 하였다. '신하'(臣)의 반대 개념으로 '君'을 쓴다.

응용 : 君子 군자, 君主 군주, 君命 군명, 君國 군국, 君臨 군림, 父君 부군, 諸君 제군, 國君 국군, 梁上君子 양상군자, 君舟臣水 군주신수, 君子勞心, 小人勞力 군자노심, 소인노력, 君子交絶, 不出惡聲 군자교절, 불출악성.

쓰는 순서 ㄱ ⺕ ⺕ 尹 尹 君 君 7획

326

聿

한 율: 붓(brush). 이에(thus)

중 yù(위)　　일 イツ(이츠)

붓 율
이에 율

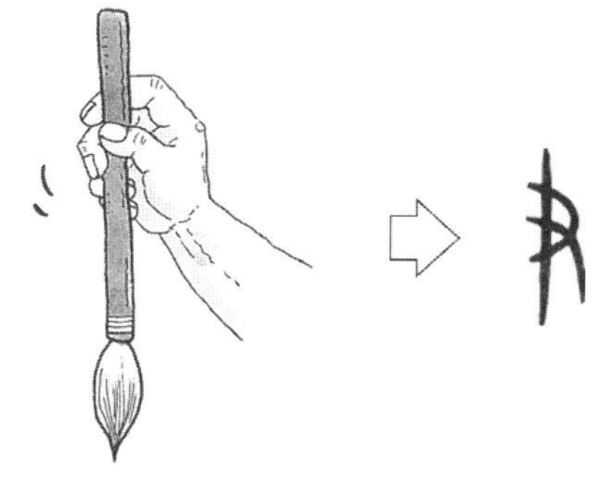

갑골문과 금문의 자형 '⺻·⺻' 등은 '손'(⺕)으로 '붓'(丨)을 잡고 있는 모습으로, 본래의 뜻은 「붓」이고, '筆'(필)의 본래자이다. 한자에서 '聿'이 들어 있는 자형들(예: 律 율, 建 건, 書 서, 畫 화 등)은 모두 붓으로 글씨를 쓰거나 그림을 그리는 행위와 관련이 있다. 후에 와서 '聿'이 주로 「그래서」란 뜻의 조사(助詞)로 쓰이게 되자, 붓대롱을 만드는 재료가 대나무(竹)이므로, '竹'을 덧붙인 '筆'(필)자를 따로 만들었다.

응용 : 筆 필:붓, 律 률:법·규칙, 建 건:세우다, 書 서:쓰다, 畫 화:그리다, 劃 획:긋다, 晝 주:낮.

쓰는 순서　6획

327

律

한 률: 법(law). 규칙(rule)
중 lǜ(뤼)　　일 リツ(리츠) · リチ(리치)

법 률

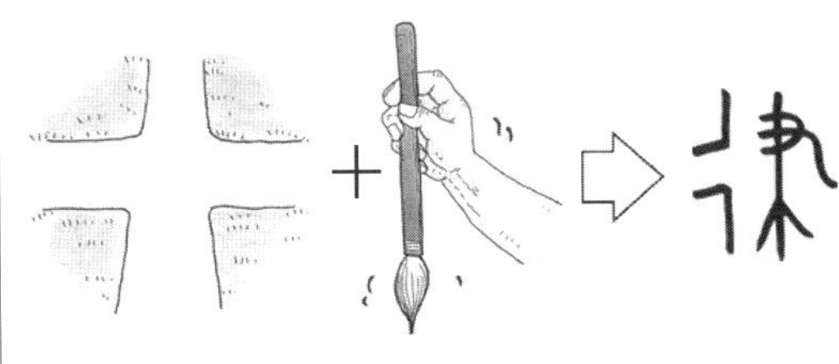

자형은 '彳'(行)과 '聿'(율)로 되어 있다. 자형의 변화과정을 소급해 보면 '律→律→律→律' 등과 같다. 갑골문 자형 '律'은 '彳'(行)과 '聿'(聿)로 이루어진 회의 겸 형성자로, '가야할 길이나 따라 행해야 할 바를 적어 놓은 것'이란 뜻을 나타낸다. 본래의 뜻은 「규칙」, 「규율」, 「법률」이다. '法'과 '律'은 그 뜻이 비슷하나, '法'은 법의 집행이나 판결을, '律'은 규칙이나 법 조문(條文)의 제정을 가리킨다. 「음률」, 「가락」 등의 뜻도 있다(*法 법 참조).

길 또는 행동(行)을 표시
손
律
붓

응용 : 律令 율령, 律法 율법, 律師 율사, 法律 법률, 音律 음률, 一律 일률, 戒律 계율, 規律 규율, 格律 격률, 千篇一律 천편일률, 金科玉律 금과옥률, 嚴於律己 엄어율기, 以小人之律, 慮君子之心 이소인지율, 여군자지심.

쓰는 순서 丿 彳 彳 彳 彳 彳 律 律 律　9획

328

建

한 건: 세우다(build)

중 jiàn(찌엔)　　일 ケン(켄) · コン(콘)

세울 건

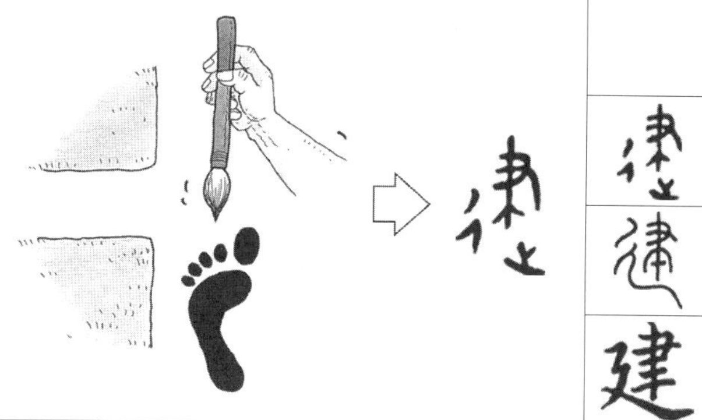

자형은 '廴(인)과 '聿'(율)로 되어 있다. 자형의 변화 과정을 소급해 보면 '建→建→建→建' 등과 같다. 금문의 자형 '建'은 '聿'(聿)과 '辵'(辵·廴)로 되어 있는데, 여기서 '聿'은 '律'(률:법)을, '辵'(또는 廴)은 '실천'이나 '행동'을 나타낸다. 본래의 뜻은 「규칙이나 법을 세우다」, 「법질서를 지키다」이다. 규칙이나 법질서의 수립이나 준수가 '나라 세우는 일'의 근본임을 나타낸 것이다. 「세우다」, 「건축하다」, 「건설하다」, 「건의하다」 등의 뜻은 이로부터 생겨났다.

응용 : 建國 건국, 建都 건도, 建立 건립, 建設 건설, 建築 건축, 建議 건의, 建造 건조, 建物 건물, 建坪 건평, 再建 재건, 創建 창건, 土建 토건, 封建 봉건.

쓰는 순서 　9획

329

畫

한 ① 화: 그리다(draw). ② 획: 꾀하다(plan)

중 huà(후아)(画) 일 カク(카쿠) · ガ(가)

그릴 화
꾀할 획

자형은 '聿'(율)과 '田'으로 되어 있다. 자형의 변화과정을 소급해 보면 '畫→畫→畫→畫' 등과 같다. 갑골문 자형 '畫'는 손(又)에 붓(丨)을 잡고 아름다운 무늬(㐅)를 그리고 있는 모습이다. 이 무늬의 모양이 후에 '㐅→⊕→画→田'처럼 변했다. 본래의 뜻은 「그림을 그리다」이다. 「선을 그어 가르다」, 「구획을 짓다」, 「꾀하다」 등의 뜻도 이로부터 나왔는데, 이런 때는 「획」이라 읽는다. 그리고 이런 뜻은 후에 와서 '劃'(획)으로 쓰게 되었다.

응용 : 畫家 화가, 畫法 화법, 畫報 화보, 畫室 화실, 古畫 고화, 東洋畫 동양화, 名畫 명화, 書畫 서화, 版畫 판화, 畫數 획수, 畫順 획순, 畫蛇添足 화사첨족, 畫中之餠 화중지병, 畫龍點睛 화룡점정, 畫鬼容易畫人難 화귀용이화인난.

쓰는 순서 13획

330

秉

한 병: 잡다(hold, grasp)

중 bǐng(빙)　　　일 ヘイ(헤이)

잡을 병

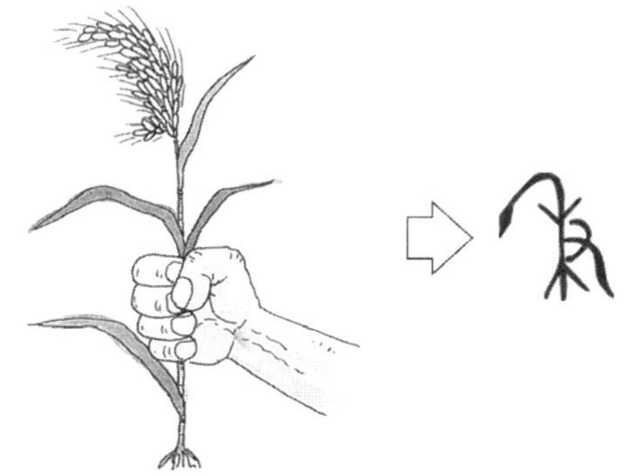

자형은 '禾'(화)와 '⺕'으로 되어 있다. 갑골문과 금문의 자형 '[고문자]·[고문자]'은 한 손(又→⺕)으로 한 포기의 벼([고문자]→禾)를 잡고 있는 모습으로, 본래의 뜻은 「손으로 잡다」이다. 한 묶음의 「볏단」이란 뜻도 있다. 그리고 동시에 「손으로 잡다」라는 뜻도 있다. 「벼를 손으로 잡는다」는 본래의 뜻에서, 손으로 어떤 사물을 잡는 행위 일체와 심지어 권력, 정권 등 추상적인 사물을 손에 넣는 것까지도 뜻하게 되었다.

응용 : 秉權 병권, 秉燭 병촉, 秉鉞 병월, 秉筆 병필, 執秉 집병, 秉燭待旦 병촉대단, 秉公無私 병공무사, 風中秉燭 풍중병촉, 江山易改, 秉性難移 강산이개, 병성난이.

쓰는 순서　8획

畵蛇添足(화사첨족 : 후아 서 티엔 주)

중국 전국(戰國) 시대 때 초(楚) 나라의 어떤 부자가 하인들의 수고를 위로하기 위해 술을 한 병 내려 주었습니다.

그러나 문제가 있었습니다. 주인이 하사한 술병은 아주 작았습니다. 그 속에 든 술은 겨우 한 사람이 마실 수 있는 정도밖에 안 되었습니다. 세 사람은 술병을 가운데 두고 빙 둘러서서 여러 모로 궁리해 보았습니다. 어떻게 하면 이 적은 술을 만족스럽게 즐길 수 있을까 하고 말입니다.

그 중 한 명이 이런 제안을 했습니다.

"우리 모두 뱀 그리기 시합을 하는 게 어떨까? 뱀을 가장 빨리 그린 사람이 한 병을 다 마시는 걸로 하자구. 이 작은 술을 나누어 마시느니 아예 시합에서 이긴 한 사람이 다 마시는 게 낫지 않겠어?"

그들은 이 생각에 찬성했습니다. 모두들 마음 속으로 자기가 가장 빨리 뱀을 그릴 수 있다고 자신했기 때문입니다.

"자, 하나, 둘, 셋, 시작!"

한 사람의 구호에 모두 붓을 들고 땅바닥에 뱀을 그리기 시작했습니다. 술 한 병을 독차지하고 싶어서 서둘러 붓을 놀렸습니다. 마침내 그 중 한 명이 그림을 다 그렸습니다. 다른 사람들이 아직까지 뱀을 그리고 있는 모습을 지켜보던 이 사람은 엉뚱한 생각을 했습니다.

"흥, 아직까지 뱀을 그리느라 쩔쩔매고들 있군. 저런 재주로 어떻게 이 술을 차지하겠다는 건가. 참, 그래, 내가 저들보다 그림에 더 뛰어난 재주가 있다는 것을 보여 줘야지. 뱀에 다리를 그려 넣어야겠군."

그는 의기양양한 마음으로 왼손엔 술병을 집어들고 오른손으로는 뱀의 다리를 그리면서 말했습니다. "자, 보라구. 나는 진작에 다 그렸고 지금은 뱀한테 다리까지 그려넣고 있단 말이야. 이 술은 내 차지일세."

하지만 그가 뱀의 다리를 그리는 동안 또 다른 한 사람이 뱀을 완성하였습니다. 그 사람은 뱀의 다리를 그리고 있는 그 친구의 손에서 술병을 빼앗아 들며 이렇게 말했습니다. "무슨 어리석은 말씀을. 세상에 다리가 달린 뱀이 어디 있나? 우승자는 나일세."

그리고는 술병의 술을 꿀꺽꿀꺽 맛있게 들이켰습니다. 술병을 빼앗긴 그 자는 자기의 어리석음을 자책하며 한숨만 내쉬었답니다.

훗날 사람들은 이처럼 하지 말아야 할 일을 공연히 더해서 오히려 나쁜 결과를 가져 오는 경우를 '화사첨족'(畵蛇添足)에 비유했습니다.

〈한자풀이〉

畵(화): 그리다. 蛇(사): 뱀. 添(첨): 첨가하다. 足(족): 발.

331

兼

한 겸: 겸하다(have both at the same time)
중 jiān(찌엔) 일 ケン(켄)

겸할 겸

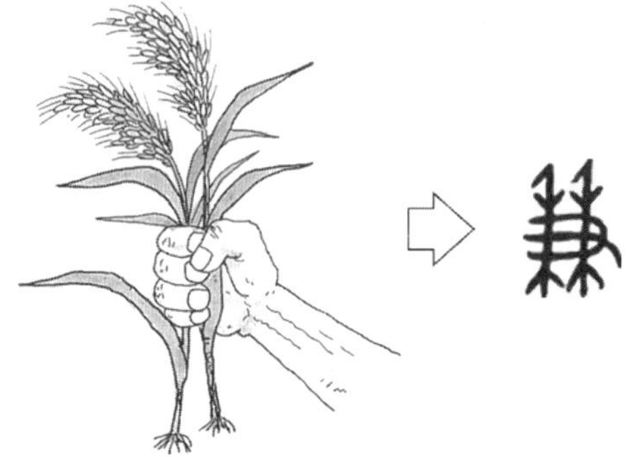

자형의 변화를 소급해 보면 '兼→[古字]→[古字]' 등과 같다. 금문의 자형 '[古字]'은 두 포기의 벼([古字])를 한 손(⺕)으로 잡고 있는 모습으로, 본래의 뜻은 「한 손으로 두 포기의 벼를 동시에 잡다」이다. 이러한 본래의 뜻으로부터 두 가지 이상의 일을 동시에 맡아 하거나, 두 가지 이상의 성질이나 물건을 동시에 가지고 있는 것을 뜻하게 되었다. 「나뉘어진 것을 합치다」는 뜻도 본래의 뜻에서 파생된 것이다.

응용 : 兼備 겸비, 兼任 겸임, 兼職 겸직, 兼用 겸용, 兼愛 겸애, 兼行 겸행, 兼善 겸선, 兼倂 겸병, 兼務 겸무, 文武兼備 문무겸비, 名利兼收 명리겸수, 公私兼顧 공사겸고, 晝夜兼行 주야겸행, 兼聽則明, 偏聽則暗 겸청즉명, 편청즉암.

쓰는 순서 10획

332

先

한 선: 앞(before)
중 xiān(시엔) 反 後(후) 일 セン(센)

앞설 선

자형의 변화과정을 소급해 보면 '先 → 𠧞 → 𡳾 → 𡳾·𡳾' 등과 같다. 갑골문 자형 '𡳾·𡳾' 등은 '사람'(亻→ 儿) 위(앞)에 '발'(㞢→ 之, 𣥂→ 止)이 있는 모습으로, 본래의 뜻은 「다른 사람 앞에서 걸어가다」이다. '발'을 나타낸 '𣥂'(止) 또는 '㞢'(之)가 '㞢 → 生'으로 잘못 바뀌어 현재의 자형처럼 되었다. 본래는 공간적인 의미의 '앞'이 후에 와서 시간적인 의미의 '앞'으로까지 확장됨으로써 「먼저」, 「우선」, 「옛날」, 「조상」 등의 뜻까지 갖게 되었다.

응용 : 先生 선생, 先見 선견, 先決 선결, 先代 선대, 先發 선발, 先祖 선조, 先進 선진, 先着 선착, 先行 선행, 率先 솔선, 先公後私 선공후사, 物必先腐, 而後蟲生之 물필선부, 이후충생지, 將欲取之, 必先予之 장욕취지, 필선여지.

발
先
사람

쓰는 순서 ノ ⺈ 牛 生 先 先 6획

333

涉

한 섭: 건너다(wade). 관계하다(involve)
중 shè(서) 일 ショウ(쇼-)

건널 섭

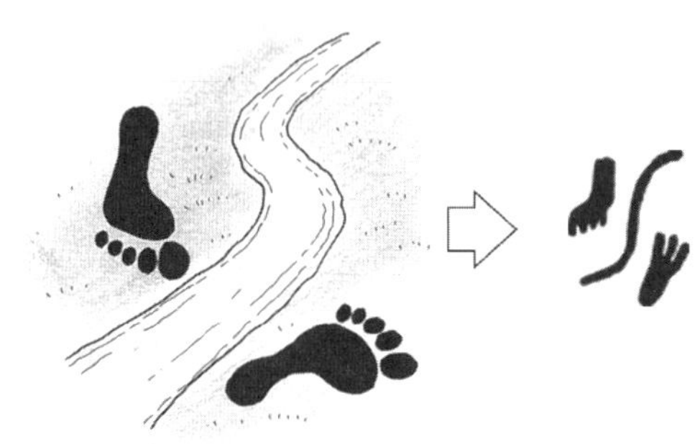

자형은 '氵'(水)와 '步'(보)로 되어 있다. 자형의 변화과정을 소급해 보면 '涉→[고문자]→[고문자]→[고문자]·[고문자]' 등과 같다. 갑골문 자형은 '강물([고문자]→氵)을 사이에 두고 두 발([고문자]→步)이 양쪽으로 갈라져 있는 모습으로, 강 이쪽에서 저쪽으로 건너갔음을 나타낸다. 본래의 뜻은 「강물을 건너다」이다. 강을 건너는 것은 곧 강물의 깊이나 물의 성질 등을 경험하는 것이므로 「겪다」, 「거치다」, 「관계하다」 등의 뜻을 갖게 되었다.

응용 : 涉河 섭하, 涉世 섭세, 涉獵 섭렵, 涉歷 섭력, 干涉 간섭, 交涉 교섭, 歷涉 역섭, 徒涉 도섭, 登山涉水 등산섭수, 跋山涉水 발산섭수.

강물 발
涉
발

쓰는 순서 10획

334

阜

한 부: 언덕(mound)

중 fù(푸) 일 フ(후)

언덕 부

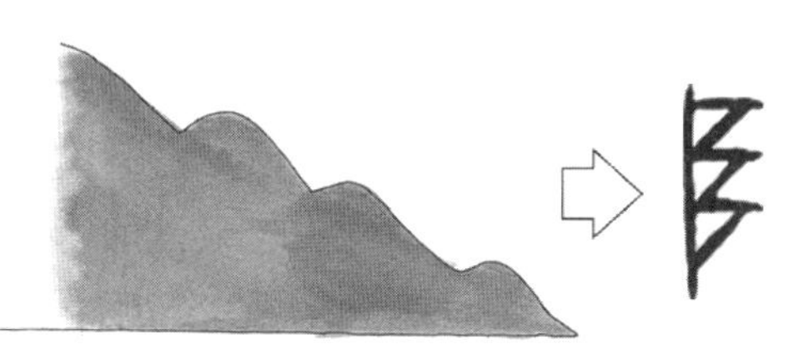

큰 산을 오르려면 여러 번 작은 산봉우리를 오르내려야 한다. 갑골문 자형 '𠂤'은 큰 산기슭에 세 개의 작은 봉우리가 있는 모습( )으로, 본래의 뜻은 「산비탈」, 「언덕」이다. '阜'가 부수자로 쓰일 때는 「阝」처럼 쓰고, 「언덕처럼 솟아오른 땅」 또는 「높은 곳」과 관련된 것임을 나타낸다. 통나무 「사다리」의 모습 ' '을 본떴다는 설명도 있다. 이밖에 「많다」, 「성하다」는 뜻도 있다.

응용 : ① 陟 척:오르다, 阪 판:비탈, 防 방:둑, 醍 제:둑, 降 강:내려오다, 陰 음:그늘, 陷 함:빠지다, 階 계:계단, 險 험:험하다. ② 曲阜 곡부, 山阜 산부, 民安物阜 민안물부, 物阜民康 물부민강.

쓰는 순서 8획

335

陟

한 척: 올라가다(climb)

중 zhì(쯔) 反 降(강) 일 チョく(쵸쿠)

오를 척

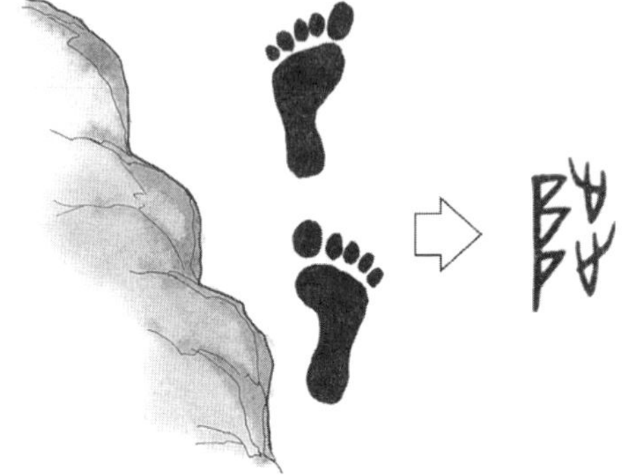

자형은 왼쪽에 '阝'(阜: 언덕)가 있고 오른쪽에 '步'(보)가 있는 모습이다. 자형의 변화과정을 소급해 보면 '陟→陟→陟→陟' 등과 같다. 갑골문에서 '阝'(阜:부)는 비탈진 언덕( ) 또는 통나무 사닥다리( )를 가리키고, '步'(步)는 두 발을 교대로 움직여 앞으로 나아가는 모습으로, 본래의 뜻은 「높은 곳으로 올라가다」이다. 높은 곳으로 「끌어올린다」는 뜻은 파생된 것이다.

응용 : 登陟 등척, 進陟 진척, 昇陟 승척, 陟降 척강, 陟升 척승, 陟罰 척벌, 黜陟 출척, 三陟 삼척, 登山陟嶺 등산척령, 賞罰黜陟 상벌출척.

쓰는 순서 阝 阝 阝 阝 阝 陟 陟 9획

336

降

한 ① 강:내려오다(descend). ② 항:항복하다(yield)
중 ① jiàng(찌앙). ② xiáng(시앙) 일 コウ(코-)

내릴 강

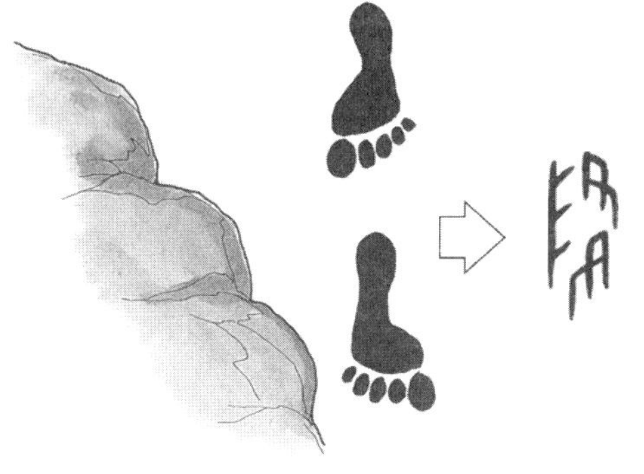

자형은 '阝'(阜:언덕)와 '夅'(강)으로 되어 있다. 자형의 변화과정을 소급해 보면 '降→[古字]→[古字]→[古字]·[古字]' 등과 같다. '夅'(강)의 갑골문 자형 '[古字]' 또는 '[古字]'은 이를 도형으로 표시하면 '[古字]'와 같은데, 높은 곳에서 낮은 곳으로 내려올 때의 두 발의 모습이다. 본래의 뜻은 「높은 곳에서 낮은 곳으로 내려오다」이다. 싸움에 져서 항복할 때는 스스로 낮은 곳으로 내려와 몸을 숙여야 하기 때문에, 「항복하다」라는 뜻이 생겼다(이 때는 '항'이라 읽는다).

내려오는 발 / 언덕 / 降 / 발

응용 : ① 降臨 강림, 降福 강복, 降雪 강설, 降雨 강우, 降陟 강척, 降下 강하, 下降 하강, 禍從天降 화종천강, 作善降之百祥 작선강지백상. ② 降伏 항복, 降將 항장, 降旗 항기, 降兵 항병, 投降 투항, 降人以心 항인이심.

쓰는 순서 9획

337

한 각: 각자(each). 각각(different)

중 gè(꺼) 일 カク(카쿠)

각자 각

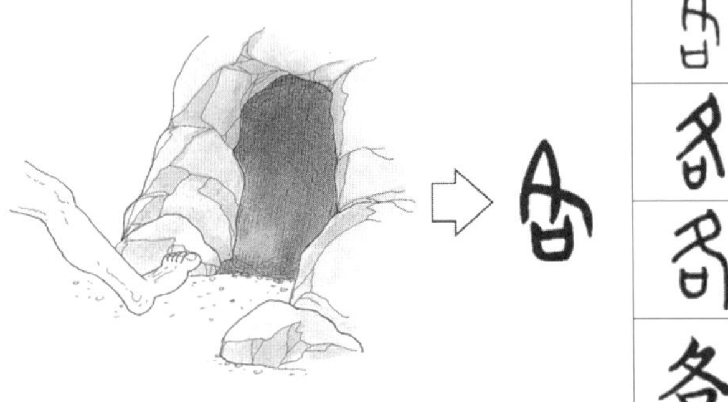

갑골문 자형 '⿱·⿱·⿱' 등은 '동굴'의 입구(ㅂ·ㅂ)쪽으로 걸어오고 있는 '발'( )의 모습으로, 「나가다」는 뜻인 '出'의 갑골문 자형 '⿱·⿱'과 비교해 보면, 발의 방향만 서로 반대이다. 본래의 뜻은 「오다」, 「이르다」, 「내려오다」이다. 그러나 '各'은 후에 와서 「각각」, 「각기」란 뜻으로 가차(假借)되고, 본래의 뜻은 '各'을 자소(字素)로 가지고 있는 한자들에만 남아 있게 되었다.

발

各

집·동굴의 입구

응용 : ① 格 격, 客 객, 恪 각, 閣 각, 洛 락, 落 락, 絡 락, 烙 락, 略 략. ② 各自 각자, 各國 각국, 各論 각론, 各人 각인, 各種 각종, 各地 각지, 各處 각처, 各派 각파, 各層 각층, 各樣各色 각양각색, 各有所長 각유소장.

쓰는 순서 ノ ク 夂 夂 各 各 6획

338 客

한 객: 손(guest, passenger)

중 kè(커)　　일 キャク(캬쿠) · カク(카쿠)

손 객

자형의 변화과정은 '客 → → → ( )' 등과 같다. 금문의 자형에서 ' ' ( )은 '집'을 나타내고, ' ' (各)은 '밖에서 집 또는 동굴로 찾아온다'는 뜻을 나타내므로, ' '은 밖에서 찾아온 사람이 집 안에 들어와 있는 모습으로, 본래의 뜻은 「찾아온 사람」, 곧 「손님」, 「나그네」이다. '客'은 주로 잠시 머물렀다 가는 손님을, '賓'(빈)은 초대를 받아 예물(貝)을 들고 찾아온 귀한 손님을 가리킨다. 중국에선 '한턱 낸다'는 말을 '請客'(청객:칭 커)라고 한다.

응용 : 客舍 객사, 客席 객석, 客室 객실, 客主 객주, 客地 객지, 客車 객차, 客體 객체, 客觀 객관, 顧客 고객, 賓客 빈객, 賀客 하객, 醉客 취객, 食客 식객, 主客顚倒 주객전도, 客地他鄕 객지타향, 百代過客 백대과객.

쓰는 순서　丶 丶 宀 宀 灾 客 客　9획

한 위: ① 어기다(violate). ② 가죽(leather)

중 wéi(웨이)(韦) 일 イ(이)

어긋날 위

가죽 위

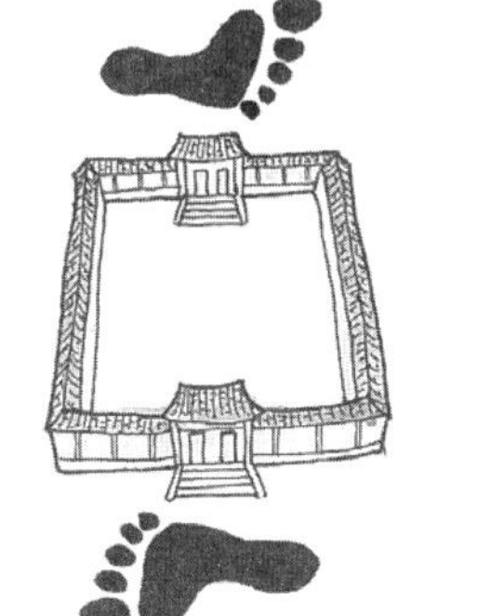

자형은 '口'가 '止'와 '止'의 가운데 있는 모습이다. 갑골문 자형 '韋'는 성벽 또는 담 주위를 서로 반대 방향으로 돌고 있는 두 발(止)의 모습으로, 본래의 뜻은 「지키다」, 「어긋나다」, 「등지다」 등이고, '衛'(위:지키다) 및 '違'(위:어기다)의 본래자이다. 그런데 '韋'가 「가죽」이란 뜻도 가지게 된 것은, 심하게 뒤틀어진 가죽들을 '끈'으로 묶어놓은 모습의 고문 자형 '韋·韋·韋'를 소전에서 '韋'로 통일했기 때문이다.

응용 : 韋革 위혁, 韋編三絶 위편삼절.

쓰는 순서 9획

340

違

한 위: 어기다(violate)

중 wéi(웨이)(违)　　일 イ(이)

어길 위

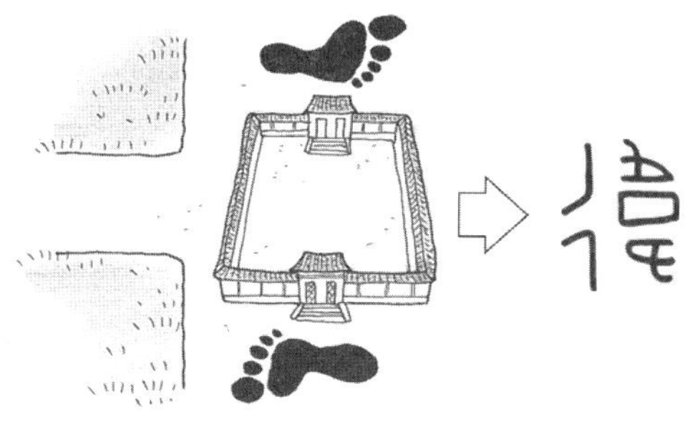

자형은 '韋'와 '辶'(辵:착)으로 되어 있다. 그러나 갑골문에서는 '韋'(韋)로만 썼는데, 후에 사람의 '행동'과 관련된 것임을 나타내기 위하여 '辶'(→→辵)을 덧붙였다. '韋'는 성이나 담 주위를 서로 반대 방향으로 돌고 있는 사람들의 발의 모습()으로, 「지키다」, 「어긋나다」, 「서로 등지다」 등의 뜻을 나타낸다. 여기에 '辵'을 덧붙여서 「위반하다」, 「다르다」, 「어기다」 등의 뜻을 나타내게 되었다.

응용 : 違反 위반, 違背 위배, 違法 위법, 違約 위약, 違憲 위헌, 違和 위화, 非違 비위, 相違 상위, 不違農時 불위농시, 言與心違 언여심위, 面從背違 면종배위, 違信背約 위신배약, 違天逆理 위천역리, 違恩負義 위은부의.

쓰는 순서　13획

各得其所(각득기소 : 꺼 더 치 수어)

옛날 중국 한(漢) 나라 때의 한무제(漢武帝)에게는 융려(隆慮)라는 여동생이 있었습니다. 융려 공주에게는 소평군(昭平君)이라는 아들이 있었는데 그는 자기가 황제의 친척임을 내세워 오만불손하기 이를 데 없었습니다. 융려 공주는 이런 아들을 항상 걱정했습니다.

어느 날, 융려 공주는 한무제에게 말했습니다.

"아무래도 제가 죽은 뒤에도 아들이 저렇게 안하무인격으로 행동하다가 큰 죄를 지을 것만 같아 걱정입니다. 지금 미리 아들의 죄를 대신 속죄하겠습니다. 황금 천 근, 돈 만 냥을 미리 받아 주십시오."

한무제는 여동생의 마음을 헤아리고 요청을 받아들였습니다.

융려 공주는 평소에도 지병이 있었는데다 아들 걱정까지 더해서, 시름시름 앓다가 결국 세상을 떠났습니다. 공주의 걱정대로 소평군은 방자한 행동을 계속하다가 술을 먹고 살인까지 하게 되었습니다.

이 사건을 다스리는 재판관이 한무제에게 판결에 대한 의견을 물었습니다. 한무제는 고뇌에 차서 탄식하며 대답했습니다.

"여동생이 뒤늦게 낳아 끔찍히 사랑했고, 죽기 전에 내게 특별히 부탁까지 한 이 아이를 사형에 처하려니 내 마음이 아프구려."

조정의 대신들은 대부분 이런 의견을 내놓았습니다.

"공주께서 돌아가시기 전 특별히 속죄의 재물까지 내 놓으셨으니 소평군을 그냥 풀어 주시는 게 어떨지요?"

한무제는 난처해 하며 말했습니다.

"법령은 반드시 지켜야 하는 것이니라. 내 친척이기 때문에 그 법령을 깨뜨린다면 백성들의 신뢰를 잃게 되지 않겠는가?"

한무제는 마음을 독하게 먹고 소평군에게 사형을 선고했고, 이 명령에 따라 소평군은 살인의 죄값을 받았습니다.

법령에 따라 판결했다고는 하지만 조카를 죽일 수밖에 없었던 한무제는 마음이 편하지 않았습니다. 그때 동방삭(東方朔)이라는 한 신하가 황제께 나아가 술을 권하며 말했습니다. "상을 줄 때는 그 사람이 원수이건 적이건 상관하지 말라 했고, 벌을 내릴 때에는 그 사람이 혈육이건 친구이건 상관하지 말라고 했습니다. 인간으로서 하기 어려운 이런 일을 황제께서 해 내셨으니, 이제 백성들은 황제를 믿고 누구나 다 각자 행동에 알맞은 처분을 받게 될 것으로 알고 만족해 할 것입니다."

'각자 그 행한 바에 알맞는 처분을 받는다'(各得其所)는 말은 『漢書·東方朔傳』(한서·동방삭전)에 나오는 이야기입니다.

〈한자풀이〉

各(각): 각자, 제각기. 得(득): 얻다. 其(기): 그. 所(소): ~한 바.

341

緯

한 위: 씨실(woof, weft)

중 wěi(웨이) 일 イ(이)

씨실 위

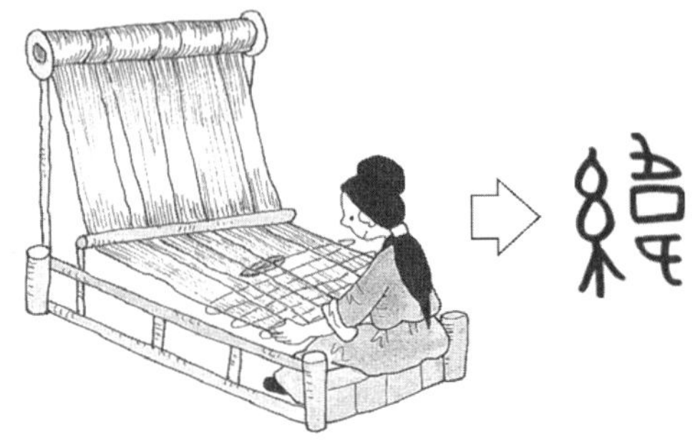

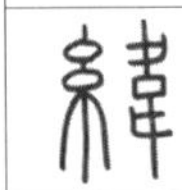

緯

자형은 '糸'(사)와 '韋'(위)로 되어 있다. '糸'는 '실' 또는 '방직'과 관련이 있음을 나타내고, '韋'는 '서로 반대방향으로 돌고 있다'는 뜻과 '위'라는 소리를 나타낸다. 본래의 뜻은 「씨실」이다. 방직에서, 세로로 고정시켜 놓은 날실(warf)을 '經'(경)이라 하고(巠), 이 날실 사이를 북을 따라 좌우로 번갈아 움직여서 천을 짜는 '씨실'의 모습(韋)이 마치 성을 중심으로 서로 반대 방향으로 걷고 있는 발의 모습인 '韋'의 자형(韋)과 같다고 해서 '緯'라고 하게 되었다.

응용 : 經緯 경위, 緯線 위선, 緯度 위도, 緯書 위서, 讖緯 참위, 經緯萬端 경위만단, 經天緯地 경천위지, 經文緯武 경문위무.

쓰는 순서 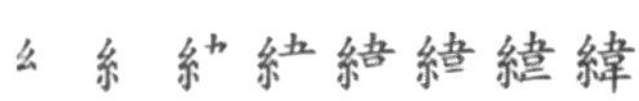 15획

342

한 위: 에워싸다(enclose, surround)

중 wéi(웨이)(围)　　일 イ(이)

에울 위

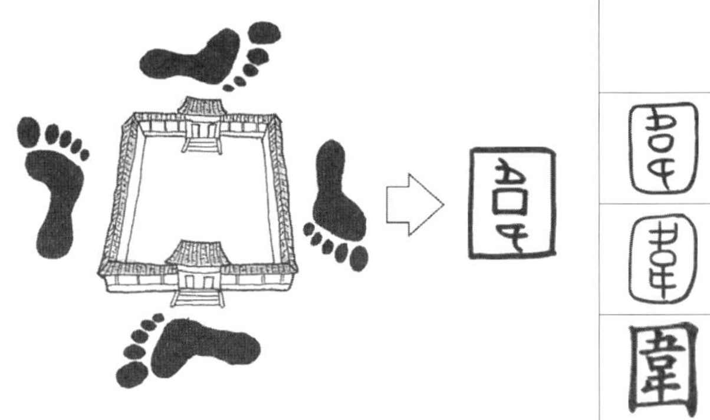

자형은 '韋'의 바깥에 다시 '口'(위)를 덧붙인 모습이다. '韋'에는 '성(口) 주위를 (반대 방향으로) 돌고 있다'는 뜻이 있는데, 여기에 다시 '에워싸다'는 뜻의 '口'를 덧붙인 모습으로, 본래의 뜻은 「에워싸다」, 「포위하다」, 「둘레」이다. 금문의 자형 '圍·圍'는 성 주위를 둘러싸고 공격할 기회를 노리고 있거나, 방어하고 있는 모습을 나타낸 것이다. 이에 대하여 **'衛'**(위)는 적의 침입에 대비하여 사방의 길목(行→行)을 지키고 있다는 뜻을 나타낸 것이다.

응용 : 周圍 주위, 範圍 범위, 包圍 포위, 圍碁 위기, 圍立 위립, 圍籬 위리, 圍繞 위요, 圍魏救趙 위위구조.

쓰는 순서 冂 冃 冋 圍 圍 圍　12획

343

衛

한 위: 지키다(guard). 방어하다(defend)

중 wèi(웨이)(卫)   일 エイ(에이)

지킬 위

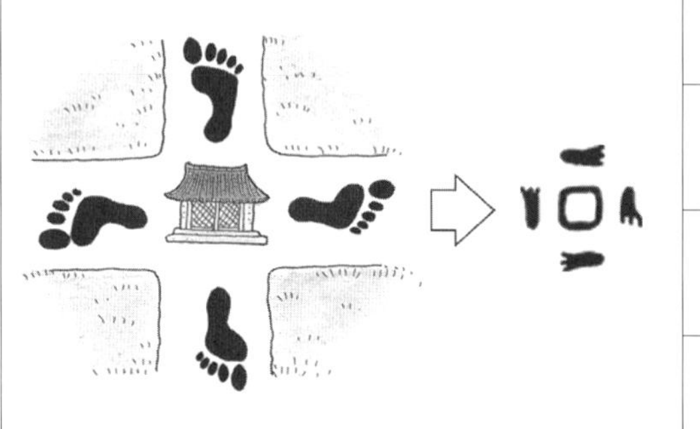

자형은 '行'(행:길) 안에 '韋'(위)가 있는 모습이다. 자형의 변화과정을 소급해 보면 '衛 → [古字] → [古字] → [古字]·[古字]' 등과 같다. 갑골문 자형은 큰 '네거리'([古字]: 行) 한복판의 한 지역(口:方)을 지키기 위하여 많은 병사들이 사방의 길목을 순찰돌고 있는 모습이다. 본래의 뜻은 「지키다」, 「방어하다」, 「주위를 돌다」이다. 후에 와서 사방을 지키고 있는 모습([古字])이 '[古字]'(韋)로 간략화되면서 지금의 자형처럼 되었다. 중국의 간체자는 '卫'로 쓴다.

길(行)

衛

성을 지키는 모습

응용 : 衛兵 위병, 衛星 위성, 衛生 위생, 衛戍令 위수령, 衛士 위사, 近衛兵 근위병, 防衛 방위, 守衛 수위, 自衛 자위, 親衛 친위, 侍衛 시위, 前衛 전위, 警衛 경위, 正當防衛 정당방위, 執干戈以衛社稷 집간과이위사직.

쓰는 순서 15획

한	축: 쫓아가다(chase)		
중	zhú(주)	일	チク(치쿠)

쫓을 축

자형은 '豕'(시)와 '辶'(辵:착)으로 되어 있다. 갑골문 자형 '𢓜·𢓜' 등은 돼지(豕→豕)나 사슴(鹿:鹿) 등을 잡으러 쫓아가고 있는 사람의 발(止→止)의 모습으로, 본래의 뜻은 「짐승을 잡으러 뒤쫓아 가다」이다. 후에 와서 짐승들의 모양을 돼지(豕→豕)로 통일하고, 쫓아가는 동작·행위를 분명히 하기 위하여 '止'(止)에 '彳'(行)을 덧붙여 '辶'(彳止→彳止→辵→辶)으로 쓰게 되었다. 「다투다」는 뜻도 본래의 뜻에서 파생된 것이다.

응용 : 逐出 축출, 逐客 축객, 逐鹿 축록, 角逐 각축, 放逐 방축, 追逐 추축, 爭逐 쟁축, 驅逐 구축, 逐利爭名 축리쟁명, 趨名逐利 추명축리, 棄本逐末 기본축말, 舍本逐末 사본축말, 逐字逐句 축자축구.

逐 — 돼지 / 쫓아가는 발의 모습

쓰는 순서 一 丆 了 豸 豸 豕 豕 逐 11획

345

師

한 사: 스승(teacher). 군대(troops, army)

중 shī(스) 일 シ(시)

스승 사

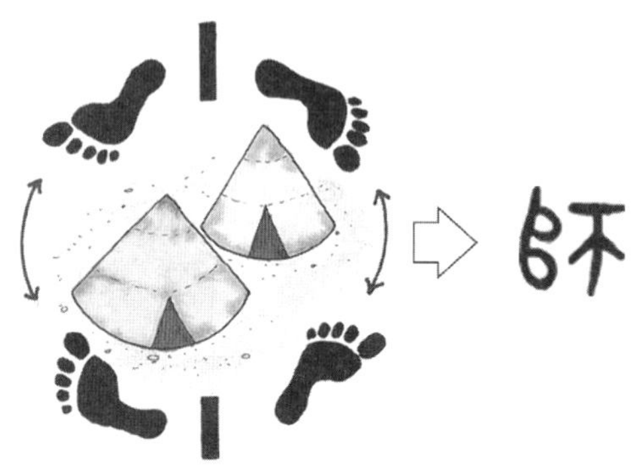

자형은 '𠂤'와 '帀'(잡)으로 되어 있다. 갑골문 자형 '𠂤帀·𠂤' 등에서, '𠂤'(𠂤→𠂤→𠂤)는 한 곳에 진을 치고 있는 '군대 막사'의 모습이고, '帀'(帀→帀→帀)은 '가다'는 뜻의 '之'(之→之→之)를 위아래를 뒤집어 쓴 것으로, 「돌다」, 「둘레」란 뜻을 나타낸다. 많은 병사가 진지 주위를 에워싼 채 돌고 있는 모습으로, 본래의 뜻은 「군대」, 「군대의 단위」이다. 이것이 후에 '군의 지도자'(軍師)란 관직명으로 쓰이고, 다시 「선생」, 「스승」의 뜻으로 쓰이게 되었다.

군대의 진지·막사

師

응용 : 師團 사단, 師旅 사려, 師傅 사부, 師父 사부, 師表 사표, 師兄 사형, 出師 출사, 教師 교사, 法師 법사, 律師 율사, 學無常師 학무상사, 三人行, 必有我師焉 삼인행, 필유아사언, 前事不亡, 後事之師 전사불망, 후사지사.

쓰는 순서 10획

346

追

한 추: 쫓아가다(trace, pursue)

중 zhuī(쭈이) 일 ツイ(츠이)

쫓을 추

자형은 '𠂤'와 '辶'(착)으로 되어 있다. 갑골문 자형 '[고문자]·[고문자]' 등은 '[고문자]'를 쫓아가고 있는 사람의 발(止)의 모습이다. 갑골문에서 '[고문자]'(→[고문자]→𠂤)는 군대(軍)를 나타내며 '師'(사:군대의 편제)의 본래자인데, 한 곳에 진(陣)을 치고 주둔하고 있는 군대의 모습을 나타낸 것이다. '追'의 본래의 뜻은 「군대를 뒤쫓아 가다」이다. 「따라가다」, 「쫓아가다」는 뜻은 이로부터 생겼다. '逐'이 짐승을 쫓아가는 모습인 데 반해, '追'는 군대나 사람을 쫓아가는 모습이다.

응용 : 追跡 추적, 追從 추종, 追尋 추심, 追求 추구, 追究 추구, 追加 추가, 追慕 추모, 追悼 추도, 追念 추념, 追後 추후, 追名逐利 추명축리, 來者不拒, 去者不追 내자불거, 거자불추, 往者不諫, 來者可追 왕자불간, 내자가추.

군대 / 追 / 쫓아간다는 뜻의 행동(行)을 표시

쓰는 순서 ' 亻 卢 户 白 自 ˋ自 追 10획

347

逸

한	일: 달아나다(escape). 잃어버리다(be lost)
중	yì(이)
일	イツ(이츠)

달아날 일

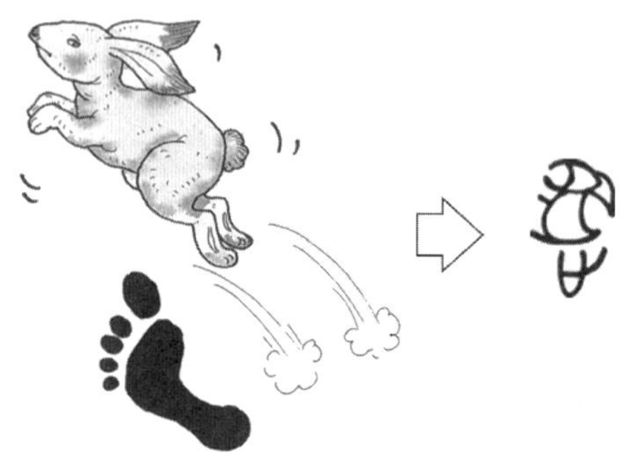

자형은 '兎'(토)와 '辶'(착)으로 되어 있다. 갑골문( )과 금문( )의 자형들은 '토끼'와 발(:止)의 모습이다. 토끼는 성질이 급하여 잘 달아나는데, 본래의 뜻은 「달아나다」이다. 후에 달아나는 동작을 드러내기 위하여 '彳'(行)을 덧붙여 '辶'(→ → → 辶)으로 썼다. 갑골문에서는 ' '(止)와 '彳'(行)과 ' '(辶)은 모두 같은 뜻을 나타낸다. 이밖에 「잃어버리다」, 「뛰어나다」, 「편안하다」 등의 뜻은 모두 토끼의 잘 달아나는 성질에서 파생된 뜻들이다.

응용 : 亡逸 망일, 隱逸 은일, 放逸 방일, 安逸 안일, 逸書 일서, 逸史 일사, 逸足 일족, 逸話 일화, 逸文 일문, 逸才 일재, 逸志 일지, 逸品 일품, 超然自逸 초연자일, 一勞永逸 일로영일, 順天者逸, 逆天者勞 순천자일, 역천자로.

쓰는 순서 12획

348

進

한 진: 나아가다(move forward, advance)
중 jìn(찐) 反 退(퇴) 일 シン(신)

나아갈 진

자형은 '隹'(추:새)와 '辶'으로 되어 있다. 갑골문 자형 '⿱·⿱'은 '새'(⿱:隹)와 새의 '발'(ㅂ:止) 모습이다. 새는 날 때나 걸어갈 때나 앞으로 나아갈 줄만 알고 뒤로 물러날 줄은 모른다. 그래서 '새'와 새의 '발'로써 「앞으로 나아간다」는 뜻을 나타냈다. 본래의 뜻은 「앞으로 나아가다」이다. 이로부터 「올라가다」, 「올리다」는 뜻도 생겼다(*금문 이후 '止'(ㅂ:발)에 동작을 나타내는 '彳'(行)이 덧붙여져서 '辶'으로 바뀌었다). 「다가오다」란 뜻으로도 쓴다.

응용 : 急進 급진, 後進 후진, 先進 선진, 推進 추진, 前進 전진, 行進 행진, 進步 진보, 進陟 진척, 進行 진행, 進化 진화, 進出 진출, 進入 진입, 進路 진로, 進度 진도, 進級 진급, 進言 진언, 進退維谷 진퇴유곡, 一進一退 일진일퇴.

새
進
앞으로 걸어가는 행위 표시

쓰는 순서 ノ イ イ 亻' 亻' 亻' 隹 '隹 進 12획

한 역: 거스르다(go against). 거꾸로(contrary)

중 nì(니) 일 ギャク(갸쿠)

거스를 역

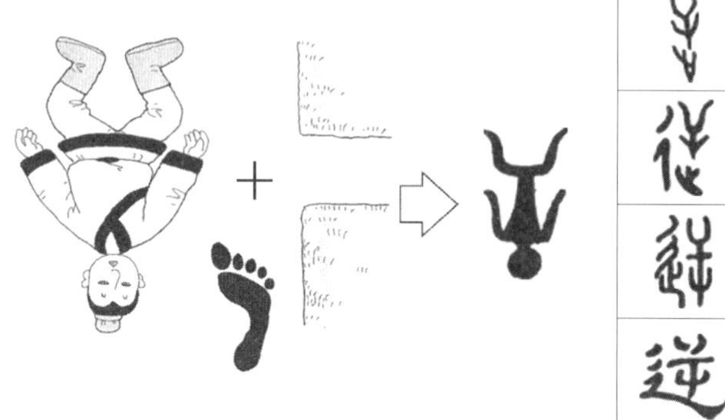

자형은 '屰'(역)과 '辶'으로 되어 있다. 갑골문 자형은 '[갑골문]·[갑골문]·[갑골문]·[갑골문]' 등으로 '[갑골문]'(屰)은 '큰 사람'(大:大)이 거꾸로 서 있는 모습이고, '[갑골문]'(辶:착)은 사람의 '행동'을 나타낸다. 따라서 '[갑골문]'을 '이쪽으로 오고 있는 사람'으로 이해할 때에는 ①「영접하다」,「맞이하다」는 뜻이 되고, '거꾸로 선 사람'으로 이해할 때에는 ②「거스르다」,「거꾸로」 등의 뜻이 된다. 후에 와서는 주로 ②의 뜻으로 쓰이게 되었다.

응용 : ① 逆旅 역려. ② 逆流 역류, 逆順 역순, 逆境 역경, 逆用 역용, 逆風 역풍, 逆賊 역적, 逆說 역설, 反逆 반역, 萬物逆旅 만물역려, 忠言逆耳 충언역이, 莫逆之友 막역지우, 順天者昌, 逆天者亡 순천자창, 역천자망.

쓰는 순서 10획

350

後

한 후: 뒤(behind)
중 hòu(허우) 反 先 일 ゴ(고) · コウ(코-)

뒤 후

자형은 '彳'(行)과 '幺'(요)와 '夂'(치)로 되어 있다. 자형의 변화과정을 소급해 보면 '後 → 後 → 後 · 後 → 後 · 後' 등으로, 갑골문 자형 '後 · 後'은 '발'(夂)에 실이나 새끼줄 따위(幺)를 맨 채 이쪽으로 걸어오는(彳) 모습이다. 이 경우 그 끈은 반드시 뒤쪽으로 처지게 마련이다. 본래의 뜻은 「뒤」, 「뒤쳐지다」이다. 앞서거나 뒤쳐지는 일은 '길을 갈 때' 나타나는 현상이므로 '彳'(行)을 덧붙였다. 후에 와서는 시간적인 의미의 「뒤」까지 나타내게 되었다.

응용 : 先後 선후, 食後 식후, 死後 사후, 午後 오후, 背後 배후, 前後 전후, 向後 향후, 後孫 후손, 後年 후년, 後門 후문, 後日 후일, 後進 후진, 寧爲鷄口, 毋爲牛後 영위계구, 무위우후, 螳랑捕蟬, 黃雀在後 당랑포선, 황작재후.

실·끈
後
발
걸어가는 행동(行)을 표시

쓰는 순서 丿 彡 彳 彳 彸 後 後 9획

倒行逆施(도행역시 : 다오 싱 니 스)

먼 옛날 중국 춘추(春秋)시대의 이야기입니다.

초(楚) 나라를 다스리던 평왕(平王)은 극악무도한 왕이었습니다. 평왕은 간신들이 꾸며낸 거짓말에 따라서 나라를 다스렸는데, 기고만장해진 간신들은 왕자가 반란을 도모하고 있다는 거짓말까지 했습니다. 왕은 자기 아들보다도 간신들의 말을 더 믿고서 반란 음모에 관련되었다고 알려진 사람들을 모두 잡아 죽이도록 하였는데, 그 중에는 오사(伍奢)와 그의 아들 오상(伍尙)도 포함되어 있었습니다.

오사의 아들이자 오상의 동생인 오자서(伍子胥)는 복수를 다짐하며 이웃 오(吳) 나라로 몸을 피했습니다.

10년의 세월이 흘렀습니다. 오자서는 그동안 오 나라에서 공을 쌓아 장수가 되었습니다. 드디어 오자서는 군대를 이끌고 초 나라의 수도를 침공했습니다. 아버지의 원수를 갚기 위해 평왕을 찾던 오자서는 평왕이 벌써 몇 년 전에 죽었다는 사실을 알았습니다. 하지만 복수의 마음을 삭힐 수 없었던 오자서는 평왕의 무덤을 파헤쳐 그 시체에 매질을 300대 가하라고 명령했습니다.

그때 오자서의 친구 하나가 오자서를 비난하며 말했습니다.

"아무리 아버지와 형님의 원수라지만 이미 죽은 사람을 그렇게 욕되게 하는 것은 잘못이네."

오자서는 서글퍼하며 대답했습니다.

"그동안 살아오면서 나는 항상 정처없는 나그네였다네. 내 삶은 이미 운명이 다했고 갈 길도 막힌 상황이라네. 그래서 나는 인간의 도리에 어긋나는 행동을 하고(倒行), 상식에 위배되는 행동을 할(逆施) 수밖에 없었네."

이렇게 대답하면서 오자서는 자기의 기구한 일생을 생각하고 눈물을 흘렸습니다.

이 후부터 '도행역시'(倒行逆施)는 도리에 어긋난 사람의 행동과 상식에 위배되는 행동을 비유하게 되었습니다.〔출처: ≪史記 · 伍子胥列傳≫(사기 · 오자서열전)〕

〈한자풀이〉

倒(도): 거꾸로. 行(행): 행하다. 逆(역): 거스르다.
施(시): 행하다.

351

復

한 ① 복: 되풀이하다(repeat). ② 부: 다시(again)

중 fù(푸)(复)　　일 フク(후쿠)

되풀이할 복
다시 부

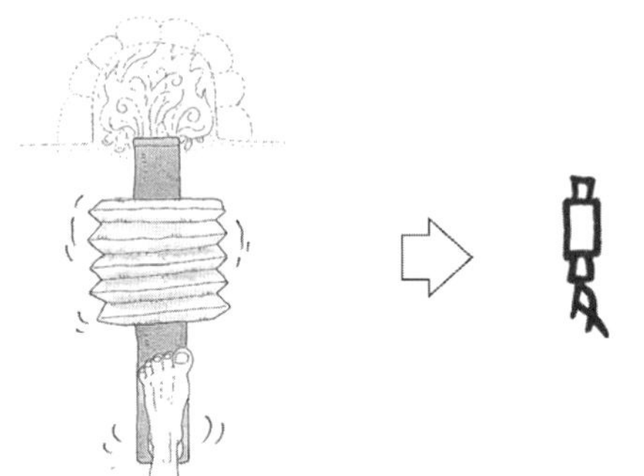

자형은 ‘彳’(行)과 ‘复’(복)으로 되어 있다. ‘复’의 갑골문과 금문의 자형 ‘ , ’은 용광로에 바람을 불어넣는 기구인 ‘풀무’(·)와 그것을 밟고 있는 ‘발’( ) 또는 ‘손’( )의 모습이다. 풀무 중간에는 큰 바람 주머니가 있고, 양쪽 끝에는 각각 송풍관(위쪽)과 발판(아래쪽)이 있는데, 이 발판을 발(:)로 밟기를 되풀이하면 용광로 안으로 바람이 들어간다. 본래의 뜻은 「되풀이하다」, 「되돌아가다」이다. 「다시」(이때는 ‘부’라 읽는다)라는 뜻은 파생된 것이다.

응용 : ① 복: 復古 복고, 復校 복교, 復舊 복구, 復歸 복귀, 復權 복권, 復習 복습, 復元 복원, 光復 광복, 回復 회복, 報復 보복, 克復 극복, 往復 왕복, 修復 수복, 反復 반복, 飜覆 번복. ② 부: 復活 부활, 復興 부흥, 復生 부생.

쓰는 순서　彳 彳 彳 彳 彳 彳 復 復　12획

352

腹

한 복: 배(belly)

중 fù(푸) 일 フク(후쿠)

배 복

자형은 '月'(肉:육)과 소리 겸 뜻을 나타내는 '复'(복)으로 되어 있는 회의 겸 형성자이다. 갑골문 자형 '[古字]·[古字]'에서는 '[古字]'(复)과 '[古字]'(身) 또는 '[古字]'(人)으로 되어 있다. 사람의 '신체'([古字]) 중에서 '풀무'([古字]:复)에 해당하는 부위가 「배」라는 뜻을 나타내고 있다. 본래의 뜻은 「배」이다. '身' 또는 '人'이 후에 신체의 일부임을 나타내는 '月'(肉)으로 바뀌었다.

응용 : 腹部 복부, 腹中 복중, 腹痛 복통, 腹案 복안, 鼓腹 고복, 空腹 공복, 口腹 구복, 滿腹 만복, 心腹 심복, 同腹 동복, 異腹 이복, 遺腹 유복, 心腹之患 심복지환, 口蜜腹劍 구밀복검, 抱腹絶倒 포복절도, 含哺鼓腹 함포고복.

풀무

腹

사람의 몸

쓰는 순서 月 月' 月' 肑 肑 胂 腹 腹 13획

353

複

한 복: 겹옷(duplicate)

중 fù(푸) 反 單(단) 일 フク(후쿠)

겹옷 복
겹칠 복

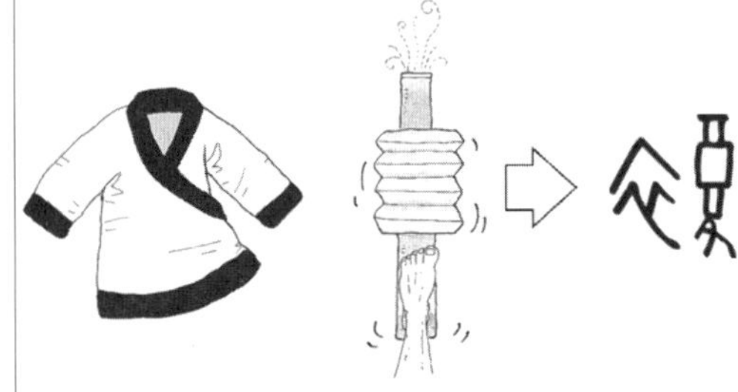

자형은 '衤'(衣)와 '复'(복)으로 되어 있다. '衤'는 '옷'이란 뜻을 나타내는 부수자로, '衣'가 자형의 왼쪽에 올 때의 모양이고, '复'은 「되풀이하다」, 「다시」 등의 뜻과 함께 '복'이란 소리를 나타내는 회의(會意) 겸 형성자이다. 본래의 뜻은 「겹옷」이다. 「겹치다」, 「겹」, 「이중」, 「중복」 등의 뜻은 모두 「겹옷」이란 본래의 뜻에서 파생된 것이고, 「겹옷」의 「겹」이란 뜻은 「되풀이하다」란 '复'의 뜻에서 생겨난 것이다.

응용 : 複本 복본, 複數 복수, 複線 복선, 複式 복식, 複合 복합, 複利 복리, 複道 복도, 複雜 복잡, 複製 복제, 複寫 복사, 單複 단복, 重複 중복.

풀무
複
옷(衣)

쓰는 순서 : 14획

한 등: 오르다(ascend)

중 dēng(떵)　　일 トウ(토-) · ト(토)

오를 등

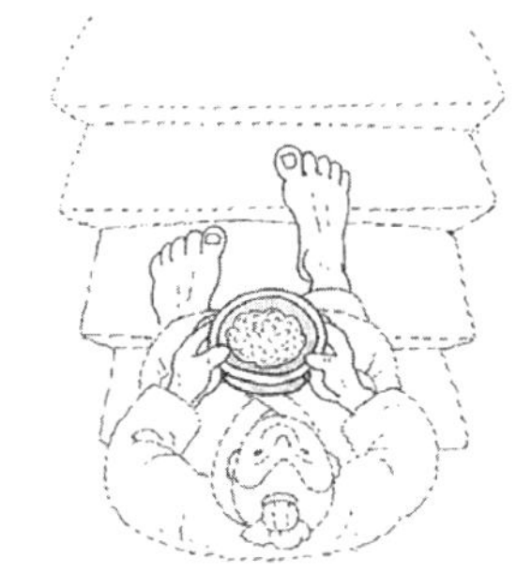

자형은 '癶'(발)과 '豆'(두)로 되어 있으나 갑골문 자형은 '𤼷·𤼷' 처럼 된 것과 '𤼷·𤼷' 처럼 된 것 두 종류가 있다. 갑골문에서 '𣥠'(→ 癶)은 '두 발'을, '묘'·'묘'는 '제기'를, '廾'은 '두 손'을 나타내는데, '두 손'으로 '제기'를 받쳐 들고 계단 위로 '걸어 올라가는' 모습을 위에서 본 것으로, 본래의 뜻은 「오르다」, 「올라가다」이다. 「익다」, 「성취하다」는 뜻은 「오른다」는 뜻에서 파생된 것이다. 「豆」를 수레나 말에 오를 때 밟는 받침돌(上馬石)로 해석하기도 한다.

두 발

登

제기

응용 : 登山 등산, 登校 등교, 登用 등용, 登場 등장, 登記 등기, 登壇 등단, 登龍門 등용문, 學如登山 학여등산, 五穀不登 오곡부등, 登泰山而小天下 등태산이소천하, 登高必自卑, 行遠必自邇 등고필자비, 행원필자이.

쓰는 순서　ノ ㇇ 八 癶 癶 癶 登 登 登　12획

355

發

한 발: 쏘다(shoot). 시작하다(start)

중 fā(파)(发)　일 ハツ(하츠)·ホツ(호츠)

쏠 발

자형은 '癶'(발)과 '弓'(궁)과 '殳'(수)로 되어 있으나, 자형의 변화과정을 보면 '發 → [전서] → [금문] → [갑골문]' 등과 같다. 갑골문 자형 '[갑골문]'은 손에 창(또는 몽둥이)을 들고([殳]) 그것을 힘껏 던지는 순간의 발의 모습([발 모양] → [발 모양])으로, 본래의 뜻은 「창(또는 몽둥이)을 던지다」이다. 후에 '활'(弓)을 덧붙여서 '활을 쏜다'는 뜻을 나타냈다. 이밖에 「떠나다」, 「시작하다」, 「일어나다」, 「드러나다」, 「피어나다」 등의 뜻이 있는데, 모두 창을 던지는 순간의 모습에서 파생된 것이다.

응용 : 發射 발사, 發令 발령, 發生 발생, 發言 발언, 發音 발음, 發展 발전, 發電 발전, 發表 발표, 發行 발행, 發見 발견, 出發 출발, 開發 개발, 連發 연발, 百發百中 백발백중, 矢在弦上, 不得不發 시재현상, 부득불발.

두발 / 發 / 활 / 몽둥이

쓰는 순서　[필순]　12획

356

한 측: 기울다(slant)

중 zè(쩌)　　일 ショク(쇼쿠)

기울 측

자형은 '日'(일)과 '仄'으로 되어 있다. 자형의 변화과정을 살펴보면 '日'은 '해'를, '人'은 '사람'을, '厂'은 본래 길게 뻗은 사람의 그림자를 나타낸 것이었음을 알 수 있다. 갑골문 자형 ' · '은 '해'(日)와 옆으로 비스듬히 길게 뻗어 있는 사람의 그림자( ) 모습이다. 그림자가 길게 뻗는 것은 해가 서쪽으로 기울어져 있을 때이다. 본래의 뜻은 「해가 서쪽으로 기울다」이다. 「기울다」, 「하오」란 뜻은 본래의 뜻에서 파생된 것이다.

응용 : 月昃 월측, 日昃 일측, 盈昃 영측, 下昃 하측, 日中則昃, 月盈則食 일중즉측, 월영즉식, 日中必昃, 月滿必虧 일중필측, 월만필휴.

쓰는 순서　丨 冂 日 日 旦 昃　8획

357

昔

한 석: 옛날(the past). 이전에(former times)

중 xī(시) 일 セキ(세키) · シャク(샤쿠)

옛 석

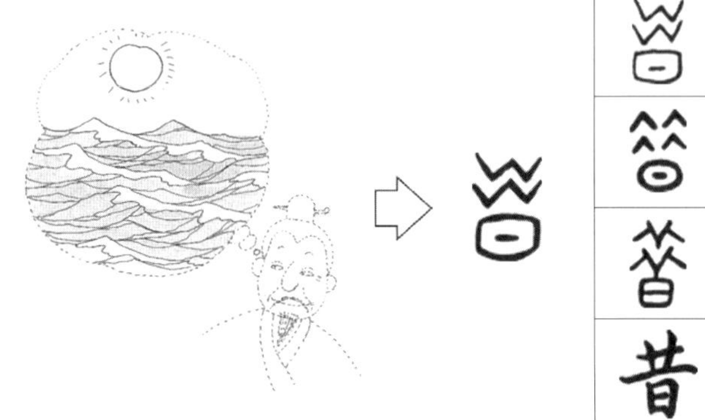

자형은 ‘廾’과 ‘日’로 되어 있으나, 갑골문 자형은 ‘[illegible] · [illegible] · [illegible] · [illegible] · [illegible] · [illegible] · [illegible]’ 등과 같다. 모양은 조금씩 다르나 ‘출렁이며 흘러가는 큰 물’([illegible]: 洪水)과, 그 물 위로 보이는 것이라고는 ‘해’(日) 뿐인 모습으로, 본래의 뜻은 ‘큰 홍수가 나서 온 세상을 물로 뒤덮었던 때’, 즉「옛날」이다. 한편, 갑골문의 자형은 사냥해온 고기를 잘라서 햇볕에 말리는 모습으로, ‘腊’(석:육포)의 본래자라는 설도 있다.

출렁이며 흘러가는 물결 모양

昔

해

응용 : 昔日 석일, 昔者 석자, 昔時 석시, 昔人 석인, 今昔之感 금석지감, 昔陽 석양=夕陽, 通昔 통석, 今不如昔 금불여석, 今是昔非 금시석비, 今非昔是 금비석시, 今昔之感 금석지감.

쓰는 순서 一 十 卄 廾 廾 昔 昔 昔 8획

358

春

한 춘: 봄(spring)

중 chūn(춘) 反 秋(추) 일 シュン(슌)

봄 춘

자형의 변화과정을 소급해 보면 '春 → 萅 → 萅 → · · ' 등과 같다. 고문의 자형들은 모두 '태양'(日)과 '초목'(屮屮·木木)과 '새싹'(: 屯) 들로 이루어져 있는데, 여기서 새싹 ' '(屯)은 소리 ('둔·순·준·춘')도 나타낸다. 이들은 「봄」의 특징적인 현상들로, 본래의 뜻은 「봄」이다. 「봄」은 만물이 소생하는, 생명력이 가장 왕성한 계절이다. 그래서 생명력이 왕성한 젊은 때를 「봄」(春)에 비유한다. 고대에는 일년을 봄(春)과 가을(秋) 두 계절로 나누었다.

초목 — 春 — 해

응용 : 春秋 춘추, 春分 춘분, 春風 춘풍, 春花 춘화, 春夏秋冬 춘하추동, 青春 청춘, 回春 회춘, 晩春 만춘, 新春 신춘, 一場春夢 일장춘몽, 春生夏長, 秋收冬藏 춘생하장, 추수동장, 一花開知天下春 일화개지천하춘.

쓰는 순서 一 三 夫 夫 夫 春 春 9획

359

朝

한 조: 아침(morning). 왕조(dynasty)

중 zhāo(자오) 일 チョウ(쵸-)

아침 조

자형은 '艹'(屮屮)와 '日'과 '月'로 되어 있다. 갑골문 자형 '𦍒·𦍒·𦍒' 등은 지평선의 풀밭(屮屮) 위로 아침 해(日)가 막 솟아올라오고 있는데, 하늘에는 아직 달(☽:月)이 남아 있는 모습이다. 하루 중에서 해가 막 솟아오르는 아침에만 볼 수 있는 모습으로, 본래의 뜻은 「아침」이다. 옛날에는 조정(朝廷)의 회의가 아침에만 열렸으므로 「조정」이란 뜻과, 새 왕조가 들어서는 것은 어두운 밤이 가고 아침이 밝아오는 것과 같다고 해서 「왕조」란 뜻을 갖게 되었다.

응용 : 朝夕 조석, 朝飯 조반, 朝鮮 조선, 朝刊 조간, 朝食 조식, 朝會 조회, 朝廷 조정, 王朝 왕조, 前朝 전조, 李朝 이조, 淸朝 청조, 明朝 명조, 日朝一夕 일조일석, 朝令暮改 조령모개, 朝三暮四 조삼모사, 朝不保夕 조불보석.

풀 / 해 — 朝 — 풀 / 달

쓰는 순서 一 十 古 古 古 卓 朝 朝 12획

360

望

한 망: 바라보다(look at). 바라다(expect)

중 wàng(왕)　　일 ボウ(보-)·モウ(모-)

바랄 망

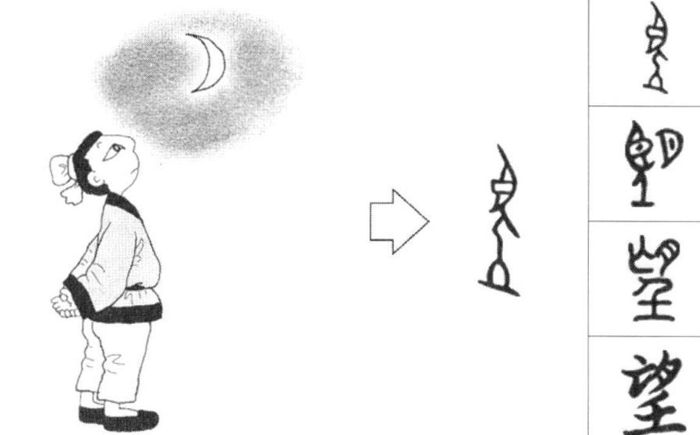

자형은 '亡'(망)과 '月'(月)과 '壬'(정)으로 되어 있다. 그러나 갑골문 자형 '⿱·⿱' 등은 사람이 높은 곳에 올라가서 먼 곳을 바라보고 있는 모습인데(⿱ → ⿱), 금문의 자형 '⿱'에서는 그 바라보는 대상이 '달'(☽:月)로 구체화되었다. 본래의 뜻은 「먼 곳을 바라보다」, 「기대하다」이다. 「우러러보다」, 「소망」 등의 뜻도 있다. 소전에서부터 먼 곳을 바라볼 때의 눈의 모습인 '臣'(⿱)이 '亡'(⿱)으로 바뀌면서 형성자(形聲字)가 되었다(望). (*臣 신 참조).

응용 : 望月 망월, 望鄕 망향, 望樓 망루, 可望 가망, 所望 소망, 希望 희망, 野望 야망, 展望 전망, 失望 실망, 願望 원망, 大望 대망, 渴望 갈망, 一望無際 일망무제, 得一望十 득일망십, 登高望遠 등고망원, 引領而望 인령이망.

쓰는 순서 11획

百發百中(백발백중 : 바이 파 바이 쭝)

중국 춘추시대 때 초(楚) 나라에 활을 잘 쏘는 양유기(養由基)라는 장수가 있었습니다. 양유기는 백 발자욱 떨어진 거리에서도 나뭇잎을 정확히 쏘아 맞추는 실력을 갖고 있었습니다. 누가 마음대로 버들 잎을 가리켜도 한 발에 그것을 맞추는 양유기의 활쏘는 실력을 사람들은 '백 번 쏘면 백 번 다 적중한다(百發百中)'는 말로써 칭찬하였습니다.

하루는 사람들이 모여 양유기가 활을 쏘는 광경을 구경하고 있었습니다. 그때 마침 그곳을 지나가던 한 나그네가 양유기가 활을 쏘는 모습을 보고는 이렇게 말했습니다.

"이젠 활을 쏘는 도리(射道: 사도)를 가르쳐 줄 만하군."

그 얘기를 들은 양유기는 고개를 갸우뚱했습니다. 그러자 나그네는 얘기를 계속했습니다.

"지금은 비록 백발백중한다고 하지만, 만약 제대로 쉬지 않으면 금방 피곤해질 것이오. 그러면 활시위가 바르지 않고, 활을 쏘아도 제대로 맞추는 게 하나도 없을 것이요. 그러니 잘 쉬는 법을 배워야만 하오. 그래야만 오랫동안 백발백중할 수 있을 것이오. 이게 내가 가르쳐 드리는 활 쏘는 도리요."

양유기는 나그네의 이 충고를 귀기울여 듣고, 활쏘기와 휴식이 조화를 이루도록 하는 데 힘썼다고 합니다.

양유기의 이야기에서 나온 백발백중은 신기할 정도로 빼어난 재주를 일컫거나, 정확하게 상황을 예측하는 것을 가리켜 말하는 성어가 되었습니다.〔출처:《戰國策 · 西周策》(전국책 · 서주책)〕

〈한자풀이〉

百(백): 일백.　　發(발): 출발하다.　　百(백): 일백.

中(중): 가운데, 맞히다.

361

晶

한 정: 반짝이다(brilliant). 수정(crystal)

중 jīng(찡) 일 ショウ(쇼-)

빛날 정

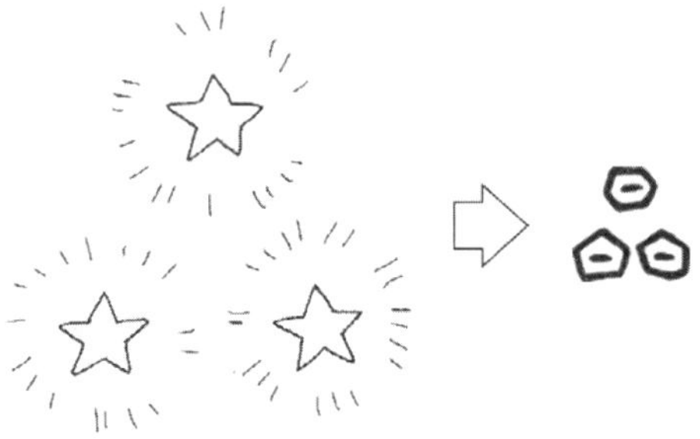

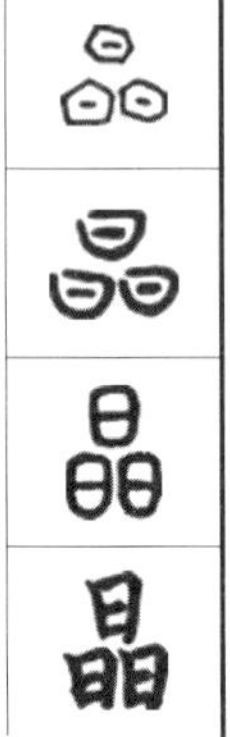

자형은 세 개의 '日'로 되어 있으나, 갑골문 자형  '∴·∴·∴·∴' 등은 '해'(日)가 아니라 수많은 별들이 모여서 반짝이고 있는 모습이다. 본래의 뜻은 「별이 반짝이다」이고, '星'(성)의 본래자이다. 고문에서는 별을 '⊖·⊡·○·□' 등 여러 모양으로 나타내고 있다. 돌 중에는 반짝이면서 투명한 돌이 있는데, 그것을 「수정」(水晶)이라 부르게 된 것은 그 반짝이는 모습이 「별」과 비슷하기 때문이다.

응용 : 結晶 결정, 水晶 수정, 玉晶 옥정, 鮮晶 선정, 晶晶 정정.

반짝이는 별들

晶

쓰는 순서 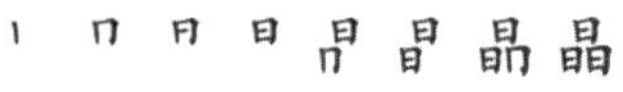 12획

星

한 성: 별(star)

중 xīng(씽)　　일 セイ(세이) · ショウ(쇼-)

별 성

자형은 '日'과 '生'으로 되어 있다. 자형의 변화과정을 소급해 보면 '星→[古字]·[古字]→[古字]→[古字]·[古字]' 등과 같다. 갑골문 자형은 반짝이는 여러 개의 '별'([古字])과 소리를 나타내는 '[古字]'(生:생)으로 이루어진 모습으로, 본래의 뜻은 「별」이다. '晶'(정)의 경우와 마찬가지로, '星'에 있는 '日'도 '해'(日)가 아니라 '별'을 나타낸 것이다. 이밖에 '星'에는 '세월'이란 뜻도 있는데, 별이 일 년에 하늘을 일주(一週)한다고 생각하였기 때문에 생긴 뜻이다.

응용 : 木星 목성, 金星 금성, 土星 토성, 火星 화성, 北極星 북극성, 衛星 위성, 流星 유성, 彗星 혜성, 星辰 성신, 星雲 성운, 星宿 성수, 占星 점성, 月眉星眼 월미성안, 月明星稀 월명성희, 星星之火, 可以燎原 성성지화, 가이요원.

별 — 星 — 소리 부호(생)

쓰는 순서　丶 口 日 戸 旦 旦 星 星　9획

363

한 ① 삼: 별자리(orion), ② 참: 참가하다(participate)
중 shēn, cān(션 · 찬) 일 サン(산)

참가할 참

갑골문과 금문의 자형 '', ' · · ' 등은 '사람'(·)의 머리 위에 '많은 별들'(· ·)이 반짝이고 있는 모습이다. 금문 이후에는 세 개의 '빗금'(彡)을 덧붙여 '별빛'과 동시에 '삼'이란 소리를 나타냈다. 본래의 뜻은「삼성」(參星)이란 별자리의 이름으로, 지금의 오리온(orion)좌가 그것이다. 그 음이 '三'(삼)과 같아서 '셋'이란 뜻으로 가차되었다. 또한「무리」,「참가하다」등의 뜻으로도 가차되었는데, 이때는 '참'으로 읽는다.

응용 : ① 參商 삼상, 參星 삼성, 曾參 증삼. ② 參加 참가, 參考 참고, 參拜 참배, 參席 참석, 參與 참여, 參戰 참전, 參政權 참정권, 持參 지참, 不參 불참, 新參 신참, 古參 고참.

별
參
별빛 사람

쓰는 순서 11획

한 신: 말하다(state, explain). 지지(地支)의 하나

중 shēn(션)　　　일 シン(신)

이야기할 신

자형의 변화과정을 소급해 보면 '申 → → → → → '과 같다. 갑골문 자형은 번갯불이 번쩍이는 모습으로, 본래의 뜻은 「번개(불)」이고, '電'(전:번개)의 본래자이다. 옛날 사람들은 번개는 '신'(神)이 자신의 모습을 사람들에게 내보이면서 자기의 뜻을 「말하는」 것으로 생각했다. 그래서 「말하다」, 「진술하다」는 뜻이 생겼다. 후에는 주로 아홉번째의 지지(地支)로 쓰이게 되었으므로, 따로 부수자 '雨'(우)와 '示'(시)를 덧붙여 '電'과 '神' 자를 만들었다.

번갯불의 모양

응용 : ① 神 신, 電 전, 伸 신, 呻 신, 紳 신. ② 申時 신시, 甲申 갑신, 申告 신고, 申聞鼓 신문고, 申報 신보, 含義未申 함의미신, 引而申之 인의신지.

쓰는 순서 丨 冂 日 日 申　5획

365

電

한 전: 전기(electricity). 번개(lightening)

중 diàn(띠엔)(电)　　일 デン(덴)

번개 전
전기 전

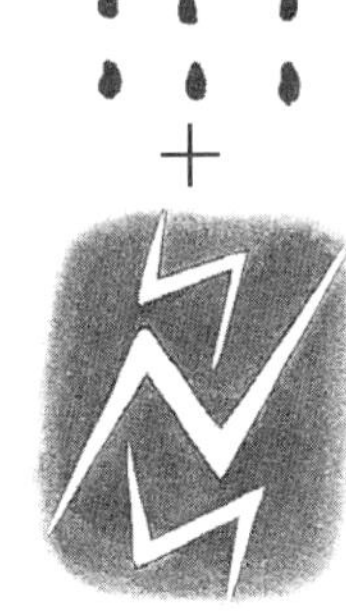

자형은 '雨'(우)와 '申'(申)으로 되어 있다. 자형의 변화과정을 소급해 보면 '電→電·䨢→䨮→申'과 같은데, 갑골문 자형 '申'(申)은 번개칠 때의 번갯불의 모습으로, 본래의 뜻은 「번개(불)」이다. '申'(申)이 후에 아홉번째의 지지(地支)로 가차되고, 또 「말하다」, 「뻗다」 등의 뜻으로 쓰이게 되자 '비 · 눈 · 서리' 등 기상(氣象)과 관련된 것임을 나타내기 위하여 부수자 '雨'(우)를 덧붙여 '電'으로 쓰게 되었다(*전기는 처음에 번개치는 것을 보고 발명했다).

응용 : 電球 전구, 電氣 전기, 電力 전력, 電流 전류, 電報 전보, 電子 전자, 電線 전선, 電池 전지, 電車 전차, 電話 전화, 放電 방전, 漏電 누전, 祝電 축전, 感電 감전, 蓄電 축전, 送電 송전, 電擊 전격, 電光石火 전광석화.

쓰는 순서 一 𠂉 币 雨 雨 雫 雷 電　13획

366

神

한 신: 신(god). 혼(spirit).

중 shén(션)　　일 シン(신) · ジン(진)

신 신

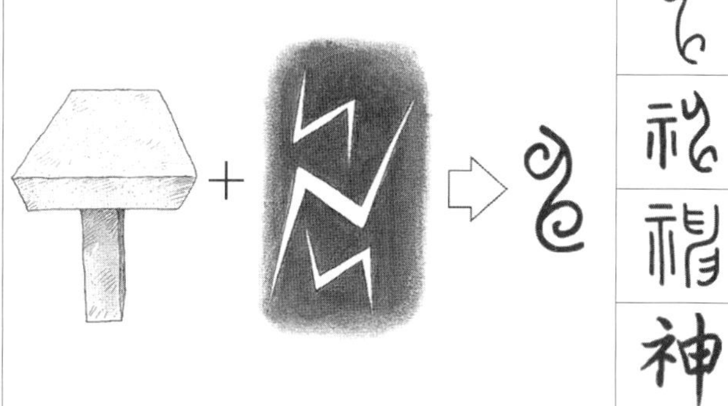

자형은 '示'(시)와 '申'으로 되어 있다. 그러나 자형의 변화과정을 소급해 보면 '神→[古字]→[古字]·[古字]→[古字]'과 같은데, 갑골문 자형 '[古字]'(申)은 번개칠 때의 번갯불의 모습으로, 본래의 뜻은 「번개(불)」이다. 옛날 사람들은 번개는 곧 「신」(神)이 자신의 모습을 보여주고 자기의 뜻을 「말하는」 것이라고 생각했다. 후에 '[古字]'(申)이 아홉번째의 지지(地支)로 가차되었으므로, 「제사」, 「신」 등의 뜻을 나타내는 부수자 '示'를 덧붙여 '神'으로 쓰게 되었다.

제단(示)·신령

번개

응용 : 神奇 신기, 神童 신동, 神秘 신비, 神仙 신선, 神主 신주, 神通力 신통력, 神出鬼沒 신출귀몰, 神學 신학, 神話 신화, 入神 입신, 女神 여신, 鬼神 귀신, 神聖不可侵犯 신성불가침범, 感天地, 動鬼神 감천지, 동귀신.

쓰는 순서　一 二 亍 亍 示 礻口 礻日 神　10획

367

雷

한 뢰: 천둥(thunder)
중 léi(레이) 일 ライ(라이)

천둥 뢰

자형은 '雨'(우)와 '田'로 되어 있다. 자형의 변화과정을 소급해 보면 '雷→靁→靐·[古字]→[古字]·[古字]·[古字]' 등과 같다. 갑골문과 금문의 자형들은 '비'([古字],雨)가 오고 '번개'([古字]·[古字])가 칠 때 천둥소리가 '우르릉 쾅쾅' 하고 크게 울리는 모습(口口·田田·[古字])으로, 본래의 뜻은 「천둥」, 「우뢰」이다. 소전 이후 자형에서 '번개'([古字])는 빠지고 기상(氣象)과 관련된 부수자 '雨'(우)와 천둥소리를 나타내는, 스피커 모습의 '田'만 남게 되었다. 여기서 '田'은 밭을 나타낸 게 아니다.

응용 : 雨雷 우뢰, 落雷 낙뢰, 地雷 지뢰, 避雷 피뢰, 魚雷 어뢰, 雷管 뇌관, 雷動 뇌동, 雷同 뇌동, 雷鳴 뇌명, 雷聲 뇌성, 雷電 뇌전, 雷響 뇌향, 歡聲如雷 환성여뢰, 咆哮如雷 포효여뢰.

비·기상 — 雷 — 천둥소리

쓰는 순서: 一 ⺈ 帀 雨 雨 雨 雷 雷 13획

雪

한 설: 눈(snow)

중 xuě(쉬에) 일 セツ(세츠)

눈 설

자형은 '雨'(우)와 '⺕'(⺕:손)으로 되어 있으나, 자형의 변화과정을 소급해 보면 '雪→䨮→[illegible]·[illegible]' 등과 같다. 갑골문 자형 '[illegible]·[illegible]' 등은 '비'(雨)와 새의 '깃털'(羽)로 이루어져 있는데, 눈이 '펄펄' 내릴 때의 모습은 새의 깃털이 바람에 날리는 모습과 같다. 본래의 뜻은 「눈」이다. 흰 눈은 천하를 씻은 듯이 깨끗하게 덮어 버리므로 「더러운 것을 씻어내다」는 뜻도 생겼다(예:雪恥, 雪辱 등).

응용 : 白雪 백설, 大雪 대설, 積雪 적설, 雪花 설화, 雪山 설산, 雪上加霜 설상가상, 雪糖 설탕, 雪寒 설한, 雪辱 설욕, 雪恥 설치, 螢雪之功 형설지공, 各人自掃門前雪, 莫管他人瓦上霜 각인자소문전설, 막관타인와상상.

비·기상(雨)
雪
손

쓰는 순서 11획

369

炭

한 탄: 숯(charcoal)

중 tàn(탄)　　일 タン(탄)

숯 탄

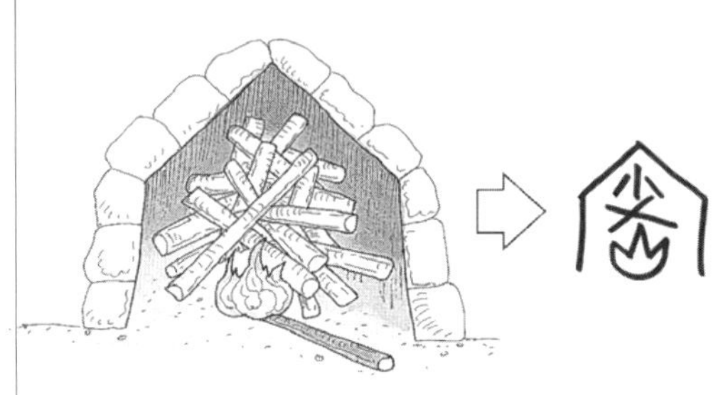

자형은 '山'(산)과 '厂'(한:낭떠러지)과 '火'(화)로 되어 있어서, 산(山)의 절벽 아래 움푹 들어간 곳(厂)에다 불을 피워(火) 숯을 만드는 모습인 것처럼 보인다. 그러나 금문의 자형 '[金文]'은 숯가마(宀) 속에 장작을 얼기설기 쌓아놓고(亠) 그 밑에서 불(火)을 때서 숯을 만드는 모습이다. 본래의 뜻은 「숯」이다. 후에 숯가마의 위쪽으로 불룩 솟은 부분이 '山'으로 바뀌고, 가마(宀)는 낭떠러지 모양(厂)으로 변하고, 가마 안의 장작을 생략되고 '火'만 남았다.

응용 : 木炭 목탄, 石炭 석탄, 黑炭 흑탄, 褐炭 갈탄, 炭化 탄화, 炭田 탄전, 炭鑛 탄광, 炭酸水 탄산수, 民生塗炭 민생도탄, 氷炭不相容 빙탄불상용, 氷炭不可同器 빙탄불가동기, 氷炭不言, 冷暖自知 빙탄불언, 냉난자지 .

쓰는 순서　9획

한 적 · 자: 고기를 굽다(broil, roast)

중 zhì(즈) 일 シャ(샤)

구울 적·자

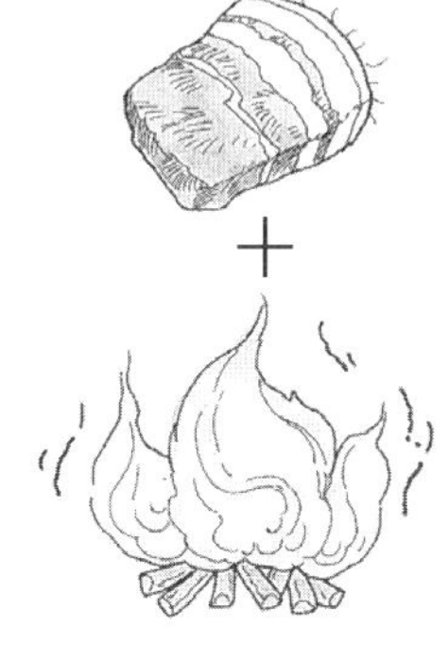

자형은 '夕'(: 肉)과 '火'로 되어 있다. '夕'은 '고기'(肉)를 나타내는데, '불'(火) 위에 고기를 올려놓고 굽고 있는 모습이다. 본래의 뜻은 「고기를 굽다」이다. 양념한 어육(魚肉)을 대꼬챙이에 꿰어서 굽거나, 석쇠에 올려서 '불에 굽는 것', 또는 그렇게 해서 '구운 고기'를 '적' 또는 '자'라고 한다. '자'(炙)와 생선 또는 고기의 '회'(膾)는 누구나 먹기 좋아하는 음식이다. 그래서 여러 사람의 입에 오르내리는 것을 '회자'(膾炙)라고 하게 되었다.

응용 : 散炙 산적, 燒炙 소적, 膾炙 회자, 燔炙 번자 膾炙人口 회자인구, 見彈求號炙 견탄구효적.

쓰는 순서 ノ ク タ タ タ 炙 8획

程門立雪(정문입설 : 청 먼 리 쉬에)

중국 송(宋) 나라 때에 양시(楊時)라는 선비가 살았습니다. 그는 어려서부터 매우 총명하였는데, 커서도 경서(經書)와 사서(史書)를 깊이 연구하여 대학자가 되었습니다. 양시는 젊었을 때 과거시험에 합격하여 관리가 될 자격을 갖추고 있었지만, 그는 벼슬길을 마다하고 오로지 학문 수양에만 힘을 기울였습니다. 만년에 그는 구산(龜山)에 은거하였으므로, 사람들은 그를 구산 선생이라 불렀습니다.

그 당시 양시의 친구 중에 유초(游酢)라는 이가 있었는데, 역시 매우 겸허하고 학문을 좋아하는 학자였습니다. 둘은 세속적인 사심을 버리고 함께 벗하며 학문에 몰두하는 좋은 동반자였습니다.

과거시험에 합격하고 난 이후에도 자신의 학문을 더욱 깊이 닦기 위하여, 양시는 당시 유명한 학자 정호(程顥)를 스승으로 모시고 공부를 계속했습니다. 정호의 문하에서 양시는 배운 것이 많았습니다. 정호가 죽었을 때 양시는 이미 마흔이 넘은 나이였지만, 그럼에도 불구하고 역시 유명한 학자이자 정호의 동생이기도 한 정이(程頤)를 찾아가서 스승으로 모시고 학문을 닦았습니다.

그들이 스승을 모시는 태도가 얼마나 정성스러웠던지를 보여주는 이야기가 있습니다. 어느 해 한겨울, 눈이 펑펑 쏟아지는 날이었습니다. 양시는 친구 유초와 공부를 하다가 한 가지 문제를 스승에게 물어봐야겠다고 생각했습니다. 둘은 바로 스승 정이가 사는 집을 찾아 길을 나섰습니다. 그들이 정이의 집에 도착했을 때 정이는 마침 책상에 엎드려 잠시 눈을 붙이고 있었습니다. 양시와 친구는 정이를 방해하지 않기 위해서 정이가 깨어날 때까지 문밖에 서서 기다리기로 했습니다. 가만히 서 있는 두 사람 머리 위에, 어깨 위에, 발 밑에 눈은 수북히 쌓여 갔습니다. 얼마 뒤 정이가 잠에서 깨어나 창밖을 바라보니, 눈은 두 사람의 무릎까지 쌓여 있었답니다.

'정이의 집 문 앞에(程門) 눈이 쌓이다(立雪)'는 말은 그후 스승을 진심으로 존경하면서 제자로서의 도리를 다하는 마음을 가리키는 성어가 되었습니다.〔출처:≪宋史 · 楊時傳≫(송사 · 양시전)〕

〈한자풀이〉

程(정): 표준 · 정도. **門**(문): 문. **立**(입): 세우다. **雪**(설): 눈.

371

然

한 연: 그러하다(like that)

중 rán(란)　　일 ゼン(젠)・ネン(넨)

그러할 연

자형은 '夕'(肉)과 '犬'과 '灬'(火)로 되어 있다. 금문의 자형 '然'은 '불'(火) 위에 '개'(犬)의 '고기'(月)를 얹어 놓은 모습으로, 본래의 뜻은 「개 고기를 불에 굽다」, 「태우다」이고, '燃'(연: 태우다·연소하다)의 본래자이다. '然'이 후에 와서 주로 「그러하다」, 「그러나」 등의 뜻으로 가차되자, 본래의 뜻은 부수자 '火'를 덧붙여 '**燃**'으로 쓰게 되었다(*'然'은 다른 자(字)의 뒤에서 '…한 모양, …한 상태'라는 뜻을 나타낸다. '自然'은 '스스로 그렇게 된 모양'이란 뜻이다).

고기(肉)　개

然

불(火)

응용 : ① 自然 자연, 公然 공연, 天然 천연, 超然 초연, 偶然 우연, 未然 미연, 漠然 막연. ② 燃料 연료, 燃燒 연소, 燃炭 연탄, 可燃 가연, 再燃 재연, 不燃 불연. 泰然自若 태연자약, 知其然而不知其所以然 지기연이부지기소이연.

쓰는 순서　ノ ク タ 夕 夕 夕 ... 然　12획

372

焦

한 초: 태우다(burnt)

중 jiāo(찌아오)　　일 ショウ(쇼-)

태울 초

자형은 '隹'(추)와 '灬'(火)로 되어 있다. 갑골문 자형 '[갑골문]'은 활활 타고 있는 불([갑골문]:火) 위에 한 마리의 '새'([갑골문]:隹)가 앉아 있는 모습으로, 본래의 뜻은 「새가 불에 타다(그을리다)」이다. 처음에는 「새가 불에 타다」는 뜻이었으나, 후에는 일체의 '타는' 일들을 가리키게 되었다. '焦眉'(초미)란 '눈썹에 불이 붙어 타고 있다'는 뜻으로, 매우 위급하거나 절박한 상황을 가리킬 때 쓰는 말이다. '燋'(초)와 같은 뜻이다.

새 — 焦 — 불(火)

응용 : 焦土 초토, 焦眉 초미, 焦點 초점, 焦燥 초조, 焦脣 초순, 焦心 초심, 焦急 초급, 勞心焦思 노심초사, 近火者先焦 근화자선초, 焦頭爛額 초두난액, 曲突徙薪無恩澤, 焦頭爛額爲上客 곡돌사신무은택, 초두난액위상객.

쓰는 순서 亻 亻' 亻' 仁 仹 隹 隹 焦　12획

373

災

한 재: 재앙(disaster)

중 zāi(짜이)(灾)　　일 サイ(사이)

재앙 재

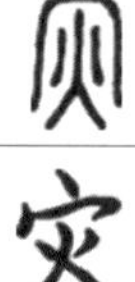

灾

자형은 '巛'(川: 천)과 '火'로 되어 있으나, 자형의 변화과정을 소급해 보면 '災 → 烖 〈 [고문자] · [고문자] · [고문자]'와 같다. 갑골문 자형에서 '[고문자] · [고문자] · [고문자]'는 홍수가 나서 강이 범람하여 발생한 수재(水災)를 나타내고, '[고문자]'는 집에 불이 나서 발생한 화재(火災)를 나타낸다. '災'는 이 '수재'([고문자] · [고문자] · [고문자] → [고문자] → 巛)와 '화재'([고문자] → [고문자] → 灾)를 합친(合文) 것으로, 본래의 뜻은「재앙」,「재난」이다. 간체자는 '灾'로 쓴다.

응용 : 火災 화재, 水災民 수재민, 人災 인재, 天災 천재, 三災 삼재, 災害 재해, 災禍 재화, 災殃 재앙, 災難 재난, 災異 재이, 多災多難 다재다난, 天災地變 천재지변, 天災人禍 천재인화, 福過災生 복과재생.

홍수 — 災 — 불

쓰는 순서 　7획

374

榮

한 영: 영화(glory). 빛나다(glimmer)

중 róng(롱)(荣) 일 エイ(에이)

영화 영

금문의 자형 '𤇾·𤇾·𤇾·𤇾' 등은 모두 활활 타는 횃불 두 자루가 서로 엇갈려 있는 모습으로, 본래의 뜻은 「밝게 비추다」, 「빛」, 「광명」이다. 「영화」, 「번영」 등의 뜻은 파생된 것이다. 횃불의 모양에서 불꽃은 '→炏'로 변하고, 엇갈린 횃불 자루는 '→冖'으로 변했고, '木'은 '장작'을 가리키는데, 나중에 추가된 것이다. '𤇾'은 한자에서 자소로 들어가 「밝게 빛나다」란 뜻과 '영', '형'이란 소리를 나타낸다. 나무가지에 꽃이 만발한 모습이란 설도 있다.

횃불 / 횃불 자루 / 榮 / 장작

응용 : ① 熒 형, 螢 형, 瑩 영, 營 영, 鶯 앵, 勞 로. ② 榮光 영광, 榮利 영리, 榮華 영화, 榮進 영진, 繁榮 번영, 虛榮 허영, 富貴榮華 부귀영화, 共存共榮 공존공영, 榮枯盛衰 영고성쇠, 衣食足, 知榮辱 의식족, 지영욕.

쓰는 순서 14획

375

한 형: 개똥벌레(firefly)

중 yíng(잉)(萤) 일 ケイ(케이)

개똥벌레 형

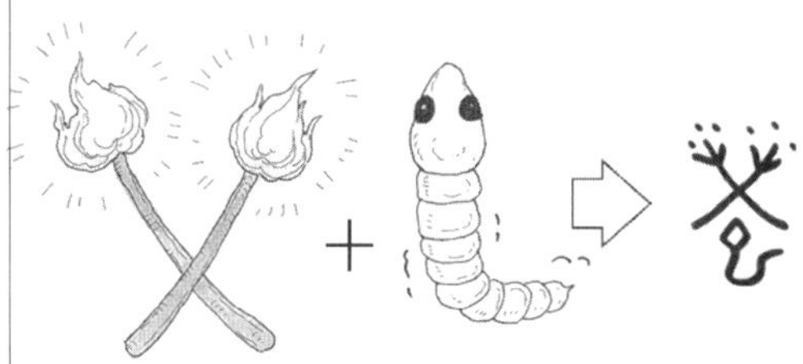

螢

자형은 '𤇾'(영·형)과 '虫'(충)으로 되어 있다. '𤇾'(熒)의 금문 자형 '[금문 자형]·[금문 자형]' 등은 두 자루의 횃불이 서로 엇갈린 채 밝게 타고 있는 모습으로, 「밝게 빛나다」란 뜻을 나타내고, 동시에 '영' 또는 '형'이란 소리를 나타낸다. '虫'(충)은 「벌레」로, 벌레 중에서 스스로 밝은 빛을 낼 수 있는 것이 「개똥벌레」(螢)이다. 「개똥벌레」의 꽁무니에서 반짝이는 불을 「반딧불」(螢光:형광)이라고 한다. 「형광등」(螢光燈)은 그 불빛이 반딧불과 같은 색이라는 데서 생긴 말이다.

응용 : 螢光 형광, 螢石 형석, 螢雪之功 형설지공, 螢火 형화, 流螢 유형, 群螢 군형, 飛螢 비형, 星螢 성형, 孤螢 고형, 照螢映雪 조형영설, 雪窓螢燈 설창형등.

횃불 자루 / 횃불 / 螢 / 벌레

쓰는 순서 16획

376

한 영: 경영하다(operate, run). 짓다(build)

중 yíng(잉)(营) 일 エイ(에이)

경영할 영

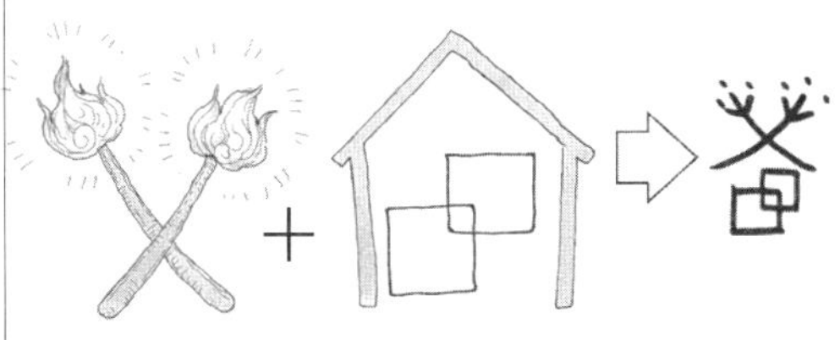

자형은 '𤇾'(영·형)과 '呂'로 되어 있다. '𤇾'( ) 은 두 자루의 횃불이 서로 엇갈린 채 밝게 타고 있는 모습으로, 「밝게 비추다」는 뜻과 함께 '영'이란 소리를 나타낸다. '呂'는 '宮'(궁:궁실)의 초기 자형으로, 방이 두 개 있는 큰 건물을 나타낸다. 따라서 본래의 뜻은 「횃불을 밝혀 놓고 큰 집을 짓다」이다. 집을 짓기 위해 「계획을 세우고」, 「경영을 하고」, 「큰 집을 다스리는」 일체의 과정이 '營'의 뜻에 포함되어 있다.

응용 : 營內 영내, 營門 영문, 營繕 영선, 營造 영조, 營利 영리, 經營 경영, 公營 공영, 野營 야영, 陣營 진영, 本營 본영, 運營 운영, 宿營 숙영, 兵營 병영, 經之營之 경지영지, 賣公營私 매공영사, 枉法營私 왕법영사.

쓰는 순서 17획

377

勞

한 로: 일하다(work). 공로(contribution)

중 láo(라오)(劳)　　일 ロウ(로-)

일할 로

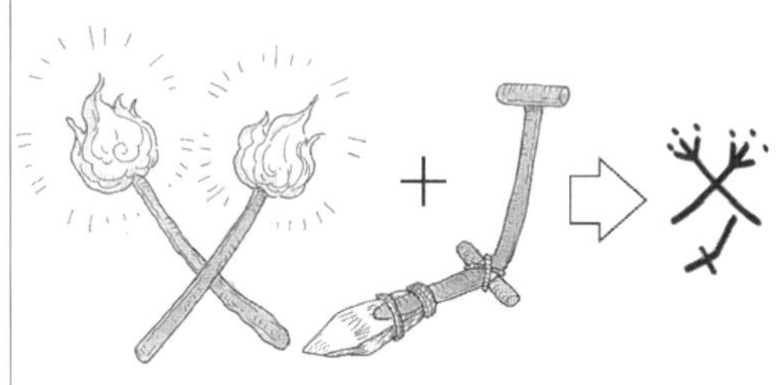

자형은 '𤇾'과 '力'으로 되어 있다. '𤇾'은 활활 타고 있는 두 개의 '횃불'(𤇾→)로 「빛남」, 「광명」, 「영광」, 「번영」 등을 나타내고, '力'(력)은 본래 밭을 가는 쟁기의 모습, 또는 팔의 모습으로 「힘」, 「힘써 일한다」는 뜻을 나타낸다. 마음 속으로 '영광(𤇾)'을 목표로 삼아 열심히 '일한다(力)'는 뜻의 회의자로, 본래의 뜻은 「공로」, 「공적」이다. 「공로」와 「공적」은 「힘써 일해야」 이루어지고, 힘써 많은 일을 한 후에는 「피로(疲勞)를 느끼게 되는」 것이다.

응용 : 功勞 공로, 勤勞 근로, 疲勞 피로, 慰勞 위로, 勞動 노동, 勞力 노력, 勞苦 노고, 勞使 노사, 勞心焦思 노심초사, 不勞所得 불로소득, 犬馬之勞 견마지로, 薪水之勞 신수지로, 君子勞心, 小人勞力 군자노심, 소인노력.

횃불
勞
횃불 자루　힘

쓰는 순서　12획

378

沙

한 사: 모래(sand)

중 shā(샤) 同 砂(사) 일 サ(사) · シャ(샤)

모래 사

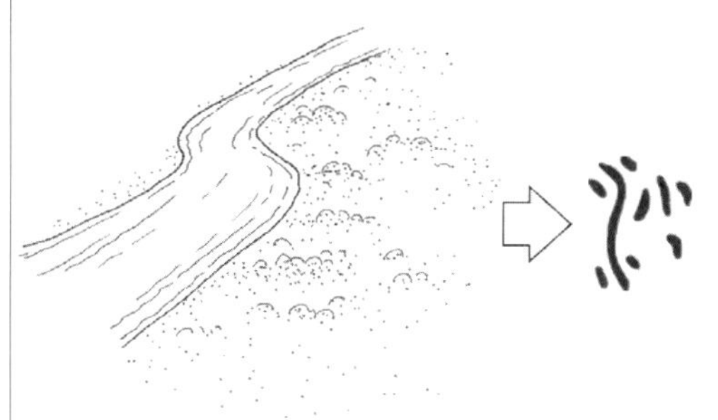

자형은 '氵'(水)와 '少'(소:적다)로 되어 있다. 그래서 「설문」(說文)에서는 "물(水)이 적어졌을 때(少) 드러나는 것이 모래(沙)"라고 설명하고 있다. 그러나 금문의 자형 '…' 등은 모두 '물'(…:水)가에 수많은 작은 '점들'(…)이 있는 모습으로, 본래의 뜻은 「물가에 있는 모래」이다. 모래(沙)는 '돌(石)이 잘게 부서져서(小)' 된 것(砂)이므로, '沙'와 '砂'는 같은 뜻으로 서로 통용되기도 하지만, 물가에 있지 않은 모래는 '砂'로만 쓴다.

응용 : 沙(砂)金 사금, 沙(砂)漠 사막, 沙(砂)石 사석, 砂糖 사탕, 砂防 사방, 沙汰 사태, 沙魚 사어:모래무지, 白沙場 백사장, 土沙 토사, 流沙 유사, 淘沙得金 도사득금, 聚沙成塔 취사성탑, 白沙在泥, 與之俱黑 백사재니, 여지구흑.

물 — 沙 — 작은 것(小=少)

쓰는 순서 丶 冫 氵 氵丨 氵川 氵小 沙 7획

379

沈

한 ① 침: 빠지다(sint). ② 심: 성(姓)

중 chén, shěn(천, 션) 反 浮(부) 일 チン(친)

빠질 침

자형은 '氵'(水)와 '冘'(침)으로 되어 있다. 그러나 갑골문의 자형 '[갑골문]·[갑골문]·[갑골문]' 등은 '소'(牛)나 '양'(羊) 등이 물에 빠져 떠내려가고 있는 모습이다. 옛날에는 소나 양을 강물 속에 던져 넣어 하신(河神)에게 제사지내는 풍속이 있었다. 본래의 뜻은 「소나 양을 물속에 빠뜨리다」, 「가라앉다」이다. 또한 성씨(姓氏)로도 쓰는데, 이때는 '심'이라 읽는다. 한자의 자소(字素)로 쓰일 때는 '침', '탐' 등의 소리를 나타낸다(예:耽 탐, 眈 탐, 枕 침, 枕 침 등).

응용 : 沈沒 침몰, 沈木 침목, 沈滯 침체, 沈潛 침잠, 沈默 침묵, 沈思 침사, 沈痛 침통, 浮沈 부침, 陰沈 음침, 擊沈 격침, 一浮一沈 일부일침, 積羽沈舟, 群輕折軸 적우침주, 군경절축, 一舟之覆, 無一物不沈 일주지복, 무일물불침.

물 — 沈 — 소(牛)

쓰는 순서 丶 丶 氵 氵 氵 氵 沈 7획

380

溺

한 ① 뇨: 오줌누다(urinate). ② 닉: 빠지다(sink)
중 nì(니) 일 デキ(데키)

오줌 뇨
빠질 닉

자형은 '氵'(水)와 '弱'(약)으로 되어 있다. 그러나 자형의 변화과정을 소급해 보면 '溺→𣸚→𡰥·𡰥' 등과 같다. 갑골문 자형 '𡰥'은 사람(亻:人)이 오줌을 누고 있는 모습으로, 본래의 뜻은 「오줌」, 「오줌을 누다」이며, '尿'(뇨)의 초기 자형이다. 후에 '亻'이 '弓'으로, '丶'(오줌줄기)가 '彡'으로 변하여 '弱'이 되고, 그것이 다시 겹쳐진 후(弱), 부수자로 '氵'(水·氵)를 덧붙여 '溺'(뇨)가 되었다. 지금은 주로 「빠지다(溺沒)」의 뜻으로 쓰는데, 이때는 '닉'으로 읽는다.

응용 : 溺死 익사, 溺沒 익몰, 溺愛 익애, 耽溺 탐닉, 沈溺 침닉, 陷溺 함닉, 沒溺 몰닉, 授手援溺 수수원닉, 善游者溺 선유자익, 好船者溺, 好騎者墮 호선자익, 호기자타.

사람
물—溺
오줌줄기

쓰는 순서 丶 丶 氵 氵 氵 㳅 㳅 溺 溺 13획

螢雪之功(형설지공 : 잉 쉬에 즈 꿍)

옛날 중국 진(晋) 나라 때 차윤(車胤)과 손강(孫康)이라는 유명한 학자가 있었습니다.

이 두 사람은 모두 가난하고 어려운 환경에서도 끊임없는 노력으로 훌륭한 학자가 되었습니다.

어린 시절 배움에 몰두한 소년 차윤은 밤에도 공부를 계속하고 싶었지만 집안이 가난했기 때문에 등잔불을 켤 기름 살 돈이 없었습니다.

어느 날 차윤은 등잔불 없이도 밤에 공부할 수 있는 방법을 생각해냈습니다. 한여름 밤에 낡은 명주로 만든 주머니에 수십 마리의 반딧불을 잡아 넣어서 그 빛에 책을 비추어 보는 것이었습니다. 다시 말하면, 반딧불(螢:형)의 빛을 등불삼아 공부하는 것이었습니다.

그후부터 차윤은 밤에도 공부를 계속할 수 있게 되었고, 그렇게 해서 학문과 덕행이 쌓이자 관직에 불려 나갔으며, 사리 판단이 정확하고 유능한 사람으로 평가받아, 훗날 그 이름이 조정에까지 널리 퍼졌습니다.

손강도 어린 시절 집이 몹시 가난하여 등잔불을 켤 기름 살 돈이 없었습니다. 손강 역시 밤에도 공부를 계속할 수 있는 방법을 생각하다가 어느 겨울 좋은 방법을 생각해냈습니다.

눈이 내린 밤에는 땅에 쌓인 눈이 달빛과 별빛을 반사해서 세상이 환해지는데, 손강은 이 환한 빛을 이용해 책을 읽었다고 합니다. 또한 손강은 젊을 때부터 청렴결백하고 자신에게 매우 엄격하였으며, 사람을 사귈 때에도 착한 사람만을 골라서 사귀었는데, 훗날 그는 지금의 감사원장에 해당하는 어사대부(御史大夫)에까지 올랐다고 합니다.

차윤과 손강처럼 어려운 환경에서도 좌절하거나 안주하지 않고 끊임없이 배움에 몰두한 사람들의 이야기는 후세에 형설지공(螢雪之功)이란 성어로 전해지면서, 가난을 무릅쓰고 배움을 통해 성공한 사람들의 노력을 칭찬하는 말로 쓰이게 되었습니다. 〔출처:≪晋陽春秋≫(진양춘추), ≪孫氏世錄≫(손씨세록)〕

〈한자풀이〉

螢(형): 반디.　雪(설): 눈.　之(지): ~의.　功(공): 공.

381

淵

한 연: 못(deep pool), 깊다(deep)

중 yuān(위엔)(渊)　　일 エン(엔)

못 연

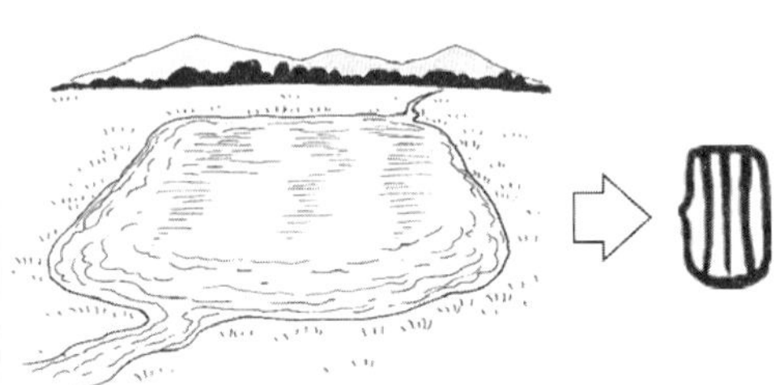

자형은 '氵'(水)와 '𣶒'(연)으로 되어 있다. 자형의 변화 과정을 소급해 보면 '淵→𣶒→𣶒·囦→𣶒·𣶒' 등과 같다. 고문의 자형들은 좌우 또는 사방이 둑(□)으로 쌓여 있는 큰 못에 물(氺:巛)이 담겨 있거나 또는 물이 잔잔하게 물결치고 있는 모습으로, 본래의 뜻은 「못」, 「웅덩이」이다. 못의 물은 '깊고', 깊은 물일수록 '잔잔하다'. 그래서 「깊다」는 뜻과 「조용하다」는 뜻이 생겼다. 후에 와서 부수자 '氵'를 덧붙여서 「물」이 많이 모인 곳임을 더욱 분명히 하였다.

물　물결

淵

못가

응용 : 淵源 연원, 淵水 연수, 淵深 연심, 淵博 연박, 深淵 심연, 潭淵 담연, 九淵 구연, 不測之淵 불측지연, 積水成淵 적수성연, 臨淵羨魚 임연선어, 如臨深淵, 如履薄氷 여림심연, 여리박빙, 川淵深而魚鱉歸之 천연심이어별귀지.

쓰는 순서 氵 氵 沪 沪 泮 淵 淵 淵　12획

江

한 강: 강(river)
중 jiāng(찌앙) 일 コウ(코-)

강 강

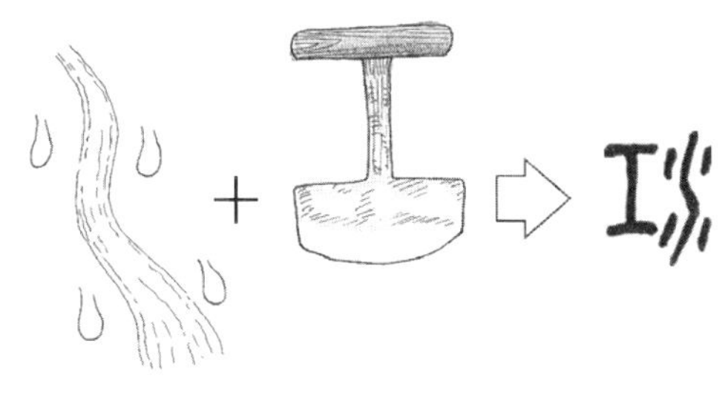

자형은 '氵'(水)와 '工'(공)으로 되어 있다('水+工聲'). '工'의 고문 자형 'ㅍ·工·묘' 등은 나무를 베거나 깎을 때 쓰는 도끼의 모습으로, 본래의 뜻은 「일」, 「공작」 등이다. 그러나 '工'이 자소(字素)로 쓰일 때에는 '강'(江·腔), '공'(空·攻·功·貢·杠), '항'(項·肛) 등의 소리를 나타내는데, 여기서는 「강」이란 소리를 나타낸다. 본래의 뜻은 중국의 「장강」(長江), 즉 지금의 양자강(揚子江)이다. 「강」(江)이란 일반명사로 쓰이게 된 것은 후에 와서이다.

응용 : 江南 강남, 江北 강북, 江山 강산, 江水 강수, 江心 강심, 江村 강촌, 江岸 강안, 江邊 강변, 江湖 강호, 長江 장강, 漢江 한강, 洛東江 낙동강, 錦繡江山 금수강산, 江山可改, 本性難移 강산가개, 본성난이.

소리부호(강)

물

쓰는 순서 6획

한 하: 강(river). 황하(Huang river)

중 hé(허) 일 カ(카)

강 하

자형은 '氵'(水)와 '可'(가)로 되어 있으나, 자형의 변화과정을 소급해 보면 '河 → [illegible] → [illegible]·[illegible] → [illegible]·[illegible]·[illegible]·[illegible]' 등과 같다. 고문의 자형들은 모두 물을 나타내는 '水'([illegible]·[illegible])와 소리를 나타내는 '何'(하:[illegible]·[illegible]·[illegible])로 이루어져 있다. 본래의 뜻은「황하」(黃河)이다. 황하의 물은 화북평원을 지날 때 '하하'(hehe) 소리를 내면서 흐르므로 황하를 '하'(河:he)라고 하게 되었다는 설도 있다. 후에 와서는 '큰 강'이란 뜻의 일반명사로 쓰이게 되었다.

응용 : 河川 하천, 河口 하구, 河南 하남, 河東 하동, 河內 하내, 河海 하해, 氷河 빙하, 大河 대하, 渡河 도하, 山河 산하, 銀河水 은하수, 運河 운하, 黃河 황하, 氣蓋山河 기개산하, 言若懸河 언약현하, 河海不擇細流 하해불택세류.

쓰는 순서 丶 冫 氵 氵 汀 汀 河 河 河 8획

384

海

한 해: 바다(sea)

중 hǎi(하이) 일 カイ(카이)

바다 해

자형은 '氵'(水)와 '每'(매, 회)로 되어 있다. '氵'는 '水'가 부수자로 쓰일 때의 모양으로, 물의 이름 또는 물과 관련된 것임을 나타내고, '每'(mei 또는 hui)는 본래 '여자'(女·母)의 머리 위에 깃털 등 장식물을 꽂은 모습(· ·)으로, 여기서는 '바다'란 뜻을 나타내는 단어의 소리 '해'(hai)를 나타낸다(*굳이 의역(意譯)을 하자면, "모든 물(氵=水)이 그 품 안으로 모여드는 물의 어머니(母=每)가 곧 바다(海)이다"라고 할 수 있을 것이다).

응용 : ① 梅 매, 敏 민, 晦 회, 悔 회. ② 海女 해녀, 海流 해류, 海兵 해병, 海産物 해산물, 海水浴 해수욕, 海外 해외, 海風 해풍, 公海 공해, 東海 동해, 人山人海 인산인해, 山海珍味 산해진미, 海水不可斗量 해수불가두량.

쓰는 순서 丶 冫 氵 氵 汇 汇 海 海 海 海 10획

385

法

한 법: 법(law). 준칙(standard). 방법(method)

중 fǎ(파) 일 ホウ(호-)·ハッ(하츠)·ホッ(호츠)

법 법

자형은 '氵'(水)와 '去'(거)로 되어 있다. 그러나 금문의 자형 '[illegible]·[illegible]' 등은 '氵'(水)와 '[illegible]'(廌 채: 해태)와 '[illegible]'(去) 세 부분으로 되어 있었다('灋' 법 이 본래자이다). 고대 전설에 의하면, 외뿔소 비슷한 신비의 동물 해태([illegible]: 廌 채)는 거짓말하는 사람만 보면 뿔로 들이받아 내쫓기(去) 때문에, 재판을 할 때는 해태를 이용했다고 한다. 후에 와서는 '水'와 '去'로만 줄여서 "법은 물(水)이 흘러가듯이 고르게, 평등하게 적용되어야 한다"는 뜻을 나타냈다.

흘러간다는 뜻을 표시

물

응용 : 國法 국법, 憲法 헌법, 民法 민법, 刑法 형법, 商法 상법, 司法 사법, 軍法 군법, 兵法 병법, 方法 방법, 解法 해법, 立法 입법, 無法 무법, 法庭 법정, 法曹 법조, 法治 법치, 法則 법칙, 法外有恩 법외유은.

쓰는 순서 丶 丶 氵 氵 汁 汢 法 法 8획

386

永

한 영: 길이(forever)

중 yǒng(용)　　일 エイ(에이)

길 영

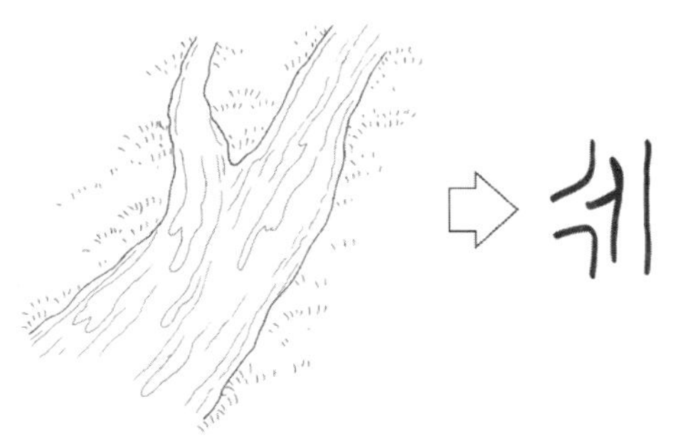

자형의 변화과정을 소급해 보면 '永 → 𣱵 → 𠛎 → 𠛎 → 𠛎·𠛎·𠛎' 등과 같다. 갑골문과 금문의 자형들은 두 개의 강물 줄기가 하나로 합쳐져 흘러가는 모양으로, 자형 중간의 '亻'은 '사람'(亻 → 人)이며, 본래의 뜻은 「사람이 물 속에서 헤엄치다」이고 '泳'의 본래자이다. 이것이 후에 「길이」, 「멀리」 등의 뜻으로 가차되었으므로, 다시 '氵'(水)를 덧붙여 '泳'(영)자를 만들었다.

응용 : 永久 영구, 永遠 영원, 永生 영생, 永世無窮 영세무궁, 永眠 영면, 永住 영주, 永劫 영겁, 永樂 영락, 生死永別 생사영별, 暫勞永逸 잠로영일.

쓰는 순서 丶 亅 ㇇ 永 永　5획

387

泳

한 영: 헤엄치다(swim)

중 yǒng(용)　　일 エイ(에이)

헤엄칠 영

자형은 '氵'(水)와 '永'(영)으로 되어 있다. '永'의 갑골문 자형 '[갑골문]·[갑골문]' 등은 사람(亻)이 물속에서 헤엄치고 있는 모양으로, 본래의 뜻은 「헤엄치다」, 「수영하다」인데, 후에 '永'이 「길이」, 「멀리」 등의 뜻으로 가차되었으므로, 새로 부수자 '氵'(水)를 덧붙여서 '泳'자를 만들어 본래의 뜻을 나타내게 되었다(*'永'의 설명 참조). 그러나 '泳'에서의 '永'은 단순히 '영'이란 소리만 나타내는 형성자(形聲字)라고 하는 설명도 있다.

응용 : 水泳 수영, 遊泳 유영, 背泳 배영, 蝶泳 접영, 平泳 평영, 競泳 경영, 浴泳 욕영, 仰泳 앙영, 蛙泳 와영.

소리부호(영)

泳

물(水)

쓰는 순서 丶 丶 氵 氵 汈 汸 泳 泳　8획

한 파: 갈래(group)

중 pài(파이)   일 ハ(하)

갈래 파

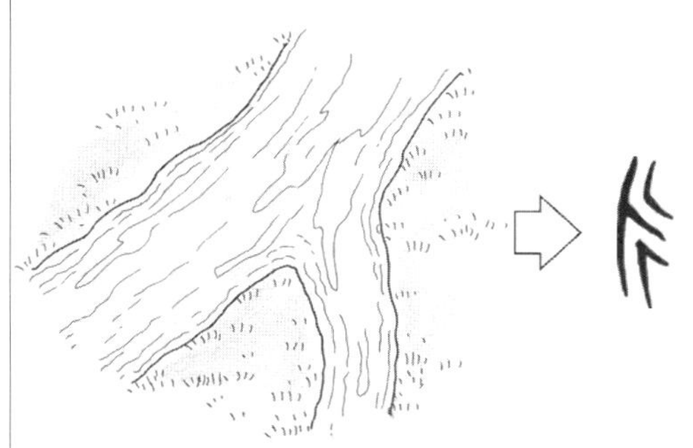

자형은 '氵'(水)와 '𠂢'(파)로 되어 있다. '𠂢'의 자형변화를 소급해 보면 '𠂢→巛→巛'와 같다. 금문의 자형 '巛'는 '永'(永)을 좌우로 돌려 놓은 모양으로, '永'(永)이 두 개의 강물 줄기가 하나로 합쳐져 길게 흘러가는 것을 가리키는 데 반해, '巛'(𠂢)는 하나의 강물 줄기가 두 개로 갈라져 흘러가는 것을 나타낸다. 본래의 뜻은 「갈라져 흐르다」, 「갈래」이다. 후에 '물'의 흐름이란 뜻을 분명히 나타내기 위하여 '氵'(水)를 덧붙여 '派'로 썼다.

'永'을 좌우로 뒤집은 모양

물(水)

응용 : 派生 파생, 派遣 파견, 派爭 파쟁, 派出所 파출소, 派閥 파벌, 派兵 파병, 派越 파월, 特派員 특파원, 系派 계파, 學派 학파, 黨派 당파, 類派 유파, 右派 우파, 左派 좌파, 同源異派 동원이파, 感覺派 감각파.

쓰는 순서 丶 冫 氵 氵 氵 氵 氵 派 派   9획

389

脈

한	맥:맥(pulse). 줄기(veins)
중	mài(마이)
일	ミャク(먀쿠)

맥 맥
줄기 맥

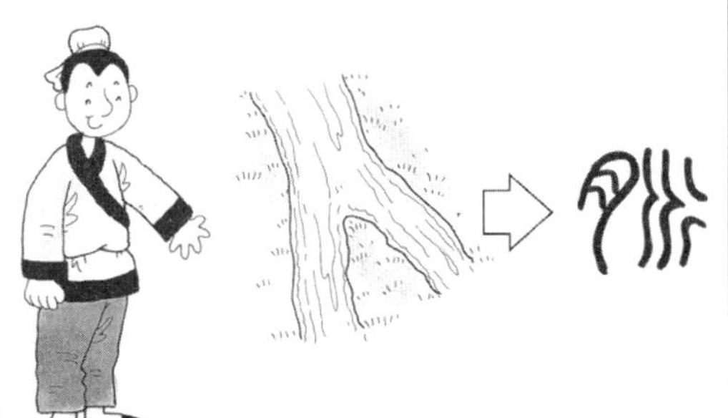

자형은 '月'(肉)과 '𠂢'(파)로 되어 있으나 소전의 자형은 '𧖴·衇'으로, '月'(肉·月)과 '𠂢'(𠂢) 또는 '永'(永)으로 된 것 두 가지가 있다. 사람 몸(肉:月)의 핏줄이나 신경의 흐름은 강물의 흐름과 비슷한데, 동맥은 흘러가면서 갈라지고(𠂢:𠂢), 정맥은 흘러가면서 합쳐진다(永:永). 본래의 뜻은 「핏줄」(血脈) 또는 「경맥」(經脈)이다. 물줄기나 산줄기 등 '갈라지거나(𠂢) 합쳐지면서(永) 계속 이어져 나가는 것'도 '脈'이라고 한다. 당연히 '脉'(맥)으로 쓸 수도 있다.

합쳐지거나 (永)
갈라지는(派)
모양

사람의 신체(肉)

응용: 血脈 혈맥, 山脈 산맥, 水脈 수맥, 經脈 경맥, 動脈 동맥, 靜脈 정맥, 命脈 명맥, 地脈 지맥, 診脈 진맥, 金脈 금맥, 礦脈 광맥, 人脈 인맥, 一脈(脉)相通 일맥상통, 脈絡貫通 맥락관통.

쓰는 순서 丿 月 月 肵 肵 脈 脈 脈 10획

栗

한 률: 밤(나무)(chestnut). 덜덜 떨다(tremble)

중 lì(리)　　　　일 リツ(리츠)

밤 률

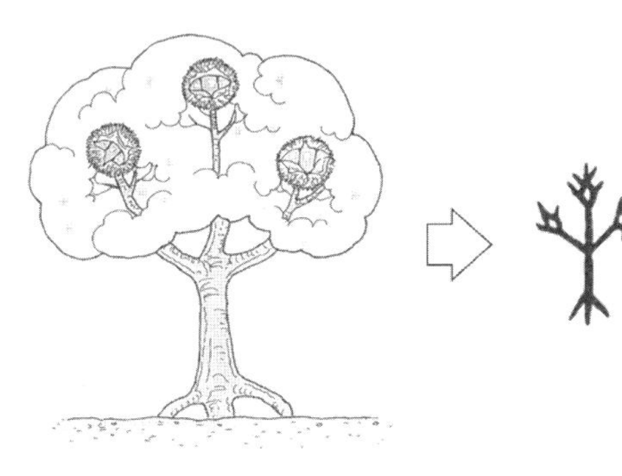

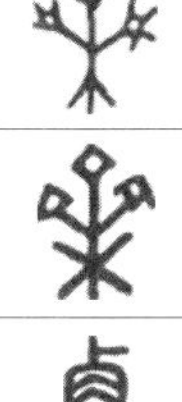

栗

자형은 ‘木’과 ‘襾’(*西 서 가 아님)로 되어 있다. 자형의 변화과정을 소급해 보면 ‘栗 → · → · → ·’ 등과 같다. 갑골문 자형은 나무에 과일이 많이 달려 있는데, 그 과일은 껍질이 온통 가시로 뒤덮여 있는 모습이다. 본래의 뜻은 「밤」, 「밤나무」이다. 밤송이는 온통 억센 가시로 뒤덮여 있어서 손으로 만지려면 찔릴까봐 겁이 난다. 그래서 무슨 일에 「겁이 나서 덜덜 떨다」는 뜻도 생겼다. 후에 밤송이 세 개를 합쳐서 ‘襾’로 단순화시켰다.

응용 : 栗山 율산, 栗園 율원, 栗房 율방, 栗鼠 율서, 栗刺 율자, 戰栗 전율, 율율 栗栗, 戰戰栗栗 전전율율, 棗栗 조율, 不寒而栗 불한이율.

쓰는 순서 10획

火中取栗(화중취율 : 후워 쭝 취 리)

이 성어는 우화(寓話)에서 비롯된 것입니다.

옛날 어느 마을 근처에 원숭이가 살고 있었습니다. 저녁 때가 되어 먹이를 찾아 어슬렁거리던 원숭이는 화로 위에서 향긋한 냄새를 피우며 구워지고 있는 밤톨을 발견했습니다. 마을 사람 중 누군가가 군밤을 먹으려고 굽고 있는 중이었습니다. 어떤 밤톨은 벌써 껍질이 벌어져 먹음직스러운 속을 노랗게 드러내 보이기도 했습니다. 원숭이는 이것으로 저녁감을 하자고 결정했습니다.

그러나 문제가 있었습니다. 화로 위에 올려진 밤이 아주 뜨거웠으므로 집어 내기가 쉽지 않았던 것입니다. 원숭이는 꾀를 짜내어 곁에 있던 고양이를 놀려대기 시작했습니다.

"야 이 겁쟁이 고양이야. 네가 얼마나 겁이 많은지는 온 세상이 다 알고 있단다."

난데없이 놀림을 당한 고양이는 버럭 화를 내면서 말했습니다.

"도대체 누가 그따위 말을 하고 다니던? 내가 얼마나 용감한지 한 번 보여 줄까?"

어리석은 고양이는 자신의 용기를 증명하기 위해서 화로 속으로 손을 집어 넣어 밤을 꺼내기로 했습니다. 고양이는 재빨리 화로 속으로 손을 넣어 밤을 꺼냈습니다. 하지만 불꽃에 닿은 털은 탔고 그 아픔에 절로 비명이 터져 나왔습니다. 순식간에 밤을 꺼내기는 했지만 아프다고 손가락을 쫙 펴고 흔드는 바람에 밤은 땅으로 굴러 떨어졌습니다. 옆에 있던 원숭이는 옳다구나 하고는 얼른 그 밤을 주워들고, 고양이를 향해 혀를 날름 내밀었답니다.

어리석은 고양이가 화롯불 속에(火中) 손을 넣어 밤을 꺼낸(取栗) 이 우화는, 남 대신에 실컷 고생만 하고 정작 자기는 이익을 얻지 못하는 상황을 비유하는 성어가 되었답니다. 〔출처: ≪猴子與猫≫(후자여묘)〕

〈한자풀이〉

火(화): 불. **中**(중): 가운데, 속, 중앙. **取**(취): 취하다.
栗(률): 밤.

391

巢

한 소: 새집. 깃들다(nest)

중 cháo(차오) 일 ソウ(소-)

새집 소

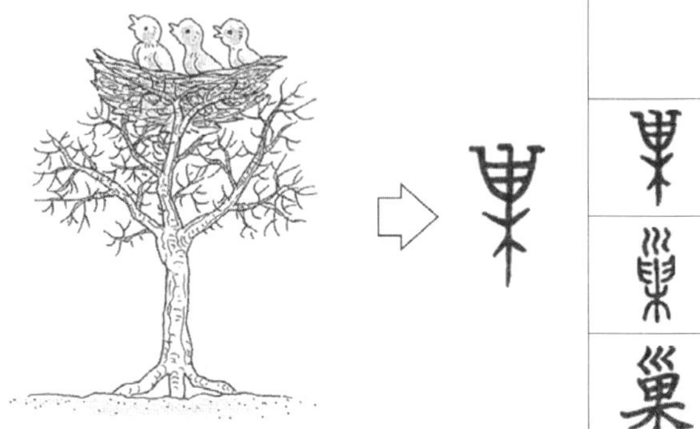

자형은 '巛'(천·순)과 '果'(과)로 되어 있다. 그러나 금문의 자형 '[金文]'를 보면, 나무(木) 위에 새 둥지(甶)가 있는 모양으로, 본래의 뜻은 「나무 위에 지은 새집」이다. 「깃들다」는 뜻도 이로부터 생겼다. 이에 대해 굴(穴:혈) 속이나 처마 지붕 속에 지은 새둥지는 '窠'(과)라고 한다. 고대에는 사람들도 짐승의 해를 피하기 위하여 나무 위에 집을 짓고 살았는데, 이를 '巢居'(소거)라고 한다(*소전 이후 새집 위로 새 세 마리를 덧붙였다).

응용 : 鳥巢 조소, 燕巢 연소, 故巢 고소, 賊巢 적소, 巢窟 소굴, 巢居 소거, 巢穴 소혈, 鳩居鵲巢 구거작소, 覆巢之下無完卵 복소지하무완란, 魚游沸釜, 燕處危巢 어유비부, 연처위소, 巢毁卵破 소훼란파.

쓰는 순서 ⺈ ⺈⺈ 巛 巛 𫶧 𫶧 単 巢 11획

392

한 승:오르다(assend. 타다(ride)

중 chéng(청) 일 ジョウ(죠-)

오를 승

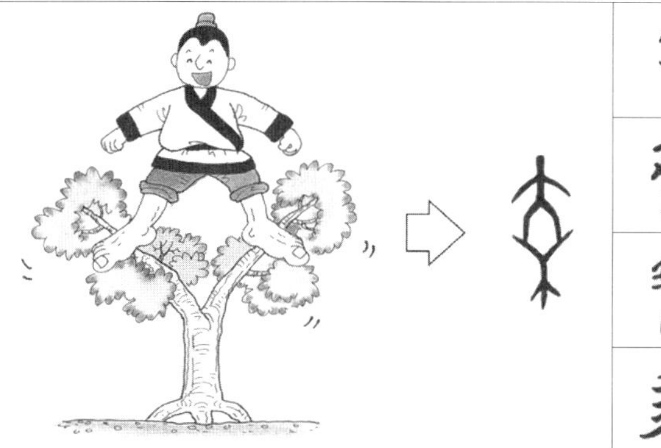

자형의 변화과정을 소급해 보면 '乘 → … → … · … → … · …' 등과 같다. 고문의 자형들은 사람(大 : 大)이 나무 가지( ) 위에 올라가서 두 다리를 벌린 채 서 있는 모습으로, 본래의 뜻은 「오르다」이다. 두 다리를 벌렸을 때의 발의 모양이 '… → … → 北' 처럼 변해 왔다. 후에 와서는 주로 말(馬)이나 수레(車)에 「올라타다」는 뜻으로 쓰고, 또 수레의 대수를 세는 단위로도 쓰게 되었다(*수학에서는 '곱셈'의 뜻으로 쓴다).

응용 : 乘車 승차, 乘馬 승마, 乘客 승객, 乘運 승운, 乘勢 승세, 乘法 승법, 自乘 자승, 二乘 이승, 上乘 상승, 乘時乘勢 승시승세, 因利乘便 인리승편, 可乘之機 가승지기, 加減乘除 가감승제, 前人栽樹·後人乘凉 전인재수·후인승량.

쓰는 순서 10획

393

朱

한 주: 붉다(bright red). 주홍(vermilion)
중 zhū(주) 일 シュ(슈)

붉을 주

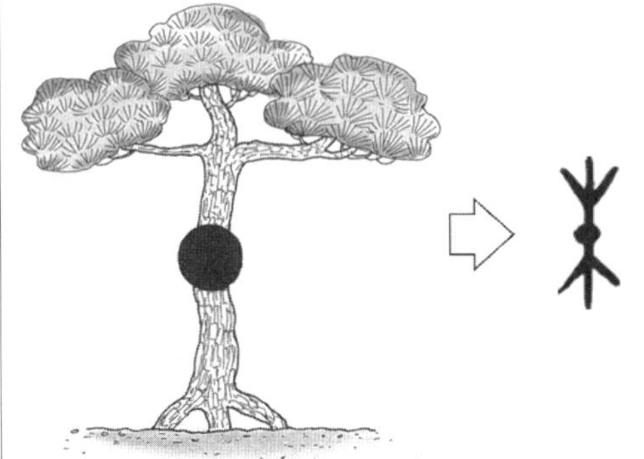

자형은 '木'(→→→)과 '一'로 되어 있다. 갑골문 자형()과 금문의 자형(··) 들은 나무()의 뿌리와 가지 사이의 줄기 부분에 지사부호 '•' 또는 '一'을 덧붙여서, 이 부분이 「나무의 줄기」임을 나타내고 있다. 본래의 뜻은 「나무의 줄기」이고, '株'(주:줄기 · 그루)의 본래자이다. 소나무나 잣나무의 줄기는 붉은 색을 띄고 있기 때문에, 후에 와서는 주로 「붉다」, 「붉은 색」이란 뜻으로 가차(假借)되게 되었다. 성씨(姓氏)로도 쓴다.

줄기
나무 가지
지사 부호
朱
뿌리

응용 : ① 株 주:그루, 硃 주:주사, 珠 주:구슬, 蛛 주:거미, 誅 주:베다, 侏 주:난장이. ② 朱紅 주홍, 朱黃 주황, 朱書 주서, 朱顔 주안, 印朱 인주, 丹朱 단주, 純朱 순주, 朱脣皓齒 주순호치, 近朱者赤, 近墨者黑 근주자적, 근묵자흑.

쓰는 순서 丿 𠂉 𠂊 牛 牜 朱 6획

394

束

한 속: 묶다(bind). 묶음(bundle)

중 shù(슈)　　　일 ソク(소쿠)

묶을 속

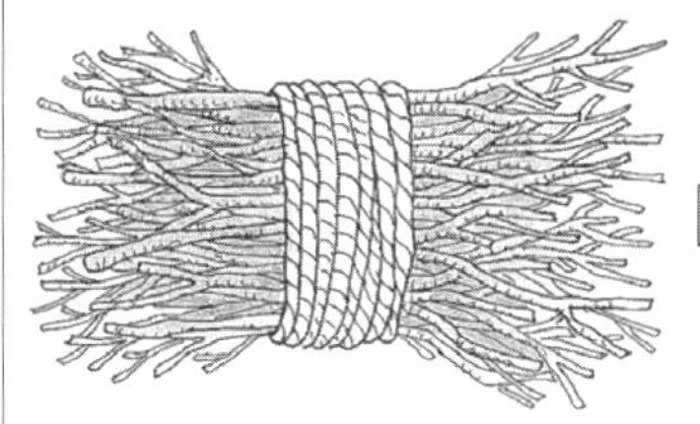

자형은 '木'과 '口'로 되어 있다. 갑골문 자형 '⋯·⋯·⋯·⋯' 등은 모두 끈이나 새끼로 나무를 묶어 놓은 모습으로, 여기서 나무는 장작이나 나뭇가지 등 땔나무를 나타낸다. 본래의 뜻은 「묶다」이다. 땔나무나, 포백(布帛)이나, 말린 고기 등을 일정한 수량씩 묶어 놓은 묶음의 단위, 즉 「단」을 가리키기도 한다. 「단속하다」, 「약속하다」 등의 뜻은 본래의 뜻에서 파생된 것이다.

응용 : 束縛 속박, 束帛 속백, 束髮 속발, 束薪 속신, 拘束 구속, 約束 약속, 結束 결속, 檢束 검속, 束手無策 속수무책, 束手傍觀 속수방관, 束脩之禮 속수지례, 束身修行 속신수행.

나무를 묶은 끈

束

나무

쓰는 순서 一 丆 戸 戸 申 束 束 7획

한 곤: 곤란하다(be stranded). 지치다(tired)

중 kùn(쿤) 일 コン(콘)

곤란할 곤

자형은 '木'이 '口' 안에 들어 있는 모양이다. 갑골문 자형 '囷·囷' 등은 나무(木·木)가 집의 출입구(口)를 가로막고 있어서 들어오고 나가기에 곤란하게 되어 있는 모습으로, 본래의 뜻은 「곤란하게 하다」, 「괴롭히다」이다. 「고생하다」, 「지치다」, 「가난하다」 등의 뜻은 파생된 것이다. 이밖에, 본래의 뜻은 「문지방」이며, '梱'(곤:문지방) 또는 '閫'(곤:문지방)의 본래자라는 설도 있다.

응용 : 困境 곤경, 困苦 곤고, 困窮 곤궁, 困難 곤란, 困辱 곤욕, 困乏 곤핍, 貧困 빈곤, 勞困 노곤, 春困 춘곤, 疲困 피곤, 困而學之 곤이학지, 艱難困苦 간난곤고, 扶危救困 부위구곤.

쓰는 순서 丨 冂 冃 円 闲 困 困 7획

396

刺

한 자: 가시(thorn). 찌르다(stab)
중 cì(츠)　　일 シ(시)

가시 자

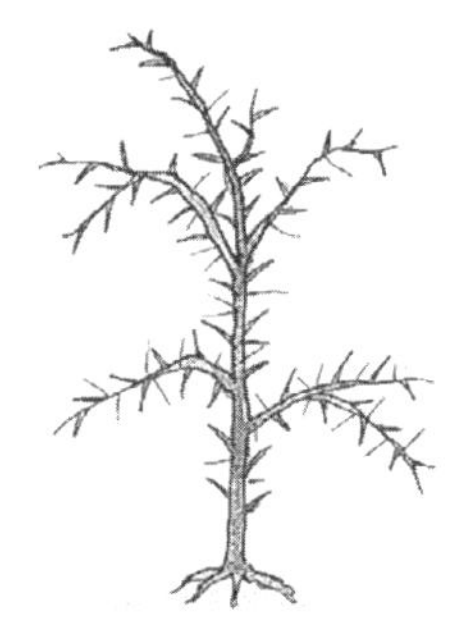

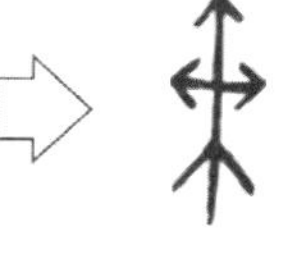

刺

자형은 '朿'(자)와 '刂'(刀:도)로 되어 있으나, 갑골문과 금문의 자형 '[古字]·[古字]·[古字]·[古字]' 등은 나무 가지(木) 끝에 가시(∧·<·>)가 나 있는 모습([古字])으로, 본래의 뜻은 「가시」, 「찌르다」이다. 소전 이후 본래의 자형 '朿'(자)에 '刂'(도:칼)를 덧붙여서 '刺'로 쓰고, 찌르는 것에는 '가시'와 '칼'(또는 '창') 등이 있음을 나타냈다. '刺'에는 「가시」, 「찌르는 무기」 등의 뜻 외에도 「찔러 죽이다」(刺殺:척살)는 뜻도 있는데, 이때는 '척'이라 읽는다.

응용 : 刺客 자객, 刺戟 자극, 刺擊 자격, 刺繡 자수, 芒刺 망자, 諷刺 풍자, 論刺 논자, 譏刺 기자, 刺殺 척살, 話中帶刺 화중대자, 心如芒刺 심여망자.

가시 / 나무 / 刺 / 칼

쓰는 순서 : 一 𠂆 𠫔 市 朿 朿 朿 刺　8획

397

棘

한 극: 가시나무(thorn bush, bramble). 창(lance)

중 jí(지) 일 キョク(쿄쿠)

가시나무 극
창 극

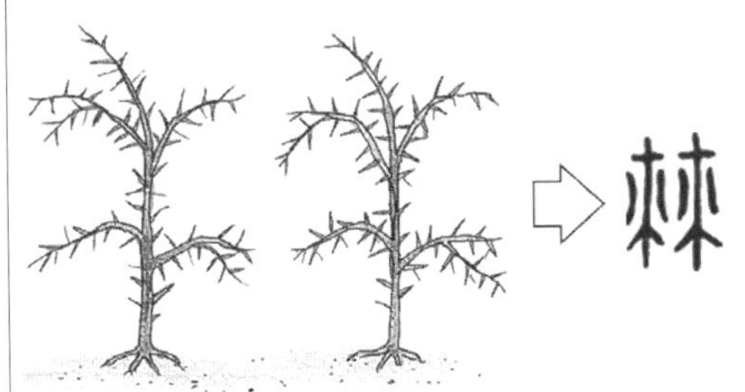

자형은 '朿'(자) 두 개가 좌우로 나란히 있는 모양이다. '木' 두 개로 수많은 나무들이 모여 있는 '숲'(林)을 나타내듯이, '朿' 두 개로 수많은 가시들이 모여 있는 「가시나무」(棘)를 나타냈다. 본래의 뜻은 「가시나무」이다. 나무가지 끝에 가시(↔)가 달려 있는 가시나무와, 나무로 된 자루 끝에 날카로운 창날이 달려 있는 창의 모습이 「찌른다」는 점에서는 서로 비슷하므로, 「창」(矛:모)이란 뜻도 생겼다.

가시나무 / 棘 / 가시 / 나무

응용 : 棘刺 극자, 棘針 극침, 棘矢 극시, 棘門 극문, 棘籬 극리, 楚棘 초극, 荊棘 형극, 草棘 초극, 險棘 험극, 叢棘 총극, 荊棘塞途 형극색도, 三日不讀書, 口中生棘 삼일부독서, 구중생극, 三日不彈, 手生荊棘 삼일불탄, 수생형극.

쓰는 순서 12획

398

棗

한 조: 대추나무(jujube tree). 대추(jujube)

중 zǎo(짜오)(枣)　일 ソウ(소-)

대추나무 조

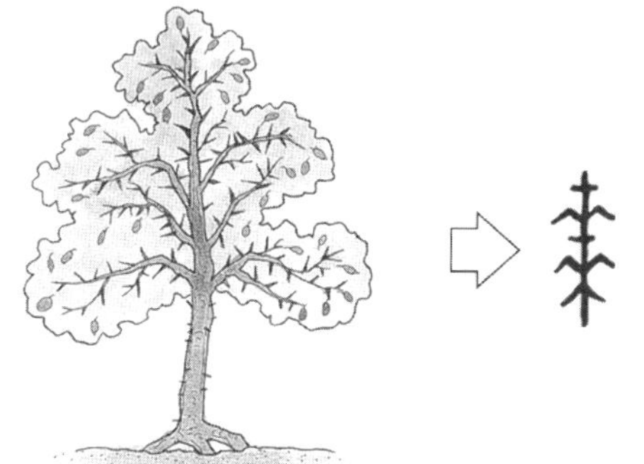

자형은 '朿'(자) 두 개가 상하로 놓여 있는 모습이다. '朿'(자) 두 개가 좌우로 나란히 놓여 있는 '棘'(극)과 비슷한 형태이지만, '棘'이 가시가 많은 일반 가시나무를 나타내는 데 반하여, '棗'(금문의 자형은 '棗')는 한 나무의 가지 위아래가 온통 가시(朿)로 뒤덮여 있음을 나타낸다. 본래의 뜻은 「대추나무」이고, 그 열매인 「대추」도 나타낸다. 대추나무는 가지 전체가 단단한 가시로 뒤덮여 있다.

응용 : 棗栗 조율, 酸棗 산조, 大棗 대조, 乾棗 건조, 梨棗 이조, 棗東栗西 조동율서.

나무 / 가시 — 棗

쓰는 순서　12획

399

柵

한 책: 울짱(bars). 난간(railing)

중 zhà(짜)　　　일 サク(사쿠)

울짱 책

자형은 '木'과 '冊'(책)으로 되어 있다. 그러나 자형의 변화과정을 소급해 보면 '柵→柵→艸·艸' 등과 같다. 갑골문 자형은 나무(木)나 풀(屮) 등을 베어서 엮어 울짱을 친 모습으로, 본래의 뜻은 「울짱」, 「목책」, 「난간」이다. 「작은 성채」란 뜻도 있다. 본래 '冊'(책)은 대나무 조각을 엮어서 만든다. 그래서 '冊'의 갑골문 자형은 '冊·冊·冊' 등과 같은데, 본래 '柵' 속에 들어 있는 '冊'과는 그 모습에 차이가 있으나, 「엮어서 만든 것」이란 점에서는 공통된다.

나무나 풀을 엮어서 만든 울짱

나무

응용 : 木柵 목책, 鐵柵 철책, 竹柵 죽책, 城柵 성책, 營柵 영책, 柵壘 책루, 柵欄 책란.

쓰는 순서 一 十 才 木 札 杒 柵 柵 　9획

樂

한 ① 악:음악(music). ② 락:즐겁다(pleasant)
중 ① yuè(위에). ② lè(러)(乐) 일 ガク · ラク

음악 악
즐거울 락
좋아할 요

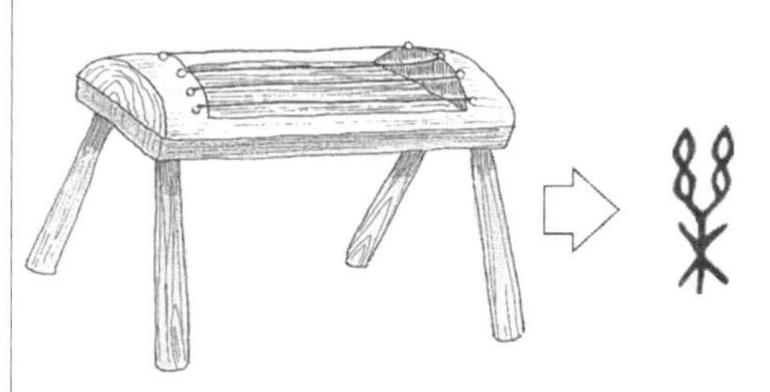

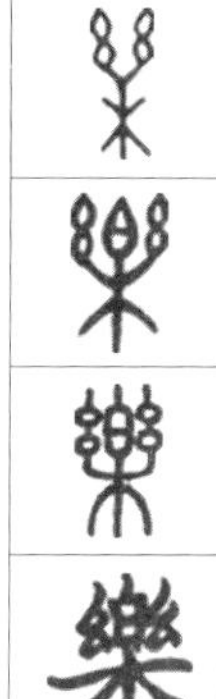

갑골문 자형 '𢆶木, 𢆶木' 등은 여러 줄의 '실'(𢆶)이 나무로 된 틀(木) 위에 매여 있는 모습으로, 본래의 뜻은 「현(弦)이 있는 악기」, 「음악」이다. 금문 이후 두 현(𢆶) 사이에 악기를 타는 기구(⊖ → 白)를 덧붙여서 '樂'처럼 되었다. 「악기」, 「음악」이란 본래의 뜻으로부터 「즐겁다」, 「즐기다」(이때는 '락'이라 읽는다), 「좋아하다」(이때는 '요'라 읽는다) 등의 뜻이 생겼다. 중국에서는 간체자로 '乐'로 쓴다.

악기 타는 기구
현(弦)
樂
나무

응용 : ① 音樂 음악, 聲樂 성악, 弦樂 현악, 風樂 풍악, 樂章 악장, 樂曲 악곡, 樂譜 악보, 樂器 악기. ② 快樂 쾌락, 同苦同樂 동고동락, 安樂 안락, 娛樂 오락. ③ 樂山樂水 요산요수, 喜怒哀樂 희노애락, 與民同樂 여민동락.

쓰는 순서 ′ 白 白 𢆶 𢆶 𢆶 𢆶 樂 15획

覆巢之下無完卵

(복소지하무완란 : 푸 차오 즈 시아 우 완 루안)

공융(孔融)은 중국 동한(東漢) 말년 조조(曹操)가 장군으로서 실질적으로 모든 권력을 한 손에 쥐고 나라를 다스리던 시기의 유명한 학자였습니다. 그는 자기가 옳다고 생각하는 점에 대해서는 설령 왕의 앞이라 해도 소신껏 말하는 강직한 사람이었습니다.

조조는 공융의 직언(直言)을 그다지 달가워하지 않다가, 결국은 이런 저런 구실을 만들어 그를 죽이기로 결심했습니다.

조조의 명령을 받은 병사들이 공융의 집으로 몰려 갔을 때, 마침 공융의 어린 두 아들은 정원에서 놀고 있었습니다. 공융은 자기 때문에 죄 없는 어린 자식들마저 화(禍)를 입는 것이 마음아팠습니다. 공융은 병사들에게 말했습니다.

"저 어린 것들이야 무슨 죄가 있겠소. 다 이 애비를 잘못 만난 탓일 뿐이오. 저 아이들만은 안전하게 살려둘 수 없겠소?"

이 말을 들은 아이들은 오히려 자기 아버지를 위로하면서 다음과 같이 말했습니다.

"아버님, 그런 말씀 마시옵소서. 새 둥지가 뒤집히면 그 속에 든 알은 온전할 수 없는 법이옵니다(覆巢之下無完卵). 이와 마찬가지로, 아버님께서 화를 입으시는데 저희들인들 어찌 온전할 수 있겠습니까?"

지혜롭고 강직한 아버지의 교육 덕택이었는지, 두 아들은 의연한 모습으로 병사를 맞이했습니다. 결국 공융과 두 아들은 모두 조조의 병사들 손에 목숨을 잃었습니다.

공융의 아들들은 아버지가 화를 입어 아이들까지 온전치 못하게 된 그 상황을, 새 둥지가 뒤집히면(覆巢之下) 그 속에 든 알들도 온전할 수 없다(無完卵)고 비유했습니다. 잔혹한 세상 이치를 너무 일찍 깨달은 아이들의 이 표현은 후세 사람들의 입을 통해 서글프게 전해졌습니다.

〈한자풀이〉

覆(복): 뒤집히다. 巢(소): 새 둥지. 之(지): ~의. 下(하): 아래.
無(무): 없다. 完(완): 완성하다, 온전하다. 卵(란): 알.

森

한 삼: 나무가 빽빽한 모양(full of trees)

중 sēn(썬)　　일 シン(신)

무성할 삼

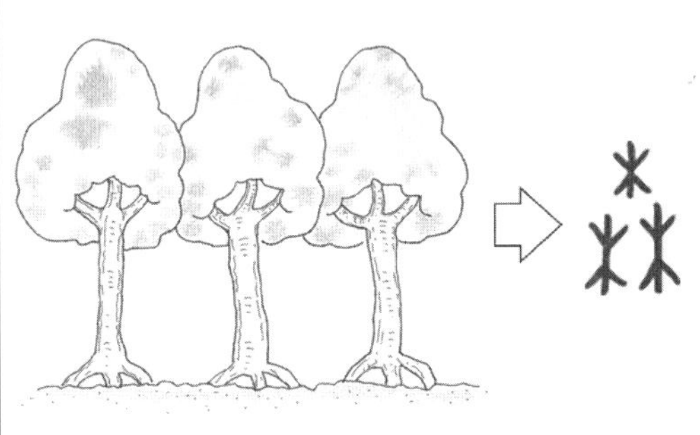

자형은 '木' 세 개로 되어 있다. 갑골문 자형도 '⺾⺾'·'⺾'등으로, 기본적으로 같은 구조이다. 한자에서 같은 자(字)를 세 개 포개어 놓은 것은 모두 매우 '많다'는 뜻을 나타낸다(예: '众'(衆:중), '晶' 정, '磊' 뢰, '卉' 훼, '蟲' 충, '焱' 염 등). '木' 두 개로 '숲'(林)이란 뜻을 나타내고, '木' 세 개로 「나무가 빽빽하게 들어선 모양」이나 어떤 물건이 「죽 늘어선 모양」을 나타냈다. 본래의 뜻은 「나무가 무성하다」이다.

응용 : 森林 삼림, 森立 삼립, 森嚴 삼엄, 森然 삼연, 森羅萬象 삼라만상, 只見樹木, 不見森林 지견수목, 불견삼림.

나무가 많은 모양

쓰는 순서　一 十 木 木 杢 杢 森 森　12획

한 상: 뽕나무(mulberry, white mulberry)

중 sāng(쌍) 일 ソウ(소-)

뽕나무 상

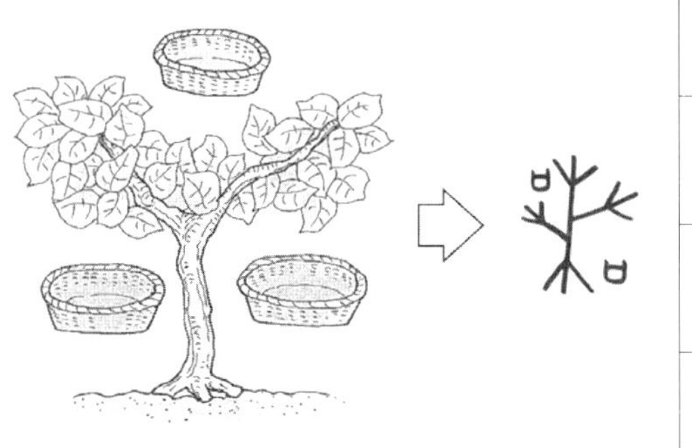

자형은 '木' 위에 세 개의 '又'(손: ㄡ)가 있는 모습이다. 그러나 갑골문 자형은 '[illegible]·[illegible]·[illegible]·[illegible]' 등으로, 무성한 가지 및 나뭇잎과 그 잎을 따서 담는 광주리가 여러 개 있는 모습으로, 본래의 뜻은 「뽕나무」이다. 후에 자형은 '[illegible]·[illegible]→[illegible]→[illegible]→[illegible]→桑'으로, 즉 뽕잎 및 가지들의 모양이 그것을 따는 '손'(ㄡ: 又)의 모양으로 바뀌었다. 옛날에는 같은 소리(音)의 '喪'(상)의 뜻으로도 가차되었다.

응용 : 桑田 상전, 桑林 상림, 桑葉 상엽, 桑婦 상부, 桑蠶 상잠, 桑海 상해, 蠶桑 잠상, 扶桑 부상, 農桑 농상, 桑田碧海 상전벽해, 少年安能長少年, 滄海尙變爲桑田 소년안능장소년, 창해상변위상전.

쓰는 순서 10획

喪

한	상: 잃다(lose)
중	sàng(쌍)(丧)
일	ソウ(소-)

잃을 상

자형의 변화과정을 소급해 보면 '喪 → → · · · → · ' 등과 같다. 갑골문 자형 ' ' 등은 뽕나무 가지 및 잎과 그 잎을 따서 담을 광주리의 모습으로, 본래의 뜻은 「뽕나무」(桑)이다. 후에 이것을 「잃다」, 「죽다」 등의 뜻으로 빌려 쓰게 되면서, 나무의 줄기는 ' · ' 등처럼, 뿌리는 ' ' (亡)처럼 변하기 시작, 결국 지금의 자형처럼 되었다. 본래의 뜻은 「상복을 입다」, 「죽다」 등이다.

응용 : 喪家 상가, 喪家之狗 상가지구, 喪期 상기, 喪服 상복, 喪事 상사, 喪失 상실, 喪心 상심, 喪輿 상여, 喪主 상주, 喪中 상중, 喪制 상제, 喪妻 상처, 國喪 국상, 問喪 문상, 脫喪 탈상, 哀喪 애상, 弔喪問疾 조상문질.

쓰는 순서 一 十 叶 㗊 𠷎 𠷎 𠷎 喪 12획

莫

한 막: 하지 말라(do not)
중 mò(모)　일 バク(바쿠) · マク(마쿠)

말 막

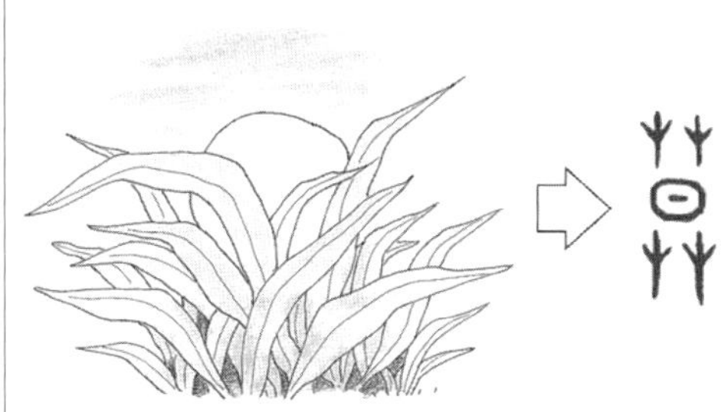

자형은 '艹'(艸)와 '日'과 '大'로 되어 있다. 그러나 갑골문 자형 '[갑골문 자형]' 등은 '해'(日)가 지평선 높이로 떨어져서 마치 '풀숲'([고문자]) 속에 있는 것처럼 보이는 모습으로, 본래의 뜻은 「해질 무렵」이고 '暮'(모:저물다)의 본래자이다. 이때 쯤에는 새는 둥지로 돌아가고, 사람은 하던 일도 중단하며, 더이상 일을 할 수 없다. 그래서 후에 와서 「하지 말라」, 「없다」 등의 뜻으로 가차되자, 본래의 뜻은 '日'을 덧붙여 '暮'로 쓰게 되었다.

응용 : ① 暮 모, 慕 모, 墓 묘, 幕 막, 膜 막. ② 莫論 막론, 莫大 막대, 莫上 막상, 莫逆 막역, 莫然 막연, 莫莫 막막, 莫重 막중, 莫測 막측, 後悔莫及 후회막급, 終身之計, 莫如樹人 종신지계, 막여수인, 罪莫大於不孝 죄막대어불효.

풀 / 莫 / 해 / 풀

쓰는 순서 丨 十 廾 艹 苩 苜 荁 莫 11획

405

暮

한 모: 해질 무렵(dusk, evening)

중 mù(무) 일 ボ(보)

저물 모

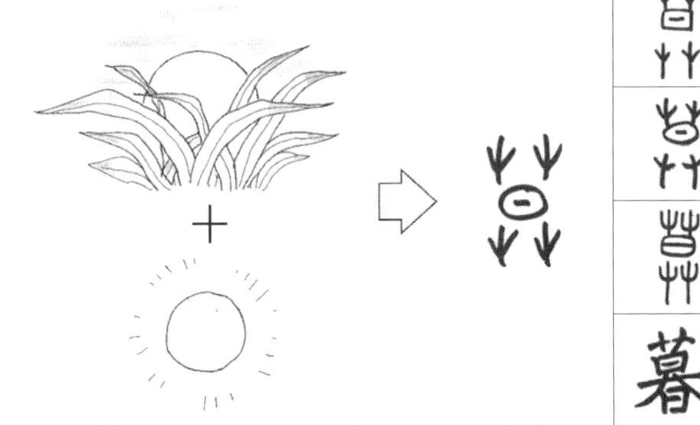

자형은 '艹'(艸)와 '日'과 '大'와 '日' 네 부분으로 되어 있다. 그러나 갑골문 자형은 '莫'(莫)으로, 해(日)가 떨어져서 풀숲(艸·茻) 사이로 보이는 모습이며, 본래의 뜻은 「해질 무렵」, 「저녁」, 「늦은 때」이다. 여기서 좀더 시간이 지나 해가 지평선 아래로 들어가 어두워진 시간이 '夕'(석:저녁)이다. 후에 '莫'이 「없다」, 「하지 말라」 등의 뜻으로 가차되자 다시 '日'을 덧붙여서 '暮'로 쓰고, 「해질 무렵」을 나타내게 되었다.

응용 : 日暮 일모, 旦暮 단모, 夕暮 석모, 歲暮 세모, 朝暮 조모, 晩暮 만모, 暮春 모춘, 暮秋 모추, 朝三暮四 조삼모사, 朝生暮死 조생모사, 朝耕暮耘 조경모운, 朝成暮毁 조성모훼, 日暮途遠 일모도원.

풀 暮 해 해

쓰는 순서 : 丶 丷 艹 苜 荁 莫 暮 暮 15획

406

華

한 화: 꽃(flower). 빛나다(splendid)

중 huà(후아)(华)　　일 カ(카)·ケ(케)

꽃 화
빛날 화

자형은 '艹'(艸)와 '𠌶'(화)로 되어 있다. 자형의 변화과정을 소급해 보면 '華→𦾓→𠌶→𠌶'와 같다. 금문의 자형 '𠌶'는 꽃잎과 꽃받침으로 된 꽃의 모양으로, 본래의 뜻은 '꽃'이고, '花'(화)의 본래자이다. 꽃은 아름답다. 그래서 「아름답게 빛나다」, 「번성」 등의 뜻을 갖게 되었다. 그런데 후에 와서는 '華'가 주로 이런 뜻으로 쓰였으므로, 새로 형성자 '花'(艸+化)를 만들어 본래의 뜻을 나타내게 되었다(*「중국」과 「중국인」, 「중국말」을 나타내는 말로도 쓴다).

응용 : 華麗 화려, 華奢 화사, 華燭 화촉, 英華 영화, 繁華 번화, 豪華 호화, 精華 정화, 富貴榮華 부귀영화, 中華 중화, 華族 화족, 枯樹生華 고수생화, 春華秋實 춘화추실, 質朴無華 질박무화, 去其糟粕, 取其精華 거기조박, 취기정화.

꽃
華
줄기　꽃받침

쓰는 순서 11획

한 어리다(young). 막내(last brother). 계절(season)

중 jì(찌) 일 キ(키)

어릴 계
막내 계
계절 계

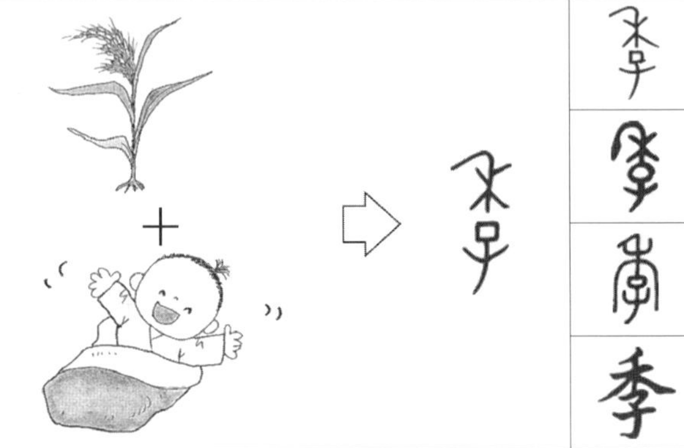

자형은 '禾'(화)와 '子'로 되어 있는데, 이는 갑골문(·)과 금문(· ·)의 자형들도 마찬가지이다. 본래의 뜻은 「어린(子) 곡식(禾)」, 「어린 벼」이다. 이로부터 「나이 어린 사람」과 여러 형제들 중에서 「막내」(*첫째부터 순서대로 "伯·仲·叔·季")란 뜻이 생겼다. 그리고 1년(年)은 네 철(節)로, 한 철(節)은 세 달(月)로 되어 있는데, 한 철의 '마지막 달'을 '季'라고 한다. 한 철의 마지막 달이 지나면 철(節)이 바뀌므로, 이로부터 '季節'(계절)이란 말이 생겼다.

응용 : 季子 계자, 季弟 계제, 季冬 계동, 季夏 계하, 季節 계절, 季刊 계간, 季父 계부, 四季 사계, 春季 춘계, 夏季 하계, 秋季 추계, 冬季 동계, 伯仲叔季 백중숙계, 伯歌季舞 백가계무.

벼·곡식
季
아이

쓰는 순서 8획

年

한 년: 해(year). 수확(harvest)

중 nián(니엔) 일 ネン(넨)

해 년

자형의 변화과정을 소급해 보면 '年 → [glyph] → [glyph] → [glyph] → [glyph]·[glyph]' 등과 같다. 자형은 익은 벼([glyph])를 수확한 후 그것을 머리나 어깨에 이고 가는 사람(亻)의 모습으로, 본래의 뜻은 「수확하다」, 「곡식이 익다」이다. 벼나 보리 등은 1년에 한 번씩 수확하므로("春生, 夏長, 秋收, 冬藏"), 벼를 수확하는 것으로써 '一年'이란 시간의 길이를 나타냈다. 「1년」이란 뜻을 나타내는 한자는 載(재:虞)→歲(세:夏)→祀(사:殷)→年(년:周)으로 변해 왔다(*歲 세 참조).

응용 : 豊年 풍년, 凶年 흉년, 老年 노년, 青年 청년, 少年 소년, 萬年 만년, 來年 내년, 年代 연대, 年金 연금, 年度 연도, 年長者 연장자, 年末 연말, 年歲 연세, 年富力强 연부력강, 十年樹木, 百年樹人 십년수목, 백년수인.

볏단

사람

쓰는 순서 丿 𠂉 𠂇 𠂉 𠂉 年 6획

409

群

한 군: 무리(group, crowd, herd)

중 qún(췬)　　일 グン(군)

무리 군

群

자형은 소리를 나타내는 '君'(군)과 뜻을 나타내는 '羊'(양)으로 되어 있다. 그러나 자형의 변화과정을 소급해 보면 '群(羣)→ 羣·羊·羊→ 羊'과 같다. 갑골문 자형은 세 마리의 양(羊)의 모습으로, 양이 많이 모여 「무리」를 이루고 있음을 나타낸다. 본래의 뜻은 「무리」, 「떼」이며, 「모이다」, 「많다」 등의 뜻도 있다. 새(隹)가 많이 모여 있는 것이 '集'(雧:집)이고, 네 발 짐승이 많이 모여 있는 것이 '群'(또는 '羣')이며, 사람이 많이 모여 있는 것이 '衆'(중: 众)이다.

응용 : 群衆 군중, 群居 군거, 群落 군락, 群像 군상, 群集 군집, 拔群 발군, 逸群 일군, 群鷄一鶴 군계일학, 超群絶倫 초군절륜, 群雄割居 군웅할거, 群雄逐鹿 군웅축록, 人以類聚, 物以群分 인이류취, 물이군분.

쓰는 순서 ㄱ ㅋ ㅋ 尹 君 君' 君羊 群 13획

410

養

한 양: 기르다(raise)

중 yǎng(양) 일 ヨウ(요-)

기를 양

자형은 '⺶'(羊)과 '食'(식)으로 되어 있다. 그러나 자형의 변화과정을 소급해 보면 '養 → [古字] → [古字] → [古字]·[古字]' 등과 같다. 고문의 자형은 손에 채찍을 들고([古字]) 양([古字])을 치는 모습으로, 소를 치는 모습의 자형([古字]: 牧)과 기본적으로 같은 구조이다. 본래의 뜻은 「양(羊)을 치다」이다. 후에 「낳아서 기르다」(養育), 「어른을 공양하다」(供養), 「먹여 기르다」(養生) 등의 뜻으로 쓰이면서, 소리를 나타내는 '羊'과 「먹이」, 「먹다」란 뜻의 '食'으로 된 형성자로 바뀌었다.

'양'이란 소리와 뜻을 표시

밥·먹이

응용 : 養鷄 양계, 養豚 양돈, 養蜂 양봉, 養魚 양어, 養生 양생, 養分 양분, 養母 양모, 養子 양자, 養育 양육, 養老 양로, 培養 배양, 扶養 부양, 奉養 봉양, 養虎留患 양호유환, 養兵千日, 用在一朝 양병천일, 용재일조.

쓰는 순서 15획

群鷄一鶴(군계일학 : 췬 지 이 허)

중국 진(晋) 나라에 혜소(嵇紹)라는 관리가 살았는데, 그는 몸집이 우람하고 키가 컸으며, 몸가짐에는 절도가 있었고, 기백이 넘쳐 흐르는 사람이었습니다.

어느 날 성 안에 난리가 일어나 폭도들이 궁전에까지 침입하려 했습니다. 이 소식을 들은 혜소는 궁전을 향해 질풍처럼 달려갔습니다. 궁전 문을 지키던 병사는 멀리서 누군가 궁전을 향해 달려오는 것을 보고 폭도인 줄 잘못 알고 활을 겨냥했습니다. 다행히 혜소를 알아 본 다른 관리가 병사를 말려 혜소는 무사했습니다.

그 난리도 무사히 다스리고, 훗날 혜소는 왕을 따라 오랑캐 토벌에 군대를 이끌고 나서게 되었습니다. 하지만 불행하게도 오랑캐의 병력이 강대하여 혜소가 이끄는 군대는 전투에서 크게 패배했습니다. 혜소는 끝까지 왕을 호위하다가 적의 화살을 맞고 목숨을 잃었는데, 왕은 옷에 피가 스며드는 것도 아랑곳하지 않고 혜소의 시신을 붙잡고 안타까워했다고 합니다.

그 다음 날 누군가가 오랑캐와 싸우던 혜소의 모습에 대하여 이런 얘기를 전했다고 합니다.

"여러 사람들과 뒤섞여 싸우는 혜소의 모습은 정말 용맹스럽고 위엄에 가득 차 있었습니다. 마치 한 마리의 학이 닭의 무리에 섞여 있는 것처럼 돋보였습니다."(卓卓如野鶴之在鷄群)

혜소를 칭찬한 이 말에서 나온 군계일학(群鷄一鶴)은 그후 어떤 무리 가운데서 특출하게 뛰어나 돋보이는 사람을 비유하는 성어가 되었습니다. 〔출처:≪世說新語 · 容止≫(세설신어 · 용지)〕

〈한자풀이〉

群(군): 무리.　鷄(계): 닭.　一(일): 하나.　鶴(학): 학.

祥

한 상: 상서롭다(auspicious)

중 xiáng(시앙)　　일 ショウ(쇼-)

상서로울 상
복(福) 상

자형은 '示'(시)와 '羊'(양)으로 되어 있다. 갑골문 자형 ' '은 '양'(: 羊)을 잡아서 그 고기를 '제단'(丅: 示) 위에 올려 놓고 신(神)에게 제사지내고 복(福)을 비는 모습으로, 본래의 뜻은 「신이 복을 내려주는 징조」, 즉 「조짐」이다. 「행복」, 「상서롭다」, 「좋다」 등의 뜻은 이로부터 생겼다. '祥' 처럼, 한자에서 '羊'이 '상'이란 소리를 나타내는 경우는 이밖에 '詳'(상:상세하다), '庠'(상:학교) 등이 있다.

응용 : 祥夢 상몽, 祥雲 상운, 祥瑞 상서, 吉祥 길상, 百祥 백상, 善祥 선상, 不祥 불상, 異祥 이상, 珍祥 진상, 不祥之事 불상지사, 瑞氣祥雲 서기상운, 作善降之百祥 작선강지백상, 國家將興, 必有禎祥 국가장흥, 필유정상.

쓰는 순서　11획

412

善

한 선: 착하다(good). 좋다(good)

중 shàn(싼) 일 ゼン(젠)

착할 선
잘할 선

자형의 변화과정을 소급해 보면 '善 → 譱·譱 → 譱·譱' 등과 같다. 금문의 자형은 '양고기'(羊)를 가운데 두고 두 사람이 서로 말(言)을 주고받는 모습으로, 본래의 뜻은 「양고기가 좋다고 말하다」, 「잘 요리한 음식」이다. 이것이 후에 와서는 주로 「좋다」, 「잘하다」, 「착하다」 등의 뜻으로 가차되었으므로, 다시 부수자 '月'(肉)을 덧붙여서 '膳'(선:요리, 요리를 올리다)자를 만들어 본래의 뜻을 나타냈다.

응용 : 善心 선심, 善行 선행, 善惡 선악, 善良 선량, 善意 선의, 善人 선인, 善政 선정, 善處 선처, 善導 선도, 最善 최선, 至善 지선, 性善 성선, 積善 적선, 多多益善 다다익선, 善有善報, 惡有惡報 선유선보, 악유악보.

양고기
善
두 사람의 말

쓰는 순서 12획

413

羨

한 선: 부러워하다(envy)

중 xiàn(시엔)(羡)　　일 セン(센)

부러워할 선

자형은 '羊'(양)과 '次'(연:침)으로 되어 있다. '次'의 갑골문 자형 '𣢁·𣢁'은 사람의 입에서 침이 흘러내리는 모습으로, '涎'(연:침)의 본래자이다. 따라서 '羨'은 양고기를 보고 입에서 침을 흘리고 있는 모습으로, 본래의 뜻은 「부러워하다」이다. 또한 「여분」, 「나머지」 등의 뜻이 있는데, 모든 것이 부족하던 고대인들에게 「여분」이 있다는 것은 참으로 '부러운 일'이었기 때문에 생긴 뜻이다.

응용 : 羨望 선망, 羨慕 선모, 羨餘 선여, 羨溢 선일, 仰羨 앙선, 歎羨 탄선, 飮羨 음선, 臨川羨魚 임천선어, 臨河羨魚 임하선어.

쓰는 순서　13획

414

盜

한 도: 훔치다(steal). 도둑(thief)

중 dào(따오)(盗)　　일 トウ(토-)

훔칠 도

자형은 '次'(연)과 '皿'(명:그릇)으로 되어 있다. '次'의 갑골문 자형 '㳄·㳄' 등은 입에서 침을 흘리고 있는 모습으로, 이는 부러워하거나 탐을 낼 때 일어나는 생리작용이다. '皿'은 물건을 담아 놓는 그릇이다. 따라서 '盜'는 다른 사람의 그릇(皿) 속에 담긴 물건이나 음식을 부러워하거나 탐이 나서 군침을 흘리다가 결국 훔치게 된다는 것으로, 본래의 뜻은 「훔치다」이다. 「도둑」은 물건만 훔치는 자를, 「도적」(盜賊)은 물건도 훔치고 사람도 해치는 자를 가리킨다.

응용 : 盜用 도용, 盜賊 도적, 盜視 도시, 盜殺 도살, 盜名 도명, 盜伐 도벌, 盜汗 도한, 盜拓 도척, 大盜 대도, 竊盜 절도, 狗盜 구도, 群盜 군도, 欺世盜名 기세도명, 穿踰之盜 천유지도, 大盜盜國 대도도국, 盜鈴掩耳 도령엄이.

쓰는 순서 氵 氵 氵 汐 次 洛 盜 盜　12획

415

尨

한 방: 삽살개

중 máng(망) 일 ボウ(보-)

삽살개 방

자형은 '尤'(犬:견)과 '彡'(삼)으로 되어 있는 회의자(會意字)이다. 자형의 변화과정을 소급해 보면 '尨→尨→尨·尨' 등과 같다. 갑골문 자형은 개(犬: 犬)의 배 쪽에 긴 털(彡)이 수북히 나 있는 모습인데, 소전 이후에는 이 털이 등(背) 쪽으로 옮겨졌다. 본래의 뜻은 「털복숭이 개」, 「삽살개」이다. 긴 털은 곧추 서 있지 않고 사방으로 흩어지므로 「흩어지다」는 뜻이 생겼다. 「크다」는 뜻과, 「얼룩얼룩하다」는 뜻도 있다.

응용 : 尨大 방대, 尨犬 방견, 尨狗 방구, 尨服 방복, 尨然 방연, 尨茸 방용, 尨眉 방미.

개 / 털

尨

쓰는 순서 一 ナ 九 尤 尨 尨 尨 7획

416

한 돌: 갑자기(suddenly). 쑥 내밀다(dash forward)

중 tū(투) 일 トッ(토츠)

갑자기 돌

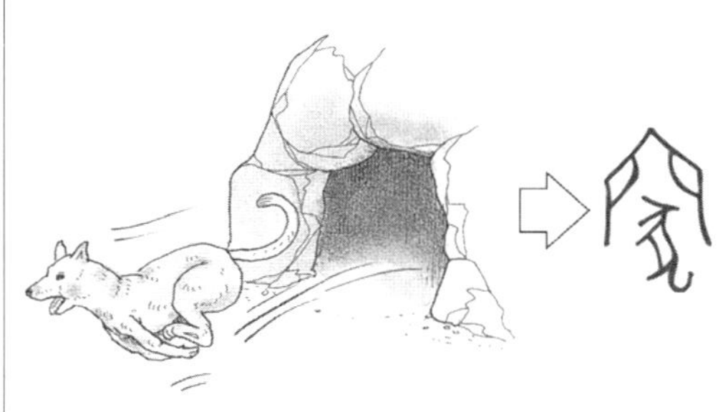

突

자형은 '穴'(혈:구멍) 아래에 '犬'(견:개)이 있는 모습이다. '穴'의 갑골문 자형 '⼧'은 돌로 입구를 둥글게 쌓아놓은 「굴」, 「구멍」, 「움집」 등의 모양이다. 따라서 '突'은 개(犬)가 개집 또는 굴속에서 쑥 튀어나오고 있는 모습으로, 본래의 뜻은 「쑥 내밀다」, 「갑자기 튀어나오다」이다. 「뚫다」, 「부딪치다」, 「갑자기」 등은 파생된 뜻이다. 「굴뚝」이란 뜻으로도 쓰이는데(煙突:연돌, 曲突:곡돌), 굴뚝은 지붕 위로 툭 튀어나와 있기 때문에 생긴 것이다.

응용 : 突出 돌출, 突破 돌파, 突起 돌기, 突擊 돌격, 突進 돌진, 突發 돌발, 突然變異 돌연변이, 突入 돌입, 突風 돌풍, 唐突 당돌, 衝突 충돌, 左衝右突 좌충우돌, 曲突徙薪無恩澤, 焦頭爛額爲上客 곡돌사신무은택, 초두난액위상객.

쓰는 순서 丶 丷 宀 宂 穵 空 突 突 9획

한 려: 사납다(perverse)

중 lì(리) 일 レイ(레이)

사나울 려
어그러질 려

자형은 '문'(戶) 아래에 '개'(犬)가 있는 모습이지만, 자형의 변화과정을 소급해 보면 '戾 → → →' 와 같다. 갑골문 자형 '' 는 서 있는 사람(:立)과 한 마리 개(:犬)의 모습으로, 본래의 뜻은 「사나운 개」, 「사납다」이다. 사나운 개가 덤비는 순간 겁을 먹고 실수를 범하기 쉽다. 그래서 「허물」, 「어그러지다」는 뜻이 생겼다. 후에 와서 사람의 모습은 없어지고 문(戶) 아래에서 집을 지키는 개(犬)의 모습으로 바뀌었다.

응용 : 猛戾 맹려, 暴戾 폭려, 凶戾 흉려, 悖戾 패려, 背戾 배려, 違戾 위려, 逆戾 역려, 貪戾 탐려, 和氣致祥, 乖氣致戾 화기치상, 괴기치려.

대문

戾

개

쓰는 순서 丶 ㇇ ㇇ 戶 戶 戶 戾 戾 8획

418

伏

한 복: 엎드리다(subside). 숨다(hide)

중 fú(푸)　　일 フク(후쿠)

엎드릴 복

伏

자형은 '亻'(人)과 '犬'(견)으로 되어 있다. 금문의 자형 '[금문 자형]'도 사람(亻) 뒤에 한 마리 개(犬:犬)를 그려놓은 모습이다. 인류의 역사를 보면, 사람에게 길들여져서 사람과 함께 살기 시작한 최초의 동물이 '개'이다. 그리고 개는 주인(또는 사람) 앞에서 배를 땅에 대고 엎드려 있는 것이 정상적인 자세이므로, 이로부터 「엎드리다」는 본래의 뜻이 나왔다. 숨어서 공격의 기회를 엿보거나 몸을 숨길 때의 자세도 이와 같으므로 「숨다」, 「숨기다」 등의 뜻이 생겼다.

응용 : 伏地 복지, 伏兵 복병, 伏線 복선, 伏願 복원, 伏罪 복죄, 伏龍 복룡, 起伏 기복, 埋伏 매복, 潛伏 잠복, 拜伏 배복, 晝伏夜行 주복야행, 雄飛雌伏 웅비자복, 福兮, 禍之所伏 복혜, 화지소복.

쓰는 순서 丿 亻 亻 仕 伏 伏　6획

419

犯

한 범: 범하다(violate). 범죄(criminal)
중 fàn(판)　　일 ハン(한)

범할 범

자형은 '犭'(犬)과 '㔾'(절)로 되어 있다. '犭'은 '犬'자가 부수자로 쓰일 때의 모양이고, '㔾'은 사람이 꿇어앉아 있는 모습으로, '節'(절)의 본래자이다(*印 인, 危 위, 令 령, 卽 즉, 邑 읍 참조). 사람에게 순종해야 할 개(犬)가 주인에게 덤벼들어 주인을 꿇어앉게(→卩→㔾) 만든 모습으로, 본래의 뜻은 「개가 사람에게 덤벼들다」이다. 「침범하다」, 「거스르다」, 「죄를 범하다」 등은 본래의 뜻에서 파생된 것들이다.

응용 : 犯人 범인, 犯法 범법, 犯罪 범죄, 犯則 범칙, 犯行 범행, 主犯 주범, 共犯 공범, 輕犯罪 경범죄, 防犯 방범, 現行犯 현행범, 犯上作亂 범상작란, 神聖不可侵犯 신성불가침범, 王子犯法, 與庶民同罪 왕자범법, 여서민동죄.

개 — 犯 — 꿇어 앉은 사람

쓰는 순서　5획

420

牡

한 모: 수컷(male)

중 mǔ(무)　　일 ボウ(보-) · ボ(보)

수컷 모

지금의 자형은 '牛'(우)와 '土'(토)로 되어 있으나, 갑골문 자형을 보면 'Ψ丄'와 같다. 'Ψ'(牛)는 곧 '소'이고, '丄'는 숫소의 생식기를 나타낸다. 본래의 뜻은 「숫소」이다. 갑골문에는 각 동물에 '丄'을 덧붙여서 수컷임을 나타내고 있는데(예: '丄羊'(숫양), '丄豕'(숫돼지), '鹿丄'(숫사슴) 등), 후에 와서는 'Ψ丄'(牡)로 통일되었다. 그리하여 '牡'는 모든 짐승의 「수컷」을 가리키게 되었다. 갑골문에서 '丨'은 지금의 '十'을 나타내므로, 후에 '丄'이 '土'(토)로 잘못 변했다.

응용 : 牡牛 모우, 牡瓦 모와, 牡丹 모란, 肥牡 비모, 牝牡 빈모, 雉鳴求其牡 치명구기모, 牝鷄無晨 빈계무신.

소(牛)

牡

수컷의 생식기

쓰는 순서 ノ ㅅ 牛 牛 牛 牡 牡　7획

鷄鳴狗盜(계명구도 : 지 밍 꺼우 따오)

이것도 역시 옛날 중국의 전국시대에 나온 성어입니다. 당시 진(秦) 나라의 왕은 제(齊) 나라 맹상군(孟嘗君)의 재능을 높이 사서 그를 재상으로 삼기 위해 진 나라 수도로 초청했습니다. 진 나라의 재상은 이를 알고 맹상군을 질투하여 그를 모함하는 헛소문을 퍼뜨렸습니다.

위험한 상황에 처해 있음을 눈치챈 맹상군은 진 나라를 떠나 제 나라로 돌아가고 싶었지만, 왕은 맹상군을 놓아 주지 않았습니다. 이때 평소에 맹상군을 따르던 식객 중의 한 명이 좋은 꾀를 생각해 냈습니다. 왕이 총애하는 연희(燕姬)라는 여인에게 선물을 주어서, 맹상군을 돌려 보내 주도록 왕을 설득해 달라는 부탁을 하자는 것이었습니다.

연희는 맹상군이 이미 왕에게 선물했던 흰 여우가죽 두루마기를 탐냈습니다. 맹상군과 식객은 왕의 창고에 보관되어 있는 이 여우가죽 두루마기를 훔쳐 와서 다시 연희에게 선물하기로 했습니다. 밤이 어두워지자 식객은 창고지기를 속이기 위해 개 짖는 소리를 흉내내며 땅을 파고 창고에 숨어들어가 두루마기를 훔쳐 왔습니다.

여우가죽 두루마기를 선물받은 연희는 기뻐하며 약속대로 왕을 설득하여 맹상군을 제 나라로 돌려보내도록 하였습니다.

왕의 마음이 바뀔까봐 두려워 맹상군은 곧바로 캄캄한 밤중에 식객들과 함께 길을 떠났습니다. 그들이 성문에 이르렀을 때는 아직 날이 밝지 않아 성문이 굳게 잠긴 상태였습니다. 마침 그때 식객들 중에 닭 우는 소리를 잘 흉내내는 자가 있었는데, 그가 닭 우는 소리를 흉내내자 성문지기는 이 소리를 듣고 날이 밝은 줄 알고 성문을 열었습니다. 맹상군과 식객들은 재빨리 성문을 통과해 제 나라를 향해 마차를 달렸습니다.

닭 울음(鷄鳴)을 흉내내어 성문을 열게 하고, 개 짖는 소리를 흉내내어 도둑질한(狗盜) 맹상군 일행의 행동에서 비롯된 이 성어는, 어떤 목적을 이루기 위해서는 떳떳하지 않은 천한 방법도 마다하지 않고 마구 쓰는 상황을 빗대는 말이 되었습니다. 또 선비의 품격에 어울리지 않는 하찮은 재주를 가리키는 말로도 쓰게 되었습니다. 〔출처:≪史記 · 孟嘗君列傳≫(사기 · 맹상군열전)〕

〈한자풀이〉

鷄(계): 닭.　　鳴(명): 울다, 짖다.　　狗(구): 개.

盜(도): 훔치다, 도둑질하다.

421

牝

한 빈: 암컷(female)
중 pìn(핀) 일 ヒン(힌)

암컷 빈

자형은 '牛'와 '匕'(비)로 되어 있다. 갑골문 자형은 '𤘘·𤘘'과 같다. '¥'(牛)는 '소'이고, '丿' 또는 '𠂆'은 동물의 '암컷'을 나타내는 부호이다. 본래의 뜻은 「암소」이다. 갑골문에는 이밖에도 각 동물에 '丿'이나 '𠂆' 등을 덧붙인 자형들이 있다(예: 𦍌(羊匕), (犬匕), (豕匕), (馬匕) 등). 후에 와서 이들은 모두 '牝'으로 통일되어 동물의 「암컷」을 나타내게 되었다. 암컷의 신체 구조상의 특징으로부터 「계곡」, 「골짜기」, 「자물쇠」 등의 뜻이 생겼다.

암컷을 표시하는 기호
牝
소

응용 : 牝鷄 빈계, 牝鷄之晨 빈계지신, 牝鷄無晨 빈계무신, 牝馬 빈마, 牝牛 빈우, 牝瓦 빈와, 玄牝 현빈:텅빈 골짜기, 虛牝 허빈, 牝牡 빈모.

쓰는 순서 丿 𠂉 牛 牛 牛' 牝 6획

422

牢

한 뢰: 우리(pen). 감옥(jail)
중 láo(라오) 일 ロウ(로-)

우리 뢰

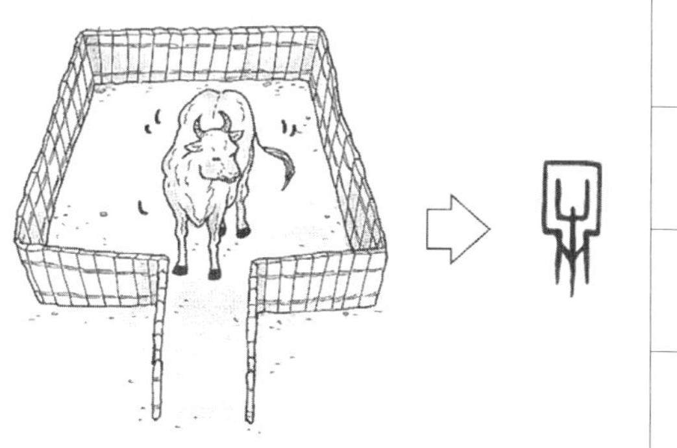

자형은 '宀'(면:집)과 '牛'(우)로 되어 있다. 갑골문 자형 '[갑골문]'에서 '[자형]'(→[자형]→[자형]→宀)은 짐승을 기르는 우리, 즉 「마굿간」으로, 삼면은 막혀 있고 한 면만 출입을 위해 터 놓은 모습인데, 그 속에 소([자형]) 한 마리가 있다. 어떤 자형은 소 대신 양([자형])이 들어 있다. 본래의 뜻은 짐승을 가두어 기르는 「우리」, 「마굿간」이다. 가두어 놓는 것이라는 데서 「감옥」이란 뜻이 생겼다. 「감옥」은 특히 죄수가 도망가지 못하도록 튼튼하게 지었기 때문에 「견고하다」는 뜻도 생겼다.

응용 : 牢獄 뇌옥, 牢死 뇌사, 牢舍 뇌사, 堅牢 견뢰, 圈牢 권뢰, 獄牢 옥뢰, 亡羊補牢 망양보뢰, 亡羊補牢不算晩, 船到江心補漏遲 망양보뢰불산만, 선도강심보루지.

쓰는 순서 丶 丷 宀 宀 宀 宀 牢 7획

423

兕

한 시: 외뿔소(rhinoceros)

중 sì(쓰) 일 ジ(지)

외뿔소 시

자형의 변화과정을 거슬러 올라가 보면 '兕→[古字]→[古字]→[古字]·[古字]' 등과 같다. 갑골문 자형은 큰 뿔이 하나만 있는 큰 짐승의 모습으로, 본래의 뜻은 「외뿔소」, 즉 「물소」의 일종이다. 그 모양은, 몸빛은 푸르고 가죽은 두껍고 질겨서 갑옷을 만들며, 하나뿐인 뿔로는 술잔을 만들기도 한다. 한자에서는 '犀'(서)라고 하기도 한다. 고대에는 황하 유역에서도 살았으나 지금은 남방에만 있다.

응용 : 兕甲 시갑, 兕牛 시우, 兕虎 시호, 兕觥 시굉, 虎兕出柙 호시출합.

머리와 뿔

兕

외뿔소의 몸

쓰는 순서 7획

424

한 탁: 쪼다(carve)

중 zhuó(주어)　　일 タく(타쿠)

쪼을 탁

자형은 '豕'(시:돼지)와 '丶'으로 되어 있다. 자형의 변화과정을 소급해 보면 '豖→豖→ · ' 등과 같다. 수돼지(: 豭)의 몸에서 생식기를 쪼아 내어 분리시킨 모습(·)으로, 본래의 뜻은 「수돼지의 불알을 까다」이고, '椓'(탁:치다, 다지다, 불알을 까다)의 본래자이다. 수돼지의 생식기를 쪼아내서 분리시키듯이 옥돌(玉)을 쪼아 다듬는 것을 '琢'(탁), 새가 부리로 모이를 쪼아먹는 것을 '啄'(탁), 물을 쳐서 물방울이 튀어오르게 하는 것을 '涿'(탁)이라 한다.

응용 : ① 椓 탁, 啄 탁:쪼다, 琢 탁:쪼다·닦다, 涿 탁:치다. ② 切磋琢磨 절차탁마, 玉不琢則不成器 옥불탁즉불성기, 鳥窮則啄 조궁즉탁.

쓰는 순서　8획

한 환: 곡식을 먹여 기르다(feed)

중 huàn(후완) 일

가축 환
기를 환

자형은 '关'과 '豕'(시)로 되어 있다. 그러나 갑골문 자형 '[갑골문]·[갑골문]' 등은 돼지([갑골문]) 또는 새끼를 밴 어미 돼지([갑골문])를 두 손([갑골문])으로 잡고 있는 모습으로, 본래의 뜻은 「집에서 기르는 돼지」, 즉 「가축」이다. 가축에는 풀(艸)을 먹여 기르는 것(이것을 '芻' 추 라고 함)과, 곡식을 먹여 기르는 것(이것을 '豢'이라 함) 두 가지가 있다. 후에 곡식을 먹여 기르는 것임을 나타내기 위하여 위에 '米'(미:쌀)를 덧붙였다. '关'는 '두 손'([갑골문]→廾)과 '米'의 생략형(米)으로 되어 있다.

응용 : 芻豢 추환, 豢養 환양, 豢圉 환어, 豢畜 환축.

쓰는 순서 13획

426

芻

한 추: 꼴(hay)

중 chú(추) 일 スウ(수–)

꼴 추

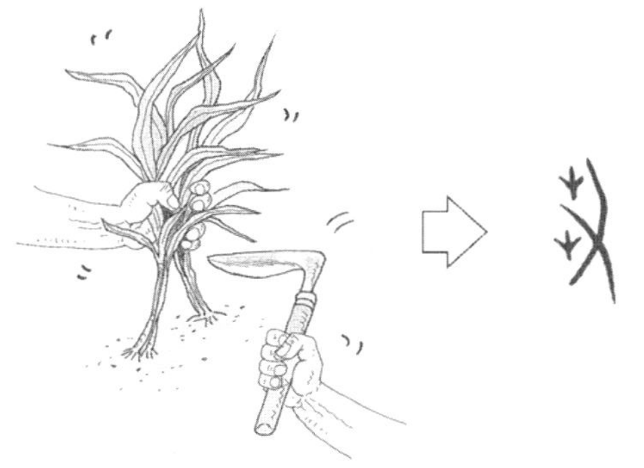

자형은 '勹' 속에 '屮'(艸:풀)가 들어있는 모양(㐅)을 상하로 두 개 겹쳐 놓은 모습이다. 그러나 자형의 변화를 소급해 보면 '芻 → [고문자] → [고문자] → [고문자]'와 같다. 갑골문 자형은 커다란 손(又) 안에 풀 두 포기([고문자])가 들어 있는 모습으로, 본래의 뜻은 「꼴」, 「꼴을 베다」이다. 가축에게 먹일 「꼴」을 벤다는 뜻에서 「꼴을 먹여 가축을 기르다」, 「풀 먹는 짐승」, 「꼴 베는 사람」 등의 뜻이 생겼다(*곡식을 먹여 기르는 짐승은 '豢' 환 이라고 한다).

응용 : 芻狗 추구, 芻豢 추환, 芻抹 추말, 芻茗 추요, 芻茗之議 추요지의, 芻茗之言 추요지언.

쓰는 순서 ノ 勹 ... 芻 10획

427

彘

한 체: 돼지(pig)

중 zhì(쯔) 일 テイ(테이)

돼지 체

자형은 '彑'(계:돼지머리)와 '𫝀'로 되어 있다. 자형의 변화과정을 소급해 보면 '彘 → [古字] → [古字] → [古字]·[古字]·[古字]' 등과 같다. 갑골문과 금문의 자형들은 돼지의 몸([古字] → [古字] → [古字] → [古字])에 화살([古字] → 矢)이 꽂혀 있는 모습으로, 본래의 뜻은 「활을 쏘아 잡는 야생 돼지」인데, 야생의 꿩을 나타내는 '雉'(치)에 '화살'(矢)이 들어 있는 것과 같은 원리이다. 후에 와서는 집에서 기르는 「돼지」까지 가리키게 되었다.

응용 : 野彘 야체, 人彘 인체, 狗彘之畜 구체지축, 鷄豚狗彘 계돈구체, 狗彘之行 구체지행, 曾子殺彘 증자살체, 殺彘敎子 살체교자, 行若狗彘 행약구체.

돼지머리

彘

앞발 화살 뒷발

쓰는 순서 12획

428

麗

한 려: 아름답다(beautiful). 짝(couple)
중 lì(리)(丽) 일 レイ(레이)

고울 려

자형은 '丽'(려)와 '鹿'(록)으로 되어 있다. 갑골문과 금문의 자형 '[illegible]'·'[illegible]' 등은 사슴([illegible])의 머리 위쪽에 다시 크고 아름다운 한 쌍의 뿔([illegible]·[illegible])을 덧붙인 모습으로, 본래의 뜻은 「아름답다」, 「빛나다」이다. 사슴의 뿔은 항상 좌우 두 개가 한 짝을 이루므로, 「짝」이란 뜻도 생겼다. 우리나라의 옛 이름인 高句麗(고구려), 高麗(고려) 등은 본래 순수한 우리말 '가우리', '꺼우리' 등을 한자음(音)을 빌려 표시한 것이므로 '고구리', '고리'로 읽는 것이 옳다.

사슴의 뿔 / 麗 / 사슴

응용 : 華麗 화려, 美麗 미려, 秀麗 수려, 壯麗 장려, 流麗 유려, 美辭麗句 미사여구, 麗文 여문, 麗美 여미, 麗句 여구, 風和日麗 풍화일려, 麗句淸詞 여구청사.

쓰는 순서 19획

429

麓

한 록: 산기슭(the foot of mountain). 숲(forest)

중 lù(루)　　일 ロク(로쿠)

산기슭 록

자형은 '林'(림)과 '鹿'으로 되어 있다. 그러나 갑골문 자형 '[갑골문]·[갑골문]' 등은 '숲'이란 뜻을 나타내는 '林'과 소리를 나타내는 '鹿'(록) 또는 '[갑골문]'(录:록)으로 되어 있다. 본래의 뜻은 「기슭」 또는 「산기슭에 있는 숲」이다. 사슴([갑골문])은 주로 이런 곳에서 살기 때문에 「사슴들이 서식하는 숲」이란 뜻으로 해석할 수도 있다. 录(록)은 주로 소리부호로 사용되고 있다(예:綠 록, 祿 록, 錄 록 등).

응용 : ① 綠 록:푸른색, 祿 록:복, 錄 록:기록하다, 碌 록:푸른색의 녹, 碌 록:거르다·거른 술. ② 山麓 산록, 林麓 임록, 大麓 대록, 城麓 성록, 麓林 녹림.

숲(林)

麓

'록'이란 소리표시

쓰는 순서　木 林 林 林 林 林 林 麓 麓　19획

豹

한 표: 표범(leopard)
중 bào(빠오)　　일 ヒョウ(효-)

표범 표

자형은 '豸'(치)와 '勺'(작)으로 되어 있다. 그러나 자형의 변화과정을 소급해 보면 '豹→[篆]→[金]·[甲]' 등과 같다. 갑골문의 자형들은 호랑이와 비슷한 몸(豸)에 둥근 무늬 또는 반점(⺈→勺)이 뚜렷이 나 있는 모습으로, 본래의 뜻은 「표범」이다. 표범은 고양이과 동물로서 호랑이와 비슷하나 호랑이보다 작고, 가죽에 둥근 반점이 뚜렷하다. '豹變'(표변)이란 말은 본래 변화하기 전과 변화한 후의 모습이 표범 가죽의 선명한 반점처럼 뚜렷이 대비되는 것을 나타낸 말이

응용 : 豹文 표문, 豹成文 표성문, 豹皮 표피, 豹斑 표반, 豹變 표변, 君子豹變 군자표변, 一斑評全豹 일반평전표, 虎豹不外其爪 호표불외기조, 豹死留皮, 人死留名 표사유피, 인사유명.

쓰는 순서 豹 10획

牝牡驪黄(빈모려황 : 핀 무 리 후왕)

춘추(春秋) 시대에 진(秦)의 목공(穆公)은 훌륭한 말을 좋아하여 세상에서 둘도 없는 준마(駿馬)를 갖는 게 소원이었습니다. 어느 날 그는 백락(伯樂)을 불러 말했습니다.

"자네 제자 중에 준마를 고르는 재주를 가진 자를 추천해 보게."

"소인의 제자들은 좀 좋은 말을 골라내는 실력을 갖추었을 뿐이지만, 저희 집에는 신분은 미천하지만 명마를 선택하는 안목 하나는 빼어난 하인 하나가 있는데, 그 자를 보내는 게 좋을 줄 아옵니다……."

"오, 그런가? 그 자의 이름이 무엇인고?"

"구방고(九方皐)라 하옵니다."

"당장 그 자를 시켜 명마를 구해오도록 하게나."

그리하여 구방고는 명마를 찾아 길을 떠나게 되었습니다.

세 달 후, 구방고는 노르스름한 털의 암말(黃牝)을 구해 왔다고 아뢰었습니다. 진목공은 기뻐서 그 소식을 듣자마자 말이 있는 곳으로 달려갔습니다. 하지만 그의 눈 앞에 놓인 말은 검은 털의 수말이었습니다.

진목공은 의아해서 물었습니다. "이 검은 말은 수말인가, 암말인가?"

"암말이옵니다."

"무엇이라고? 암말이라고? 이것은 분명히 수말이 아닌가?"

진목공은 화가 나서 그 자리를 뜬 후 곧바로 백락을 불렀습니다.

"자네가 추천한 구방고란 자는 말의 빛깔과 암수도 구별하지 못하는데 무슨 천하의 명마를 구한단 말인가? 나를 상대로 장난하는 건가?"

백락은 차분한 목소리로 이렇게 말했습니다.

"그는 말을 고를 때 말의 본성만 보기 때문에 그 말의 털이 무슨 빛깔인지, 수놈인지 암놈인지 따위의 외형은 개의치 않습니다. 한번 말을 시험해 보신 다음 다시 그를 평가하시는 게 어떻겠습니까?"

백락의 말을 들은 진목공이 그 말에 올라탄 후 가볍게 채찍을 날리자 그 말은 질풍처럼 쏜살같이 달려 나가는 것이 과연 백락의 말대로였습니다. 진목공은 구방고는 물론 백락에게도 큰 상을 내려 주었답니다.

여기서 '빈'(牝)은 짐승의 암컷을, '모'(牡)는 수컷을 뜻하며, '려'(驪)는 검은 색, 황(黃)은 누런 색을 뜻합니다. 빈모려황(牝牡驪黃)이란 성어는 본래는 겉으로 드러난 현상을 꿰뚫고 사물의 본질을 파악할 수 있어야 한다는 교훈이었으나, 지금은 '사물의 겉으로 드러난 현상'이란 뜻으로 쓰이고 있습니다.

〈한자풀이〉

牝(빈): 짐승의 암컷. **牡**(모): 짐승의 수컷. **驪**(려): 검은 색.
黃(황): 노란 색.

431

雉

한 치: 꿩(pheasant)

중 zhì(즈)　　일 チ(치)

꿩 치

雉

자형은 '矢'(시)와 '隹'(추)로 되어 있다. 갑골문 자형은 ' · · ' 등으로, '화살'(:矢) 또는 화살에 실을 매단 '주살'(:夷)로 '새'(:隹)를 쏘아 잡는 모습이다. 본래의 뜻은 「꿩」이다. 「꿩」은 풀숲 사이를 매우 빨리 달릴 수 있으므로 그물 등으로 잡기는 어렵고 화살 또는 주살을 쏘아야만 잡을 수 있다. 그래서 '새'(隹)에 '화살'(矢)을 덧붙인 모습으로 그 뜻을 나타냈다. 일명 '야계'(野鷄)라고도 부른다.

응용 : 雉鳩 치구, 雉兎者 치토자, 野雉 야치, 白雉 백치, 飛雉 비치, 雄雉 웅치, 山雉 산치, 家鷄野雉 가계야치, 兎羅雉離 토라치리.

화살 — 雉 — 새

쓰는 순서 ノ ㅡ 矢 矢 矢 矢 雉 雉　13획

432

雞

한 계: 닭(chicken, cock, hen)

중 jī(지)(鸡)　　　일 ケイ(케이)

닭 계

자형은 소리부호 '奚'(해)와 '隹'(추)로 되어 있다('奚'와 '鳥'로 되어 있는 '鷄'와 같은 자이다). 자형의 변화과정을 소급해 보면 '雞 → → → · ' 등과 같다. 갑골문과 금문의 자형들은 한 마리 수탉의 모습으로, 본래의 뜻은 「닭」이다(*갑골문에도 소리부호 '奚'( )가 붙어 있는 자형이 있다). 닭은 '시간'을 알려주는 가축으로, 개(犬)와 함께 일찍부터 인간에 의해 길들여져 왔다.

응용 : 鷄卵 계란, 鷄冠 계관, 鷄肋 계륵, 養鷄 양계, 牝鷄 빈계, 野鷄 야계, 鬪鷄 투계, 蔘鷄湯 삼계탕, 群鷄一鶴 군계일학, 鷄鳴狗吠 계명구폐, 牛刀割鷄 우도할계, 失旦之鷄 실단지계, 寧爲鷄口, 勿爲牛後 영위계구, 물위우후.

쓰는 순서　18획

433

雇

한 ① 호: 새이름. ② 고: 품을 사다(employ, hire)

중 gù(꾸)　　일 コ(코)

품살 고
새이름 호

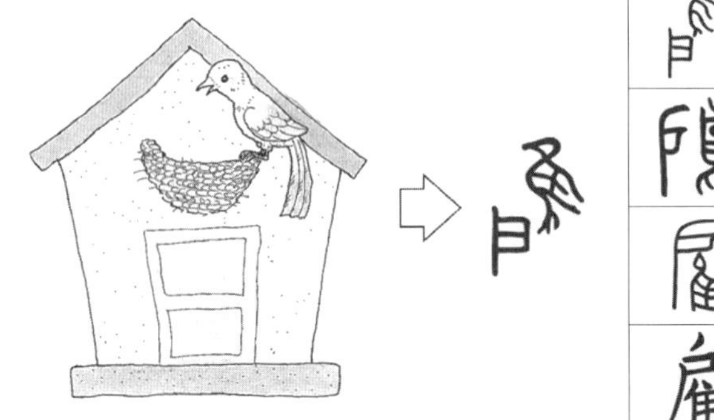

자형은 '戶'(호) 아래에 '隹'(추)가 있는 모습이다. 그러나 갑골문 자형 '[갑골문]'는 지게문([갑골문]:戶) 위에 새 한 마리([갑골문]:隹)가 있는 모습으로, 본래의 뜻은 '호'라는 이름의 「철새」이다. 이 「철새」는 봄이 오면 찾아와서 문 위(처마 밑)에 집을 짓고 살다가 가을이 되면 떠나간다. 후에 와서는, 이 철새처럼 품삯을 받고 일정한 기간 일하다가 떠나가는 사람, 또는 품삯을 주고 일정한 기간 사람을 쓰는 것을 가리키게 되었다(이때는 '고'라고 읽는다).

응용 : 雇工 고공, 雇用 고용, 雇傭 고용, 雇役 고역, 雇主 고주, 雇員 고원, 雇直 고치:품삯, 日雇 일고, 解雇 해고.

지게문(戶)
雇
새

쓰는 순서 　12획

434

顧

한 고: 돌아보다(turn round and look at)

중 gù(꾸) 일 コ(코)

돌아볼 고

자형은 '雇'(고)와 '頁'(혈:머리)로 되어 있다. 금문의 자형은 '𩔳' 등으로, '雇'(또는 '隹')와 '頁'로 되어 있다. 여기서 '頁'은 '머리'란 뜻을, '雇'는 '고'라는 소리와 동시에 「철새」의 본성과 관련된 뜻을 나타낸다. 본래의 뜻은 「뒤돌아 보다」이다. 「돌이켜 보다」, 「반성하다」, 「되돌아가다」, 등은 파생된 뜻으로 철이 바뀌어 살던 곳을 떠나가는 철새의 마음 및 행동과 관련이 있다. 「도리어」, 「다만」, 「생각건대」 등의 뜻은 가차된 것이다.

'호'라는 철새 또는 '고'라는 소리 표시

머리

응용 : 顧客 고객, 顧慮 고려, 顧命 고명, 三顧草廬 삼고초려, 一顧之價 일고지가, 不値一顧 불치일고, 左顧 좌고, 後顧 후고, 不顧前後 불고전후, 言不顧行, 行不顧言 언불고행, 행불고언.

쓰는 순서 ⺈ 户 戽 扉 雇 顧 顧 顧 21획

435

奮

한 분: 떨치다(rouse oneself)
중 fèn(펀)(奋)　　일 フン(훈)

떨칠 분

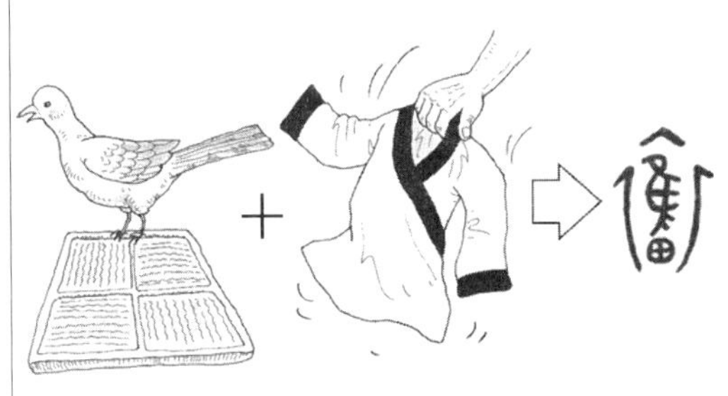

자형은 '大'와 '隹'(추)와 '田'(전)으로 되어 있다. 자형의 변화과정을 소급해 보면 '奮 → 奮 → 奮'과 같은데, 금문의 '옷'(:衣) 부분을 줄여서 윗쪽만 나타낸 것이 '大'이다. '새'(:隹)들이 '밭'(田)에 모여 앉아 있다가 갑자기 떨쳐 솟아 오르는 순간의 모습이 마치 옷깃(:衣)을 잡고 옷을 털 때의 모습과 같다는 뜻을 나타낸 것으로, 본래의 뜻은 「세게 흔들다」, 「분발하다」이다. 있는 힘을 다하여 무엇인가를 할 때의 모습이다.

응용 : 奮發 분발, 奮飛 분비, 奮起 분기, 奮戰 분전, 奮然 분연, 奮鬪 분투, 興奮 흥분, 飛奮 비분, 感奮 감분, 奮發圖强 분발도강, 奮袂而起 분메이기, 艱苦奮鬪 간고분투, 一人奮死, 可以對十 일인분사, 가이대십.

옷(衣) 奮 새 밭

쓰는 순서 一 大 衣 衣 衣 奞 奞 奮 奮 16획

436

奪

한 탈: 빼앗다(take by force, deprive)

중 duò(두어)(夺)　　일 ダツ(다츠)

빼앗을 탈

奪

자형은 '大'와 '隹'(추)와 '寸'(촌)으로 되어 있다. 자형의 변화과정을 소급해 보면 '奪→奪→奪'과 같다. 금문의 자형에서 '衣'(衣:옷)가 '大'로, '又'(又:손)이 '寸'으로, '雀'(雀:참새)이 '隹'로 변해 왔다. '손'(又:寸)으로 새(隹:隹)를 잡고 있으나, 새가 힘껏 날개짓을 하면서, 옷(衣)을 털듯이 떨쳐 달아나려는 모습이다. 본래의 뜻은 「놓치다」, 「잃어버리다」이다. 후에 와서는 주로 「빼앗다」는 뜻으로 쓰이게 되었다. 간체자는 '夺'로 쓴다.

응용 : 奪取 탈취, 奪去 탈거, 奪還 탈환, 强奪 강탈, 劫奪 겁탈, 剝奪 박탈, 掠奪 약탈, 爭奪 쟁탈, 與奪 여탈, 侵奪 침탈, 換骨奪胎 환골탈태, 鳩奪鵲巢 구탈작소, 生殺予奪 생살여탈, 光彩奪目 광채탈목, 不奪農時 불탈농시.

쓰는 순서　一 大 衣 衣 奞 奞 奪 奪　14획

437

舊

한 구: 옛날 · 옛것(past). 오래된(old)
중 jiù(지우)(旧) 反 新(신) 일 キュウ(큐-)

옛 구

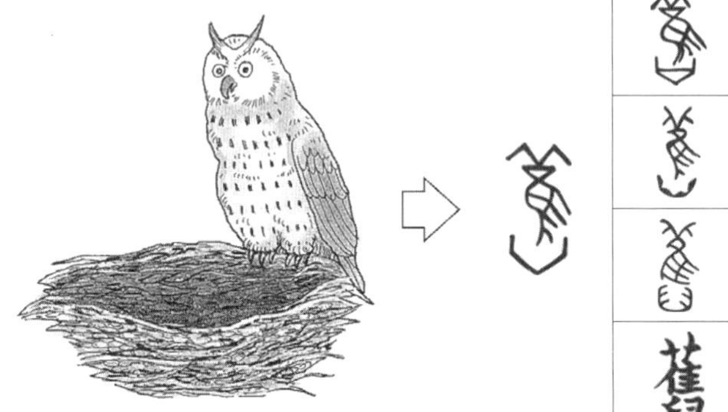

자형은 '萑'(추)와 '臼'(구)로 되어 있다. '萑'(추:물 억새)는 '艹'(초:풀)와 '隹'로 되어 있지만, 본래는 눈 가로 긴 털(毛角)이 솟아 있는 새(隹), 즉 '부엉이' 종류의 모습이었다. 갑골문과 금문의 자형 '[image] · [image]', '[image]' 등은 한 마리 부엉이([image]:萑)가 둥지([image]:臼) 위에 앉아 있는 모습으로, 본래의 뜻은 「수리부엉이」였다. 후에 와서는 음(音)이 같은 「옛날」, 「옛것」, 「오래 된」, 「낡은」 등의 뜻으로만 가차(假借)되었다. 간체자는 '旧'로 쓴다.

응용 : 舊式 구식, 舊面 구면, 舊友 구우, 舊聞 구문, 舊約 구약, 舊習 구습, 舊情 구정, 舊態 구태, 新舊 신구, 親舊 친구, 送舊迎新 송구영신, 新酒舊甁 신주구병, 除舊布新 제구포신, 衣不如新, 人不如舊 의불여신, 인불여구.

쓰는 순서 艹 萑 萑 萑 萑 舊 舊 舊 舊 18획

438

獲

한 획: 얻다(obtain). 잡다(capture)

중 huò(후워)(获) 일 カク(카쿠)

얻을 획

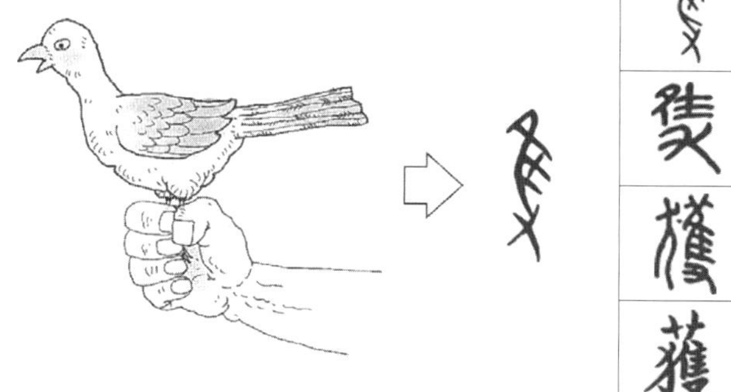

자형은 '犭'(犬:견)과 '萑'(추)와 '又'(우:손)로 되어 있다. 그러나 자형의 변화과정을 소급해 보면 '獲→獲→隻·隻→隻·隻' 등으로, 갑골문 자형은 손(又)으로 새 한 마리(隹)를 잡고 있는 모습이다. 본래의 뜻은 사냥에서 「새를 잡다」이다. 후에 와서 '사냥개'(犬:犭)의 모습을 덧붙이고, 새를 '수리부엉이'(萑)의 모습으로 바꾸어, 일체의 사물을 「얻다」는 뜻을 나타내게 되었다. 이에 대하여, 벼(禾) 등의 곡식을 거두는 것은 '穫'(확)이라 한다.

사냥개(犬)
수리 부엉이
獲
손

응용 : 獲得 획득, 獲利 획리, 獲罪 획죄, 漁獲 어획, 捕獲 포획, 勞而不獲 노이불획, 我耕人獲 아경인획, 一無所獲 일무소획, 鷸蚌相爭, 漁人獲利 휼방상쟁, 어인획리. *收穫 수확.

쓰는 순서 犭 犭 犭 犭 猎 猚 獲 獲 17획

439

翟

한 적: 꿩(pheasant)
중 dì(띠)　　일 テキ(테키)

꿩 적

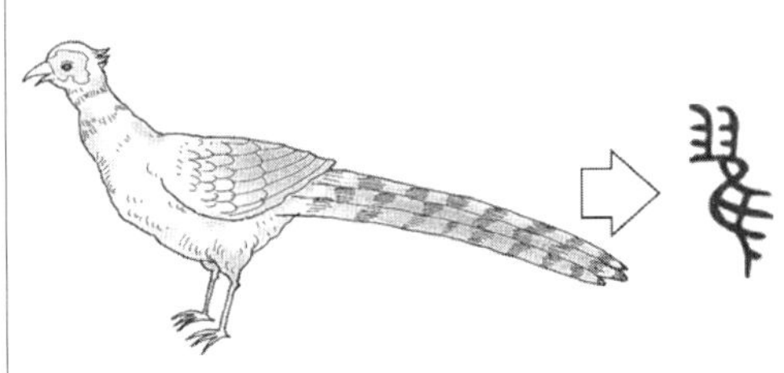

자형은 '羽'(우)와 '隹'(추)로 되어 있다. 갑골문과 금문의 자형 '[古字]', '[古字]' 등은 '[古字]'(羽)와 '[古字]'(隹)로써 긴 '깃'(羽)이 달린 '새'(隹)의 모습을 나타내고 있는데, 본래의 뜻은 「꿩」이다. 꿩의 꼬리털은 길고 매우 아름다워서 옛날부터 장식품으로 썼다. 한편 야생 꿩을 '雉'(치)라고도 하는데, 집에서 기르는 새, 즉 가금(家禽) 들과는 달리 잡을 때 '화살'(矢)을 써야 하는 '새'(隹)이기 때문에 '矢'(시)와 '隹'로 나타냈다(* 彘 체, 雉 치 참조).

응용 : 翟羽 적우, 翟車 적거.

꿩의 긴 깃

새

쓰는 순서　14획

한 봉: 봉황(phoenix)

중 fèng(펑)(风) 일 ホウ(호-)

봉황새 봉

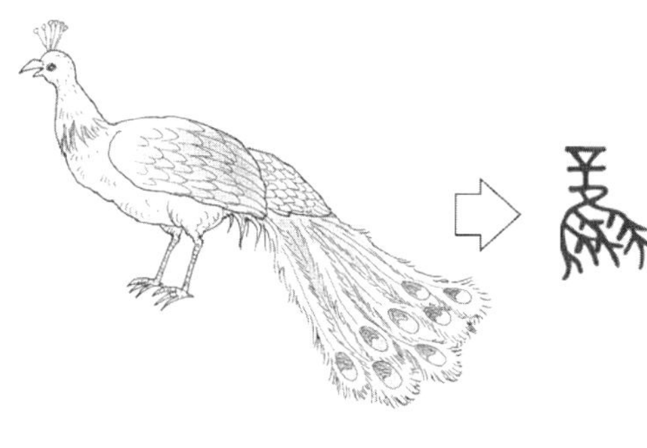

자형은 '凡'(凡:범)과 '鳥'(조)로 되어 있다. 갑골문 자형 '[갑골문]'은, 길고 풍성한 깃과 머리에 크고 아름다운 '볏'([갑골문]:肉冠)을 가지고 있는 새의 모습([갑골문])에다, 소리부호 '[갑골문]'(凡)을 덧붙인 것이다. 본래의 뜻은 고대인들이 신령스럽게 여겼던 상상의 새인「봉황」이다. 지금의 공작과 같거나 비슷한 모양이었을 것이다(*수탉의 모양이란 설명도 있다). 후에 와서는 뜻(鳥:새)과 소리(凡:범)로 이루어진 형성자로 바뀌었다. 간체자는 '风'으로 쓴다.

응용 : 鳳凰 봉황, 飛鳳 비봉, 祥鳳 상봉, 瑞鳳 서봉, 神鳳 신봉, 鳳舞龍飛 봉무용비, 鴉巢生鳳 아소생봉, 龍生龍, 鳳生鳳 용생룡, 봉생봉.

소리부호(凡)

새(鳥)

쓰는 순서 丿 几 凡 凨 凬 凮 鳯 鳳 14획

鳳毛麟角(봉모린각 : 펑 마오 린 지아오)

남송(南宋) 때에 사초종(謝超宗)이라는 사람이 있었는데, 사령운(謝靈運)이라는 유명한 시인의 손자였습니다. 사초종은 원래 총명한 데다 열심히 글공부에 힘쓴 결과 뛰어난 글재주를 갖추게 되었습니다.

사초종은 신안왕(新安王)이라는 왕족의 상시(常侍) 벼슬자리에 있었습니다. 왕실과 궁궐의 문서 중 많은 부분을 사초종이 맡아서 썼는데 그 문장이 참으로 아름다웠습니다. 신안왕의 어머니가 세상을 떠났을 때도 사초종은 추모의 글을 지어 왕을 위로하였는데, 읽는 사람들의 마음을 충분히 위로해 줄 만한 명문장이었습니다.

이 글을 읽고 황제 효무제(孝武帝)는 크게 칭찬하며 말했습니다.

"사초종은 정말로 봉황새의 깃털을 갖추었소."

효무제는 전설 속의 신령스런 새인 봉황새의 깃털(鳳毛)에다 빼어난 사초종의 재주를 비유했던 것입니다.

효무제가 사초종을 극찬하던 그 자리에는 유도융(劉道隆)이라는 장군도 있었습니다. 그는 효무제의 말을 듣고 사초종이 진짜 봉황의 깃털을 가지고 있다는 뜻으로 잘못 알아들었습니다. 그는 즉시 사초종의 집으로 달려가서 다짜고짜 이렇게 말했습니다. "황제께서 자네 집에 희귀한 물건이 있다고 하시던데, 어디 내게도 좀 보여줄 수 없겠나."

사초종은 영문을 몰라서 어리둥절해 하며 되물었습니다. "이처럼 초라한 집안에 무슨 진귀한 물건이 있겠습니까?"

원래 유도융은 군졸 출신으로 글공부를 한 적이 없었으므로 '봉모'(鳳毛)에 함축된 뜻을 이해하지 못한 것입니다. 또 공교롭게도 사초종의 아버지 이름이 사봉(謝鳳)이었으므로, 사씨 가문에는 봉황과 관련된 물건이 가보로 전해 오고 있으리라고 오해했던 것입니다.

유도융의 엉뚱한 질문에 어리둥절해 하는 사초종과 작별하고 나오는 길에, 유도융은 고개를 갸우뚱하며 말했습니다. "거 참 이상하군. 폐하께서는 분명히 사초종의 집에 봉황의 깃털이 있다고 하셨는데……"

유도융의 어리석은 행동은 그후 사람들의 웃음거리가 되었습니다.

중국 신화에 등장하는 신령한 동물들 중에는 봉황새와 기린이 있습니다. 사람들은 이 둘을 합한 '봉모인각'(鳳毛麟角), 즉 봉황의 깃털(鳳毛)과 기린의 뿔(麟角)로써 세상에 보기 드문 진귀한 물건이나 사람의 뛰어난 재능을 비유했던 것입니다.

〈한자풀이〉

鳳(봉): 봉황.　毛(모): 터럭.　麟(린): 기린.　角(각): 뿔.

441

한 풍: 바람(wind)

중 fēng(펑)(风)　　일 フウ(후-)·フ(후)

바람 풍

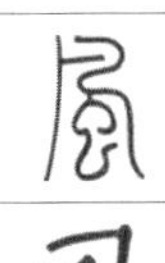

風

자형은 '凡(凡:범)과 '虫'(충)으로 되어 있다. 그러나 자형의 변화과정을 소급해 보면 '風→凬→䫺→鳳'과 같다. 고문의 자형은 봉황새를 나타내는 '鳳'(봉)과 동일한 자이다. 옛날 사람들은, 「바람」은 사방의 신(神)들 사이에서 심부름을 하는 사자(使者)인데, 봉황새가 크게 날개짓을 하여 「바람」을 일으키는 것이라고 생각했다. 그래서 봉황새로 「바람」이란 뜻까지 나타내다가 후에 와서 새(鳥)를 벌레(虫)로 대체했다. 본래의 뜻은 「바람」이다.

소리부호(凡)

새·벌레(虫)

응용 : 風浪 풍랑, 風聞 풍문, 風水 풍수, 冷風 냉풍, 溫風 온풍, 風雲 풍운, 風樂 풍악, 家風 가풍, 東風 동풍, 微風 미풍, 馬耳東風 마이동풍, 淸風明月 청풍명월, 一陣狂風 일진광풍, 一路順風 일로순풍, 平地起風波 평지기풍파.

쓰는 순서 丿 几 凡 凨 凨 風 風 風 9획

442

燕

한 연: 제비(swallow). 편안하다(comfortable)
중 yàn(옌) 일 エン(엔)

제비 연

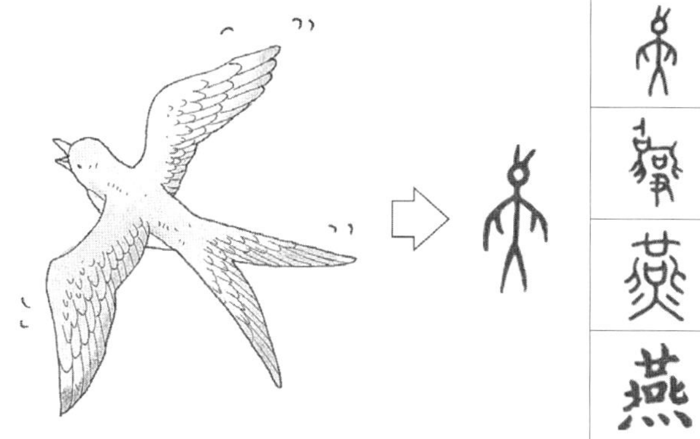

자형은 '廿'과 '北'과 '灬'로 되어 있으나, 그 변화 과정을 소급해 보면 '燕 → [古字] → [古字] · [古字] · [古字]' 등과 같다. 갑골문 자형 '[古字]'은 제비가 날아가는 모습으로, 본래의 뜻은 「제비」이다. 제비의 머리가 'ㅂ'으로, 양쪽 날개가 '[古字] → 北'으로, 몸통과 꼬리가 '[古字] → 灬'으로 변했다(*魚 어 참조). 후에 와서 음(音)이 같은 「잔치」, 「편안하다」 등의 뜻으로도 가차되었다. 잔치나 파니 때 입는 '燕尾服'(연미복)은 옷의 뒤쪽이 '제비 꼬리'처럼 생겨서 붙여진 이름이다.

응용 : 燕雀 연작, 燕巢 연소, 燕尾 연미, 燕居 연거, 燕息 연식, 燕樂 연악, 燕安 연안, 燕雀不生鳳 연작불생봉, 燕雀安知鴻鵠之志 연작안지홍곡지지, 魚游沸釜, 燕處危巢 어유비부, 연처위소.

쓰는 순서 一 廿 廿 ... 燕 16획

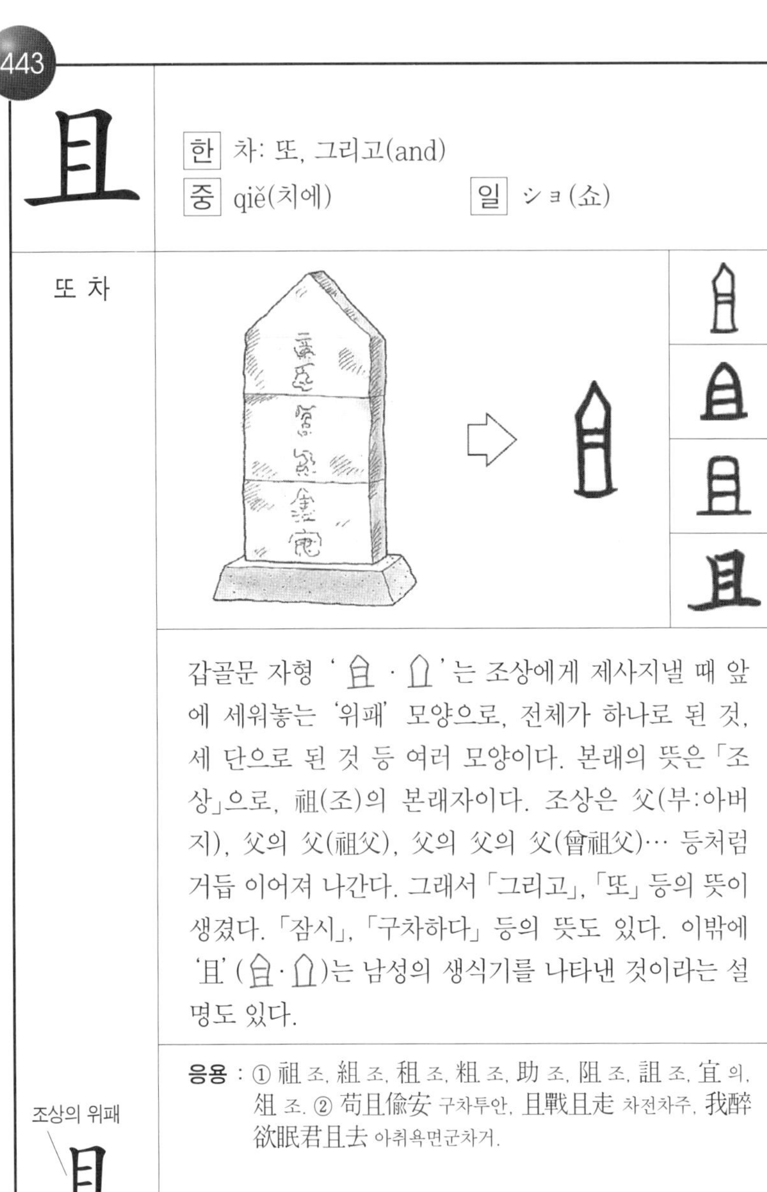

443

且

한 차: 또, 그리고(and)

중 qiě(치에) 일 ショ(쇼)

또 차

갑골문 자형 ‘ · ’는 조상에게 제사지낼 때 앞에 세워놓는 ‘위패’ 모양으로, 전체가 하나로 된 것, 세 단으로 된 것 등 여러 모양이다. 본래의 뜻은 「조상」으로, 祖(조)의 본래자이다. 조상은 父(부:아버지), 父의 父(祖父), 父의 父의 父(曾祖父)… 등처럼 거듭 이어져 나간다. 그래서 「그리고」, 「또」 등의 뜻이 생겼다. 「잠시」, 「구차하다」 등의 뜻도 있다. 이밖에 ‘且’(·)는 남성의 생식기를 나타낸 것이라는 설명도 있다.

응용 : ① 祖 조, 組 조, 租 조, 粗 조, 助 조, 阻 조, 詛 조, 宜 의, 俎 조. ② 苟且偸安 구차투안, 且戰且走 차전차주, 我醉欲眠君且去 아취욕면군차거.

조상의 위패

且

쓰는 순서 丨 冂 月 月 且 5획

444

祖

한 조: 조상(ancestor)
중 zǔ(주) 일 ソ(소)

조상 조

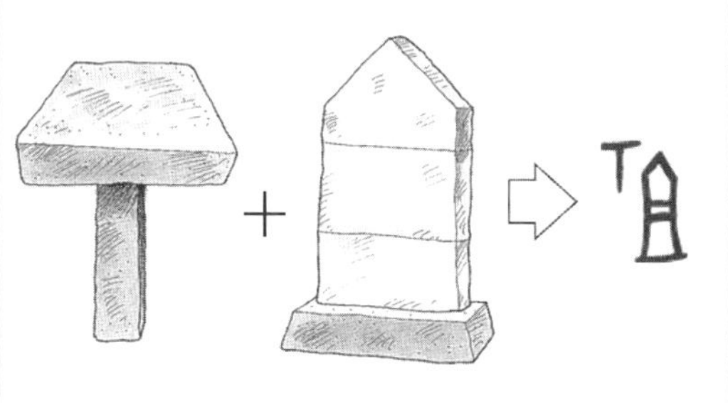

자형은 '示'(시)와 '且'(차)로 되어 있다. 그러나 갑골문 자형은 ' , , ' 등으로, 제단( )과 위패( ), 또는 위패의 모양만으로(·) 되어 있다. 본래의 뜻은 「조상」이다. 옛날 나라를 세우면 궁실의 왼쪽에 조상신을 제사지내는 사당을 지었는데, 그것이 곧 종묘(宗廟)이다(*오른쪽에는 토지신과 오곡신에게 제사지내는 사직(社稷)을 세웠다). 후에 와서 「조부」, 「조상」, 「시조」 등의 뜻을 갖게 되었다.

제단 祖 조상의 위패

응용 : 祖父 조부, 祖母 조모, 祖上 조상, 祖國 조국, 祖宗 조종, 祖先 조선, 高祖 고조, 先祖 선조, 始祖 시조, 元祖 원조, 曾祖 증조, 太祖 태조, 鼻祖 비조, 外祖 외조, 天恩祖德 천은조덕.

쓰는 순서 一 二 亍 亓 示 礻 祀 祖 10획

445

爼

한 조: 도마(chopping block)

중 zǔ(주) 일 ソ(소)

도마 조

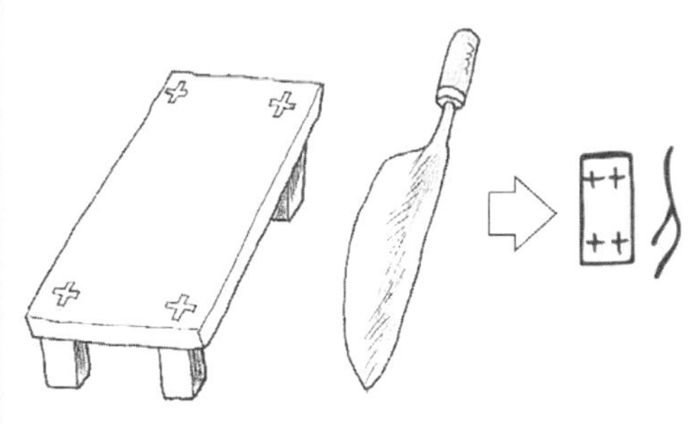

자형은 '仌'과 '且'(조)로 되어 있으나, 자형의 변화 과정을 소급해 보면 '爼→俎→[古字]→[古字]'와 같다. 갑골문 자형 '[古字]'는 출토된 동제(銅製) 도마([그림])와 같은 것을 위에서 내려다 본 모습([그림]) 옆에 칼([그림]: 刀)이 덧붙여진 모습으로, 본래의 뜻은 「도마」이다. 제사 때 고기를 담아 제단에 올리는 「그릇」을 나타내기도 한다. 후에 칼은 없어지고 도마판과 다리의 연결 부위가 도마판 밖으로 나와서 고기를 잘라놓은 모습(✕✕→仌)으로 바뀌어 지금의 자형처럼 되었다.

응용 : 爼豆 조두, 爼刀 조도, 爼上肉 조상육, 登爼 등조, 鼎爼 정조, 爼豆之事 조두지사.

도마판과 다리의 연결 부위

爼

도마

쓰는 순서 ノ 乂 仌 仌 仌 仌 爼 9획

446

社

한 사: 단체(organized body)

중 shè(셔) 일 シャ(샤)

땅귀신 사
단체 사

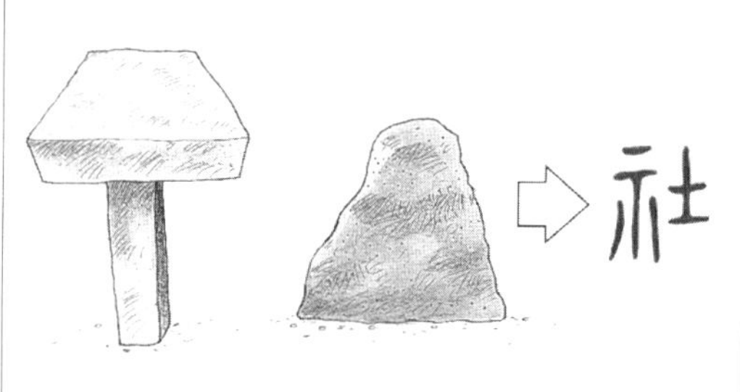

자형은 '示'(시)와 '土'(토)로 되어 있다. 그러나 갑골문 자형 '𠀀, 𠀀' 등은 '지면'(一) 위에 흙을 봉긋하게 쌓아 놓은 모습으로, 본래의 뜻은 일정한 지역을 주관하는 「토지신(神)」이다. 고대에는 나라를 세우거나 봉지(封地)를 받게 되면 궁실 오른쪽에 제단이나 사당을 세워놓고 '토지신'(社)이나 '오곡신'(稷)에게 제사지냈다. 그래서 사직(社稷)은 '국가'를 상징하게 되었다. 공동생활, 공동작업을 하는 조직이나 「단체」를 '社'라고 부르는 것은 파생된 뜻이다.

응용: 社稷之臣 사직지신, 社稷壇 사직단, 大同社會 대동사회, 社交 사교, 社員 사원, 社長 사장, 公社 공사, 結社 결사, 入社 입사, 宗社 종사, 神社 신사, 書社 서사, 出版社 출판사, 會社 회사.

제단 — 社 — 흙·토지의 신

쓰는 순서 8획

447

祀

한 사: 제사(지내다)(offer sacrifices to the god)
중 sì(쓰) 일 シ(시)

제사 사

자형은 '示'(시)와 '巳'(사)로 되어 있다. 갑골문 자형 '[갑골문 자형]' 등은 '제단'(丅·亍·示) 옆에 한 사람(→巳)이 꿇어 앉아서 제사를 지내고 있는 모습으로, 본래의 뜻은 「(조상)신에게 제사지내다」이다. 한편, 고대에는 조상신에게 제사지낼 때 신주(神主) 대신에 어린아이(→)를 앉혀 놓고 그에게 절을 하였는데, '祀'는 곧 제단(示) 위에 앉아 있는 아이(巳:尸童)의 모습이라는 설명도 있다. 상(商)나라 때에는 한 '해'를 '祀'라고 하였다(*年 년 참조).

응용 : 祭祀 제사, 合祀 합사, 時祀 시사, 郊祀 교사, 宗祀 종사, 享祀 향사, 崇祀 숭사, 覆宗滅祀 복종멸사, 歲祀年載 세사년재.

제단
祀
제사지내는 사람

쓰는 순서: 一 二 亍 亍 示 示 祀 祀 8획

448

祝

한 축: 빌다(pray). 축하하다(congratulate)

중 zhù(쭈) 일 シュク(슈쿠)·シュウ(슈-)

빌 축

자형은 '示'와 '兄'(형)으로 되어 있다. 갑골문 자형 ' · · · ' 등은 제단 앞에 꿇어 앉아 혹은 입을 크게 벌린 채, 혹은 두 손을 들고 제단에 제물을 바치면서, 신에게 무언가를 빌고 있는 모습이다. 본래의 뜻은 「신에게 빌다」, 「기원하다」이다. 그리고 「제사지낼 때 대표로 축문을 읽는 사람」, 「축문」(祝文)이란 뜻도 있다. 이와는 반대로 신이 이미 내려준 복에 대하여 축하하는 것도 '祝'이라 한다.

응용 : 祝文 축문, 祝杯 축배, 祝福 축복, 祝辭 축사, 祝願 축원, 祝賀 축하, 祝典 축전, 祝電 축전, 慶祝 경축, 巫祝 무축, 祝不勝詛 축불승조, 祝壽延年 축수연년.

쓰는 순서 … 祝 10획

禍

한 화: 재앙(disaster)

중 huò(후어)(祸) 일 カ(카)

재앙 화

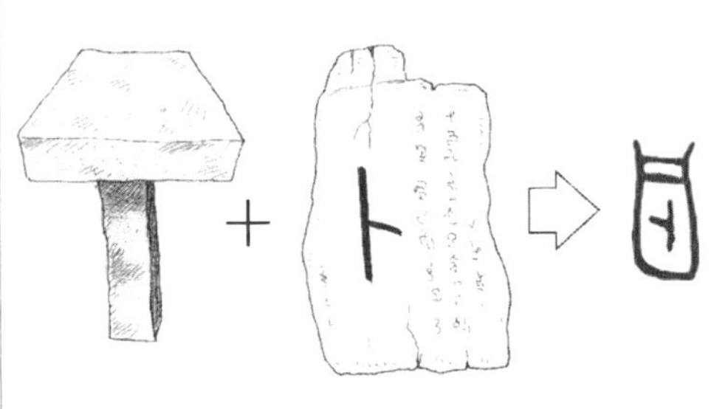

자형은 '示'(시)와 '咼'(화)로 되어 있다(會意). 자형의 변화과정을 소급해 보면 '禍→禍→禍→咼·咼·咼' 등과 같다. 갑골문 자형은 소의 어깨뼈(冎)를 칼로 다듬어서 불로 지질 때 나타나는 갈라진 금(卜)으로써 점을 친 것인데, 아마 불길한 조짐이 나타난 모양이다. 본래의 뜻은 「재앙」, 「재난」이다. 금문 이후 '示'와 '口'가 덧붙여졌다. '咼'는 한자에서 「화」, 「와」, 「과」 등의 소리부호를 나타낸다.

응용 : ① 禍 화, 蝸 와:달팽이, 渦 와:소용돌이, 喎 와:입 비뚤어지다, 過 과:지나다·허물. ② 禍根 화근, 禍福 화복, 禍患 화환, 人禍 인화, 吉凶禍福 길흉화복, 轉禍爲福 전화위복, 禍福無門, 唯人所召 화복무문, 유인소소.

제사·신과 관련된 뜻

점을 친 우골

쓰는 순서 14획

450

福

한 복: 복(blessing), 행복(happiness)

중 fú(푸)　　일 フク(후쿠)

복 복

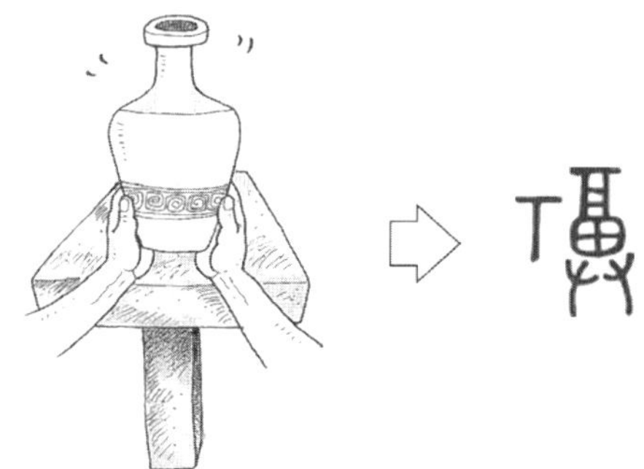

자형은 '示'(시)와 '畐'(부)로 되어 있다. 갑골문과 금문의 자형 '[illegible]·[illegible]·[illegible]', '[illegible]·[illegible]·[illegible]' 등은 모두 목이 길고 배가 둥근 술항아리([illegible]:畐)를 두 손([illegible])으로 들고 제단([illegible]·示) 위에 올려 놓는 모습이다. 옛날 사람들은 제단에 술을 바치면서 신에게 복(福)을 빌었다. 본래의 뜻은 「복」(福), 「행복」이다. 술항아리의 모습인 '畐'(복·부)이 뜻이나 소리부호로 들어 있는 한자로는 이밖에 富(부), 副(부), 輻(폭), 逼(핍) 등이 있다.

응용 : 福利 복리, 福祉 복지, 福音 복음, 幸福 행복, 祝福 축복, 降福 강복, 多福 다복, 萬福 만복, 冥福 명복, 薄福 박복, 國利民福 국리민복, 福兮, 禍所伏 복혜, 화소복, 塞翁失馬, 焉知非福 새옹실마, 언지비복.

쓰는 순서　14획

風樹之嘆(풍수지탄 : 펑 쑤 즈 탄)

중국 고대의 철학자 공자가 어느 하루는 제자들을 데리고 길을 가고 있었는데, 갑자기 먼 곳에서 애끓는 통곡소리가 들려 왔습니다. 공자는 바로 마차를 돌려 그쪽으로 갔습니다.

그쪽으로 가 보니 고어(皐魚)라는 사람이 거친 천으로 만든 옷을 입고 낫을 든 채로 길가에서 통곡하고 있었습니다. 공자가 마차에서 내려서 그 까닭을 물어보자,

"내겐 세 가지 잘못이 있는데 지금은 이미 돌이킬 수가 없다오. 첫째는 내가 젊어서 타향을 다니며 배움을 구하는 일을 좋아했기 때문에, 평

소에 부모님을 잘 공양해 드리지 못했고, 또 돌아가실 때에도 임종도 지키지 못했다는 것이오."

고어는 길게 탄식을 하더니 말을 계속했습니다.

"나의 두번째 잘못은, 내 자신이 고결하다고 생각했기 때문에 관직에 나아가서 왕을 섬기는 일을 하지 않았더니, 만년에 이루어 놓은 일이 하나도 없다는 것이오. 마지막 세번째 잘못은, 그 옛날의 벗들과 두터웠던 우정이 나중에는 모두 끊어져 버리고 말았다는 것이오. 나무가 조용히 있고자 하나 바람이 쉬지 않고 불어대고('樹欲靜, 風不止'), 자식이 부모를 봉양하고 싶어도 양친께선 기다려 주시지 않는구려('子欲養, 親不待'). 가고 싶어도 따라갈 수 없는 게 세월이고, 한 번 가시면 다시 뵐 수 없는 분들이 부모님이니, 나도 여기서 이 세상과 영원히 작별하고 싶다오."

얘기를 끝낸 고어는 비통함을 이기지 못해 손으로 땅을 치며 통곡하다가 곧바로 숨을 거두었습니다.

고어의 말에서 나온 '풍수지탄'(風樹之嘆)이란 말은 훗날 부모님께서 살아 계실 때에 효성을 다하지 못하다가 돌아가신 다음에야 뉘우치고 후회한다는 뜻을 나타내는 성어가 되었습니다. 〔출처:≪韓詩外傳 · 卷九≫(한시외전 · 권구)〕

〈한자풀이〉

風(풍): 바람. 樹(수): 나무. 之(지): ~의. 嘆(탄): 탄식하다.

451

富

한 부: 넉넉하다(rich). 부(wealth)

중 fù(푸) 일 フ(후) · フウ(후-)

넉넉할 부

자형은 '宀'(면)과 '畐'(부)로 되어 있다. 금문의 자형 '[古字]·[古字]'는 집([古字]: 宀) 안에 술항아리([古字]·[古字]: 畐)가 놓여 있는 모습이다. 생산력 수준이 낮았던 고대인들에게는 술을 담글 수 있다는 것은 배불리 먹고도 남을 양식이 있다는 것을 뜻했다. 그래서 집 안에 술항아리가 있는 모습으로 「풍족하다」, 「많다」, 「부(富)」, 「부자」 등의 뜻을 나타냈던 것이다. 본래의 뜻은 「넉넉하다」, 「다 갖추어져 있다」이다.

응용 : 富者 부자, 富强 부강, 富貴 부귀, 富裕 부유, 富村 부촌, 富豪 부호, 甲富 갑부, 巨富 거부, 國富 국부, 猝富 졸부, 豐富 풍부, 富國强兵 부국강병, 一人知儉一家富 일인지검일가부, 寧可淸貧, 不可濁富 영가청빈, 불가탁부.

집 — 富 — 술항아리

쓰는 순서 丶 宀 宀 宀 宫 宫 富 富 富 12획

452

한 부: 버금(deputy, subsidiary). 돕다(assistant)
중 fù(푸) 일 フク(후쿠)

버금 부
도울 부

자형은 '畐'(부)와 '刂'(도)로 되어 있다. 그러나 고문의 자형 '䮠'(→副畐)는 큰 항아리 하나에 담겨 있던 술을 두 개의 항아리로(畐畐) 나누어(刂:刂) 담아 놓는 모습인데, 우선 한 쪽을 먼저 마시고, 나중에 나머지 한 쪽을 마시려는 경우 이렇게 한다. 본래의 뜻은 「둘로 나누어 놓은 것 중에서 두 번째의 것」, 즉 「버금가는 것」이다. 이에 대해 먼저 쓰는 첫번째 것을 '正'(정)이라 한다. 「보좌하다」, 「맞다」, 「적합하다」, 「여벌」 등의 뜻은 파생된 것이다.

응용 : 副食 부식, 副官 부관, 副本 부본, 副賞 부상, 副業 부업, 副題 부제, 副産物 부산물, 副作用 부작용, 副將 부장, 副詞 부사, 副社長 부사장, 名實相副 명실상부, 名不副實 명부부실, 力不副心 역불부심.

술항아리

칼

쓰는 순서 一 ㅁ 𠮷 吕 畐 畐 副 副 11획

453

酋

한 추: 우두머리(chieftain)

중 qiú(치우) 일 シュウ(슈-)

우두머리 추

)(

+

자형은 '八'(팔)과 '酉'(유)로 되어 있다. 八의 갑골문 자형 ')('은 어떤 물건을 두 쪽으로 나누는 모습이고('分'의 뜻:술 냄새를 나타낸 것이란 설도 있다), '酉'의 갑골문 자형 '[illegible]·[illegible]·[illegible]' 등은 입이 크고 목이 길고 배가 둥근 술병의 모습으로, 본래의 뜻은 「술을 나누어 주는 사람」이다. 고대에 술을 담그고 나누어 주는 일을 맡은 관직의 우두머리를 '大酋'(대추)라 하였는데, 후에 와서는 그 의미가 확장되어 「우두머리」, 「부락의 수령」 등의 뜻을 갖게 되었다.

응용 : 酋長 추장, 酋領 추령, 大酋 대추, 蠻酋 만추, 羌酋 강추: 강족의 우두머리.

나누어 주다(八)의 뜻

술병

쓰는 순서 9획

한 존: 존경하다(respect). 존귀하다(noble)

중 zūn(쭌)　　일 ソン(손)

높일 존

자형은 '酋'(추)와 '寸'(촌)으로 되어 있다. 자형의 변화과정을 소급해서 갑골문 자형을 보면 '[古字]·[古字]·[古字]' 등과 같다. '술 항아리'([古字]→[古字]→[古字])를 두 손으로 떠받들고 있는 모습([古字]→[古字]→寸)으로, 본래의 뜻은 「술항아리를 두 손으로 받들어 신령님 앞에 놓고 제사를 지내다」이다. 이로부터 「높이 받들다」, 「존경하다」 등의 뜻이 생겼다. 「술항아리」, 「술그릇」이란 뜻으로도 쓰는데(이때는 '준'이라 읽는다), 이런 뜻은 후에 '木'을 덧붙여 '樽'(준)으로 쓰게 되었다.

응용 : 尊貴 존귀, 尊大 존대, 尊名 존명, 尊卑 존비, 尊顔 존안, 尊稱 존칭, 尊兄 존형, 尊敬 존경, 至尊 지존, 自尊心 자존심, 追尊 추존, 天尊地卑 천존지비, 尊己卑人 존기비인, 天上天下, 唯我獨尊 천상천하, 유아독존.

쓰는 순서　八 䒑 台 㑹 酋 酋 尊 尊　12획

455

한 전: 정하다(settle)

중 diàn(띠엔)　　일 テン(텐)·デン(덴)

정할 전

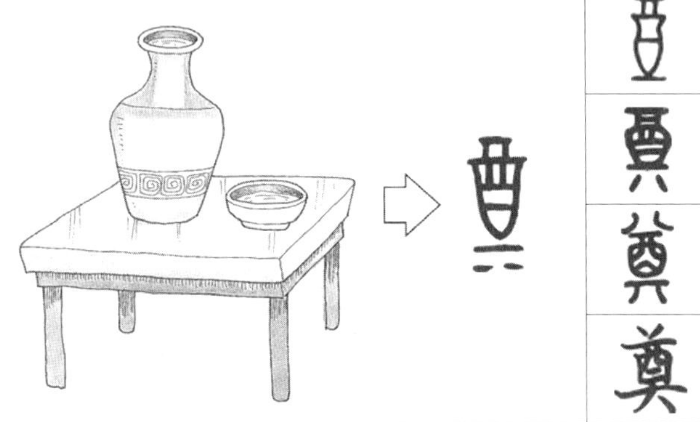

자형은 '酋'와 '大'(대)로 되어 있다. 그러나 갑골문과 금문의 자형 '[갑골문]·[갑골문]'·'[금문]·[금문]·[금문]' 등은 술 항아리([고문자]→[고문자]→[고문자])가 지면(一) 또는 탁자(=, 八→大) 위에 놓여 있는 모습으로, 본래의 뜻은 「술항아리를 제사상에 올려 놓다(置)」이다. 후에는 술항아리뿐 아니라 제수품을 제삿상에 놓는 것도 가리키게 되었다. 제단 위에 술이나 제수품을 놓을 때에는 정해진 자리에 놓아야 하므로 「정하다」는 뜻도 생겼다. 고문에서는 '奠'과 '鄭'(정)은 서로 통용되었다.

응용 : 奠定 전정, 奠都 전도, 奠居 전거, 祭奠 제전, 助奠 조전, 時羞之奠 시수지전.

술항아리

탁자

쓰는 순서 　12획

456

한 배: 짝(match). 나누다(distribute)

중 pèi(페이) 일 ハイ(하이)

짝 배
나눌 배

자형은 '酉'(유)와 '己'(기)로 되어 있다. 그러나 갑골문 자형 '[illegible]' 등은 술 항아리([illegible] → 酉) 옆에 한 사람이 꿇어 앉아 있는 ([illegible]·己) 모습으로, 그는 술맛을 보아 가면서 재료를 섞고 있거나 또는 술을 푸고 있다. 본래의 뜻은 「배합하다」이다. 두 가지 색(色)을 섞어 조화를 이루는 것을 '配色'(배색)이라 하는 것이 본래의 뜻으로 쓰인 예이다. 「짝」, 「짝짓다」, 「나누다」, 「분배(分配)」, 「배급(配給)」 등은 본래의 뜻이 확장된 것이다.

응용 : 配匹 배필, 配合 배합, 配偶者 배우자, 配給 배급, 配當 배당, 配達 배달, 配分 배분, 配食 배식, 配置 배치, 分配 분배, 流配 유배, 支配 지배, 相女配夫 상여배부, 各盡所能, 按勞分配 각진소능, 안로분배.

술항아리 / 꿇어 앉은 사람

쓰는 순서 一 丆 万 丙 西 酉 酉 酉 配 10획

457

醫

한 의: 의사(doctor). 병을 고치다(cure)

중 yī(이)(医)　　일 イ(이)

의원 의
병고칠 의

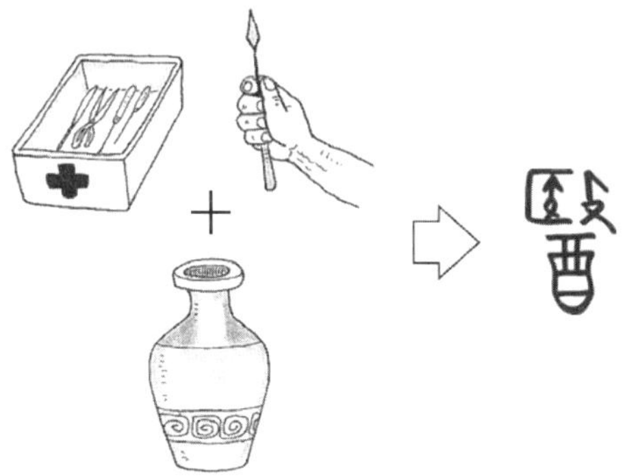

자형은 크게 '医'(의)와 '殳'(수)와 '酉'(유)로 되어 있다. '医'를 다시 세분하면 '匚'(방:상자) 속에 '矢'(시:화살. *화살은 금속으로 된 침 또는 수술기구를 대표함)가 들어있는데, 그것을 끄집어 내어 손에 잡고 병든 부위를 찌르거나 치는(殳) 모습이다. '酉'는 술(酒)이다. 옛날에는 약효가 빨리 몸속에 퍼지도록 약을 먹을 때, 그리고 수술을 하거나 큰 침을 맞을 때는 마취제로 술을 마셨다. 본래의 뜻은 「병을 고치다」이다. 병을 고치는 사람, 즉 「의사」를 가리키기도 한다.

응용 : 醫科 의과, 醫師 의사, 醫術 의술, 醫院 의원, 醫藥 의약, 醫學 의학, 名醫 명의, 獸醫 수의, 衆醫 중의, 上醫醫國 상의의국, 舊病難醫 구병난의, 久疾成醫 구질성의, 病急亂投醫 병급란투의, 三折肱而成良醫 삼절굉이성량의.

쓰는 순서　18획

458

한	병: 무기(weapon). 병사(soldier)
중	bīng(삥)
일	ヘイ(헤이) · ヒョウ(효-)

병사 병
무기 병

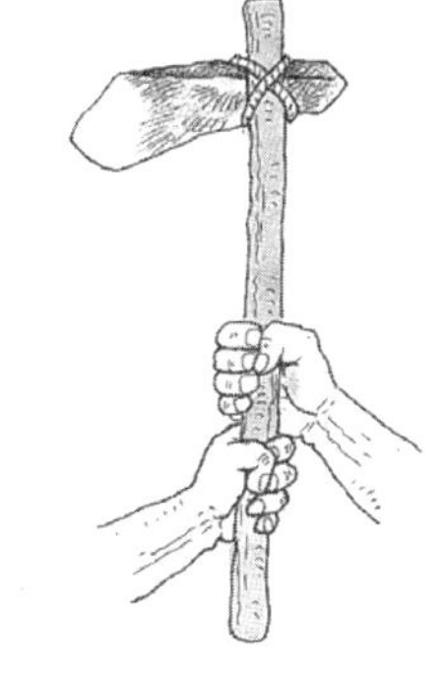

자형은 '斤'(근)과 '廾'으로 되어 있다. 갑골문 자형 '[갑골문]'은 '도끼'([갑골문]→[금문]→[소전]→斤)를 '두 손'([갑골문]→[금문]→廾→六)으로 잡고 있는 모습으로, 본래의 뜻은 「무기」, 「병기」이다. 또한 「손에 무기를 들고 싸우는 사람」, 즉 「병사」(兵士)란 뜻도 있다. 무기나 병사들은 전쟁을 할 때 소용되는 것들이므로, 후에 와서 '兵'은 「군대」, 「전쟁」, 「전략」 등의 뜻도 갖게 되었다. '戈'(과:창), '矛'(모:창), '弓'(궁:활), '矢'(시:화살) 등의 무기를 통틀어 '兵'이라 하기도 한다.

도끼
兵
두손

응용 : 兵力 병력, 兵器 병기, 兵役 병역, 兵法 병법, 兵家 병가, 兵營 병영, 水兵 수병, 海兵 해병, 砲兵 포병, 私兵 사병, 新兵 신병, 學兵 학병, 步兵 보병, 伏兵 복병, 義兵 의병, 派兵 파병, 出兵 출병, 富國强兵 부국강병.

쓰는 순서 一 丆 斤 斤 丘 兵 7획

한 부: 도끼(axe)

중 fǔ(푸)　　일 フ(후)

도끼 부

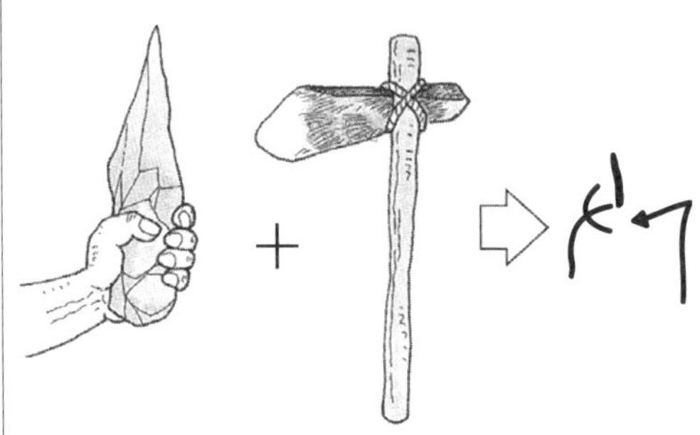

자형은 '父'(부)와 '斤'(근)으로 되어 있다. 자형의 변화과정을 소급해 보면 '斧 → → · → '와 같다. 갑골문 자형 ' '는 돌도끼를 손에 잡고 있는 모습(· → 父)과 나무 자루가 달려 있는 자귀의 모습(→ 斤)으로 되어 있다. '父'는 소리와 함께 '손에 잡다'는 뜻을, '斤'은 도끼란 뜻을 나타낸다(形聲字). 본래의 뜻은 「도끼」이고, 「도끼로 찍다」, 「베다」는 뜻도 있다. 형벌용이나 군대의 지휘자가 들고 있는 권위의 상징인 도끼를 '斧鉞'(부월)이라 한다.

응용 : 斧斤 부근, 斧鉞 부월, 斧木 부목, 斧柯 부가, 斧頭 부두, 斧質 부질, 樵斧 초부, 神工鬼斧 신공귀부, 班門弄斧 반문농부.

쓰는 순서　八 𠆢 父 父 斧 斧 斧 斧　8획

한 장: 장인(craftman). 목수(carpenter)
중 jiàng(찌앙) 일 ショウ(쇼-)

장인 장

자형은 '斤'(근)이 '匚'(방:상자) 안에 들어 있는 모습이다. '斤'은 곧 '도끼'로, 나무를 베어서 가구를 만들거나 집을 지을 때 가장 먼저 사용하는 연장이다. '匚'은 연장 등을 담아 두는 상자인데, 도끼 등의 연장을 상자에 담아 두고 물건을 만드는 일을 하는 사람은 「목수」, 또는 「목공」이다. 본래의 뜻은 「목공」이다. 후에는 목공뿐만 아니라 기타 특정 분야에서 뛰어난 기술을 가진 사람, 즉 「장인」을 가리키게 되었다.

상자
匠
도끼(연장)

응용 : 匠人 장인, 巨匠 거장, 工匠 공장, 大匠 대장, 良匠 양장, 拙匠 졸장, 筆匠 필장, 巧匠 교장, 大匠不斫 대장부작, 良工巧匠 양공교장, 大匠能與人規矩, 不能使人巧 대장능여인규구, 불능사인교.

쓰는 순서 一 丆 丆 𠂆 斤 匠 6획

班門弄斧(반문농부 : 빤 먼 농 푸)

중국 당(唐) 나라 때의 이백(李白)은 우리에게도 잘 알려진 유명한 시인입니다. 그의 아름다운 시귀는 오늘날까지도 많은 이들이 애송하고 있습니다.

하지만 이 위대한 시인의 최후는 그다지 장엄하지 않았습니다. 벗과 함께 강에 배를 띄우고 술을 마시며 혼란한 세상사를 걱정하다가, 술이 과한 이백은 그만 중심이 흔들려 물에 빠져 목숨을 잃고 말았습니다.

그의 친한 벗이자 그 고을의 현령이었던 이양영(李陽泳)은 아깝게 죽은 이백을 위해 채석(采石)이라는 경치 좋은 곳에 무덤을 만들어 주었습니다. 그 후 유명한 시인이나 선비들은 그곳을 지나갈 때마다 이백의 무덤에 들러 그의 넋과 공적을 기리는 시를 지어 묘비에 새겨 넣었습니다.

명(明) 나라 시기에 이르자 이백을 기리는 시구가 묘비 가득 새겨졌습니다. 어느 날, 한 시인이 그곳을 지나다가 그것을 읽고 나서 이런 시를 지었습니다.

채석(采石) 강변에 봉긋한 흙더미
이백의 시 세계는 천고에 빛나는데
오가는 나그네 새겨 넣은 한두 구절
노반(魯班)의 문앞에서 도끼 휘두른 격이로다.

采石江邊一杯土
李白詩壇耀千古
來的去的寫兩行
魯班門前掉大斧

이 시인은 많은 시인들의 시가 이백의 시를 따를 수 없음을 잘 알았기 때문에, '노반의 문앞에서 도끼 휘두른 격' 이라고 말했던 것입니다.

노반(魯班)은 옛날 중국 노(魯) 나라 사람으로 솜씨가 매우 뛰어난 공인이었습니다. 공예품의 재료를 도끼로 다듬는 솜씨가 너무나 뛰어나서 따를 자가 없었다고 합니다. 이 시인은 이백의 시를 노반이 도끼 다루는 솜씨에 비유하고서, 이백의 묘에 바쳐진 후세 시인들의 시를 '노반의 문앞에서 도끼 휘두르며 자기 솜씨 자랑하는 격' 이라고 표현했던 것입니다.

그 후 '반문농부' (班門弄斧)는 어느 분야에 도통한 전문가 앞에서 멋모르고 얕은 재주를 뽐내는 어리석음을 풍자하는 성어가 되었습니다.

〈한자풀이〉

班(반): 나누다. 門(문): 문. 弄(농): 가지고 놀다, 제멋대로 다루다. 斧(부): 도끼.

461

斫

한 작: 찍다(hack)

중 zhuó(주어) 일 シャク(샤쿠)

찍을 작

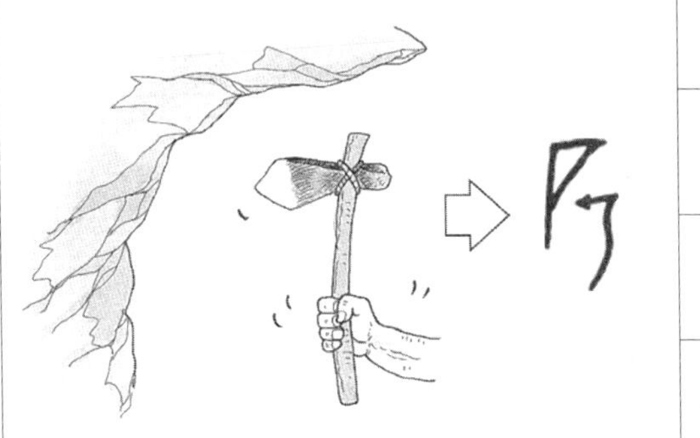

자형은 '石'(석)과 '斤'(근)으로 되어 있다. 자형의 변화과정을 소급해 보면 '斫→ ... → ... → ... · ...' 등과 같다. 갑골문의 자형은 도끼( ) 또는 손으로 잡고 있는 도끼( ) 앞에 돌(→ → 石)이 있는 모습으로, 본래의 뜻은 「도끼로 돌을 찍다」이다. 도끼는 본래 어떤 물건을 찍어서 꺾거나 쳐서 부수거나 할 때 쓰는 도구이므로, 이로부터 「찍다」, 「치다」란 뜻이 생겼다.

응용 : 斫刀 작도:짚·꼴을 써는 연장, 斫斷 작단:찍어서 끊다, 斫斬 작참:찍어서 베다, 斫殺 작살:찍어서 죽이다, 刺斫 자작:찌르고 찍다, 斫方爲圓 작방위원:네모난 것을 찍어서 둥글게 만들다.

돌(石) 斫 도끼(斤)

쓰는 순서 一 丆 石 石 石' 矿 矿 斫 9획

462

所

한 소: 곳(place). 바(what, which)

중 suǒ(수어) 일 ショ(쇼)

곳 소
바(것) 소

자형은 '戶'(호)와 '斤'(근)으로 되어 있다. 금문의 자형 '所·所(所)' 등은 한쪽 문(户→戶)과 도끼(斤→斤→斤)로 되어 있다. 문(户) 앞을 도끼(斤)를 들고 지키고 있는 모습으로, 본래의 뜻은 출입이 통제되는 신성한「장소」였다. 후에 와서는 주로 동사 앞에 놓여서 그 동사가 가리키는 일을「…하는 사람」,「…하는 것(사물)」,「…하는 곳(방법)」등의 뜻을 나타내는 대명사로 쓰이게 되었다(*「톱으로 나무를 벨 때 나는 '슥삭슥삭' 하는 소리」라는 설도 있다).

응용 : 住所 주소, 場所 장소, 名所 명소, 宿所 숙소, 支所 지소, 急所 급소, 所信 소신, 所有 소유, 所在 소재, 所行 소행, 所見 소견, 所得 소득, 所聞 소문, 所感 소감, 無所不知 무소부지, 己所不欲, 勿施於人 기소불욕, 물시어인.

대문(戶)
所
도끼

쓰는 순서 丶 𠃍 彐 戶 戶 所 所 所 8획

新

한 신: 새 · 새로운(new, fresh)

중 xīn(신)　　일 シン(신)

새로울 신

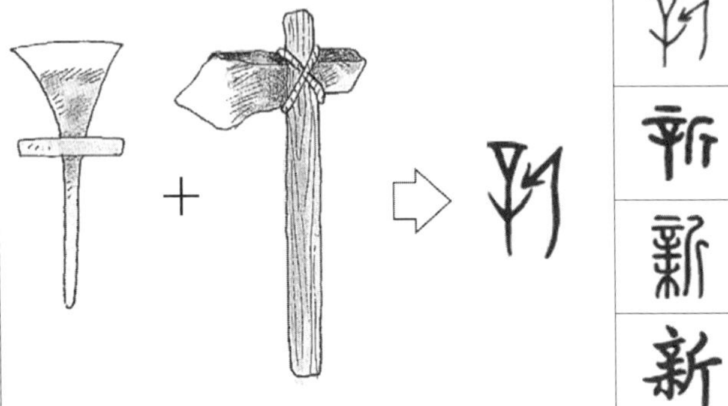

자형은 '立'(辛 신 의 약자)과 '木'(목)과 '斤'(근)으로 되어 있다. 갑골문의 자형은 '[갑골문]·[갑골문]·[갑골문]' 등으로, 뜻을 나타내는 '[갑골문]'(斤)과, 소리를 나타내는 '[갑골문]'(辛)으로 되어 있다. 도끼를 손으로 잡고 있는 모습([갑골문])과, 땔감나무([갑골문])를 덧붙인 자형도 있다. 본래의 뜻은 「땔나무(를 하다)」이다. 후에 와서 주로 '낡은'(舊:구)에 반대되는 「새로운」, 「새롭게 하다」 등의 뜻으로 가차되자, 본래의 뜻은 '艹'(초두변:풀)을 덧붙인 '**薪**'(신:땔나무)으로 쓰게 되었다.

응용 : 新人 신인, 新春 신춘, 新舊 신구, 新刊 신간, 新聞 신문, 新年 신년, 新鮮 신선, 新興 신흥, 新婚 신혼, 新生兒 신생아, 新世界 신세계, 新作 신작, 新進 신진, 最新 최신, 新郎新婦 신랑신부, 溫故知新 온고지신.

쓰는 순서　亠 立 辛 亲 新 新　13획

464

한 금: 날짐승 · 새(bird)

중 qín(친) 일 キン(킨)

날짐승 금

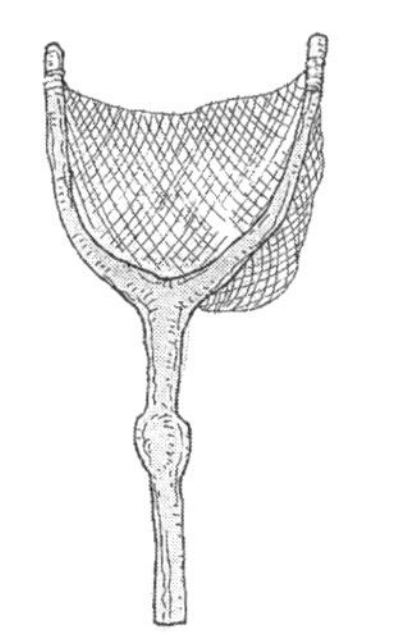

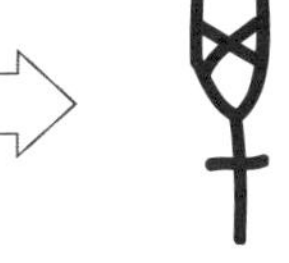

禽

자형의 변화과정을 소급해 보면 '禽 → 𥝮 → 𥝮·𥝮·𥝮 → 𥝮' 등과 같다. 갑골문 자형 '𥝮'은 끝이 갈라진 긴 막대의 양쪽 가지 사이를 끈으로 엮어 그물을 만들어 새를 잡는 기구의 모습이다. 금문 이후 소리부호 'A·A'(今:금)이 덧붙여지고, 자루를 손으로 잡고 있는 모습(𠃌)이 덧붙여졌다. 본래의 뜻은 「날짐승을 그물로 사로잡다」(동사)이고, '擒'(금:사로잡다)의 본래자이다. 후에 와서는 주로 「날짐승」(명사)의 뜻으로 쓰게 되었다.

응용 : 禽獸 금수, 禽鳥 금조, 家禽 가금, 鳴禽 명금, 野禽 야금, 六禽 육금, 水禽 수금, 禽獲 금획, 飛禽走獸 비금주수, 良禽相木而栖, 賢臣擇主而事 양금상목이서, 현신택주이사.

쓰는 순서 人 亼 今 含 禽 禽 禽 禽 12획

465

離

한 리: 떠나다(leave). 당하다(meet)
중 lí(리)(离) 일 リ(리)

떠날 리

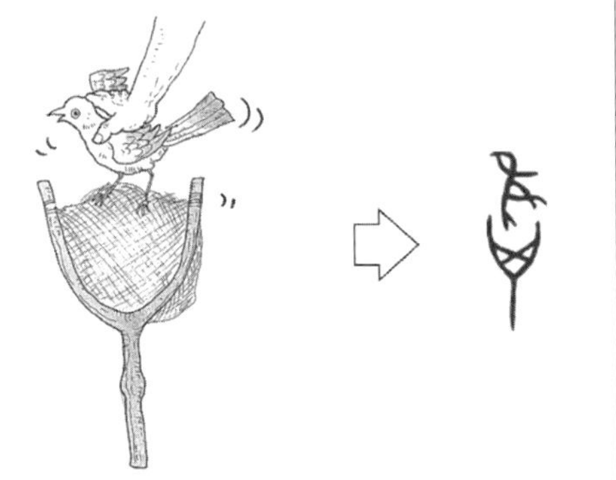

자형은 '离'(리)와 '隹'(추)로 되어 있다. 갑골문 자형 '[갑골문]·[갑골문]·[갑골문]' 등은 새잡이 채([갑골문])에 새([갑골문]:隹)가 걸려 있는데, 그것을 손으로 떼어내고 있는 모습([갑골문])으로, 본래의 뜻은 「새가 그물에 걸리다」이다. 새로서는 「재난을 당한」 것이지만, 사람의 입장에서는 그물에 걸린 새를 손으로 떼어내고 있으므로 「분리시키다」, 「떼어내다」, 「떠나가다」 등의 뜻이 생겼다. 후에 와서는 주로 후자의 뜻으로 쓰이게 되어, 본래의 뜻은 '罹'(리:걸리다·당하다)로 쓰게 되었다.

손잡이 달린 그물

離

새

응용 : 離別 이별, 離婚 이혼, 離散家族 이산가족, 離間 이간, 離職 이직, 離任 이임, 離陸 이륙, 支離 지리, 距離 거리, 流離 유리, 分離 분리, 隔離 격리, 離合集散 이합집산, 貧賤親戚離 빈천친척리, 悲莫悲生別離 비막비생별리.

쓰는 순서 亠 𠫓 㐫 臽 离 离' 离隹 離 18획

466

網

한 망: 그물(net)

중 wǎng(왕)(网)　　일 モウ(모-)

그물 망

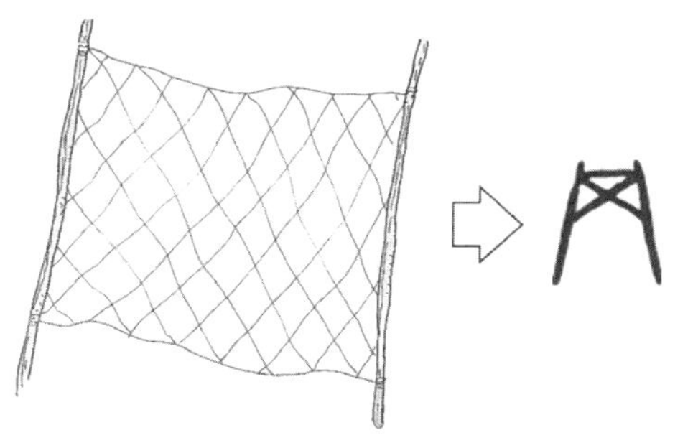

자형은 '糸'(사)와 '罔'(망)으로 되어 있다. 자형의 변화과정을 소급해 보면 '網→[篆]·[篆]·网→[甲]·[甲]→·[甲]·[甲]' 등으로, 갑골문 자형들은 두 개의 긴 막대 사이를 실로 엮어서 만든 그물의 모습으로, 본래의 뜻은 새나 물고기를 잡는 「그물」, 「그물질하다」이다. 최초의 기본 자형은 '[甲]'인데, 후에 소리부호 '亾(亡)'을 덧붙이고([篆]:罔), 그물의 재료를 나타내는 '糸'를 부수자로 덧붙였다. 「엮다」, 「얽다」는 뜻도 있다. 부수자로 쓰일 때는 '罒'(←冂←网)으로 쓴다.

응용: 魚網 어망, 法網 법망, 刑網 형망, 包圍網 포위망, 蛛網 주망, 網羅 망라, 網目 망목, 網狀 망상, 網球 망구:tennis, 一網打盡 일망타진, 臨淵結網 임연결망, 天網恢恢, 疏而不漏 천망회회, 소이불루.

실　그물

網

소리부호(亡)

쓰는 순서 幺 乡 糸 糸冂 糸冂 網 網 網　14획

羅

한 라: 그물(net). 벌리다(display). 비단(silk)

중 luó(루어)(罗)　　　일 ラ(라)

그물 라
벌릴 라

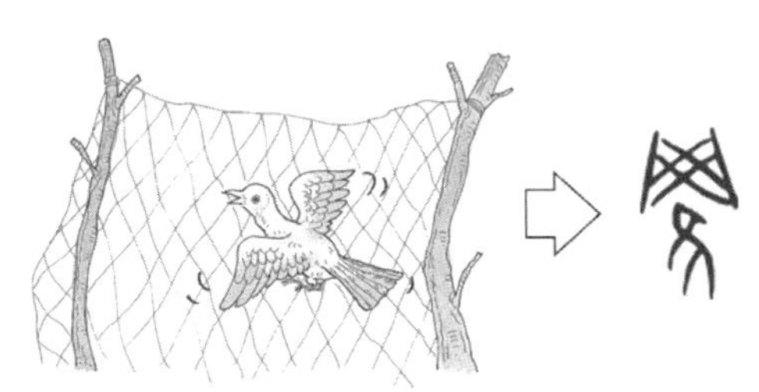

자형은 '罒'(망)과 糸(사)와 '隹'(추)로 되어 있다. 자형의 변화과정을 소급해 보면 '羅→[古字]→[古字]→[古字]·[古字]' 등과 같다. 갑골문의 자형들은 벌려 세워놓은 '그물'([古字]→[古字]→罒)에 '새'([古字]→[古字]→隹)가 걸려 있는 모습으로, 본래의 뜻은 「그물(질하다)」이다. 특히 날아가던 새가 걸려 들도록 '벌려서 쳐 놓은 그물'을 가리키는데, 그러한 모습에서 「벌려놓다」, 「늘어세우다」는 뜻이 생겼다. 후에 그물의 재료인 「실」을 나타내는 '糸 가 덧붙여지면서 「비단」이란 뜻도 생겼다.

응용 : 羅列 나열, 星羅 성라, 網羅 망라, 森羅 삼라, 新羅 신라, 羅布 나포, 羅紗 나사, 綾羅 능라, 綺羅 기라, 羅之一目 나지일목, 森羅萬象 삼라만상, 天羅地網 천라지망, 綾羅綢緞 능라주단.

그물 — 羅 — 실, 새

쓰는 순서 罒 … 羅　19획

468

罪

한 죄: 허물(fault). 죄(crime)

중 zuì(쭈이) 일 ザイ(자이)

허물 죄

자형은 '罒'(망)과 '非'(비)로 되어 있다. 잘못된 행위, 즉 비행(非行)은 법의 그물, 즉 법망(法網)에 걸려 처벌받게 된다는 뜻을 나타낸 회의자이다. 그러나 자형의 변화과정을 소급해 보면 '罪→[篆]→[篆]·[篆]'와 같다. 금문의 자형 '[篆]'은 '코'([篆]:自)와 '형벌용 칼'([篆]:辛)로 이루어진 모습으로, 「법을 어긴 자는 칼로 코를 베는 처벌을 받는다」는 뜻이다. 진시황 때 이 자형이 '황제'란 뜻의 '皇'(황)과 비슷하다는 이유로 지금의 자형으로 바뀌었다.

그물 / 罪 / 비행(非行)

응용 : 罪名 죄명, 罪囚 죄수, 罪人 죄인, 罪狀 죄상, 罪責 죄책, 犯罪 범죄, 有罪 유죄, 無罪 무죄, 原罪 원죄, 謝罪 사죄, 重罪 중죄, 治罪 치죄, 罪當萬死 죄당만사, 悔罪自新 회죄자신, 罰不當罪 벌부당죄, 不知者不罪 부지자부죄.

쓰는 순서 13획

罰

한 벌: 벌주다(punish). 벌(punishment)

중 fá(파)(罚)　　일 バツ(바츠)·バチ(바치)

벌(줄) 벌

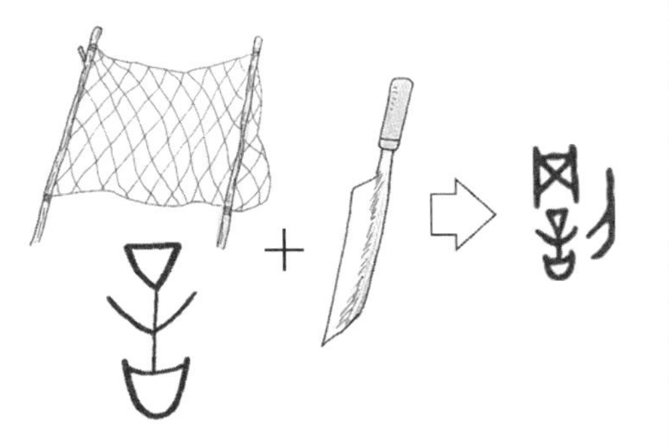

자형은 '罒'(망)과 '言'(언)과 '刂'(도) 세 부분으로 되어 있다. 금문의 자형 '[금문]·[금문]' 등은 잘못된 행위를 법의 그물로 적발하여(网→罒), 그 잘못된 내용을 심판한 후 말로 꾸짖고([금문]:言), 또 그 잘못의 정도가 심한 경우에는 체형(體刑)까지 가한다([금문]:刂)는 뜻을 나타내고 있다. 본래의 뜻은 「잘못을 처벌하다」이다. 잘못을 적발한 후 체벌을 가하지 않고 말로써만 잘못을 꾸짖고 끝내는 것을 '詈'(리:꾸짖다)라고 한다.

응용 : 罰金 벌금, 罰俸 벌봉, 罰錢 벌전, 罰酒 벌주, 賞罰 상벌, 信賞必罰 신상필벌, 天罰 천벌, 責罰 책벌, 刑罰 형벌, 懲罰 징벌, 罪罰 죄벌, 一罰百戒 일벌백계, 賞功罰罪 상공벌죄, 賞信罰必 상신벌필, 賞罰分明 상벌분명.

쓰는 순서 14획

單

한 단: 홑(single). 간단한(simple)

중 dān(딴)(单) 일 タン(탄)

홑 단

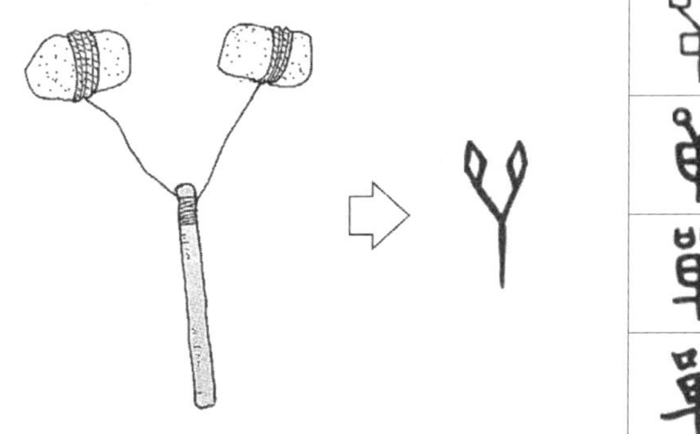

자형의 변화과정을 소급해 보면 '單→單→單·單→單·單·Y·Y' 등과 같다. 갑골문의 자형들은 기다란 줄 양쪽 끝에 돌맹이를 메단 후 그 줄의 가운데를 긴 막대 끝에 묶어 놓은 일종의 원시적인 무기의 모습으로, 사냥(獸)이나 싸울 때(戰) 사용하였다. 본래의 뜻은 「싸우다」이고, '**戰**'(전)의 본래자이다. 그러나 본래의 뜻으로 쓰인 예는 드물고 주로 「하나」, 「홀로」, 「다만」 등의 뜻으로 가차되었다. 한자에서는 주로 '단', '탄', '선', '전'의 소리부호로 쓰이고 있다.

돌맹이

單

나무자루·손잡이

응용 : ① 彈 탄, 憚 탄, 蟬 선, 禪 선, 戰 전. ② 單獨 단독, 單色 단색, 單語 단어, 單線 단선, 單純 단순, 單元 단원, 單位 단위, 孤單 고단, 單刀直入 단도직입, 單騎匹馬 단기필마, 福無雙至, 禍不單行 복무쌍지, 화불단행.

쓰는 순서 12획

一網打盡(일망타진 : 이 왕 다 찐)

중국 북송(北宋) 때 소순흠(蘇舜欽)이란 관리가 있었습니다.

소순흠은 유능하였을 뿐 아니라 정직하고 청렴한 성품까지 갖춘 훌륭한 사람이었습니다.

그 당시 범중엄(范仲淹)이란 관리를 중심으로 나라 정치를 개혁하자는 움직임이 있었는데, 소순흠은 그 개혁 운동에 참여하는 관리들에게 추천을 받아 중요한 나랏일을 맡게 되었습니다.

소순흠은 그 뒤로 여러 차례 황제에게 상소를 올려 개혁을 방해하는 보수적인 재상 여이간(呂夷簡)을 비난하면서, 그를 둘러싸고 있는 사람들을 파직시켜야 한다고 주장했습니다.

그런데 평소 소순흠을 탐탁치 않게 생각하면서 재상 여이간에게 잘 보이고 싶어하던 유원유(劉元喩)라는 관리가 있었습니다. 그는 지금으로 치면 감사원과 같은 역할을 하는 어사부(御使部)의 관리였지요. 유원유는 여이간을 비난하는 소순흠을 모함하기 위해서, 황제에게 소순흠이 공금을 유용하여 가까운 사람들끼리 술을 먹고 즐기는 데 탕진하였다는 내용의 거짓 상소를 올렸습니다.

유원유의 거짓 모함으로 소순흠은 관직을 박탈당했을 뿐 아니라 그의 가족과 친구들까지도 이 일에 연루되어 관직을 빼앗기고 귀양살이를 하게 되었습니다. 소순흠과 조금이라도 친분이 있다는 사람들은 모두 관직에서 쫓겨났습니다. 그래서 조정에는 더 이상 뛰어난 인재가 하나도 남아 있지 않게 되었습니다.

득의양양해진 유원유는 여이간에게 자신의 공로를 자랑하면서 이렇게 말했습니다.

"제가 나리를 도와서 그자들을 한 번의 그물질로(一網) 모조리 붙잡아 깨끗이 처치해 버렸습니다요(打盡)."

여기서 나온 일망타진(一網打盡)이란 말은 한꺼번에 전부 다 붙잡아 철저하게 없애 버린다는 뜻을 가진 성어가 되었습니다. 〔출처:≪東軒筆錄 · 卷四≫(동헌필록 · 권사)〕

〈한자풀이〉

一(일): 하나, 한번. 網(망): 그물, 그물질하다. 打(타): 치다.
盡(진): 모두.

한 전: 싸우다(fight). 전쟁(war, battle)

중 zhàn(짠)(战)　　일 セン(센)

싸울 전

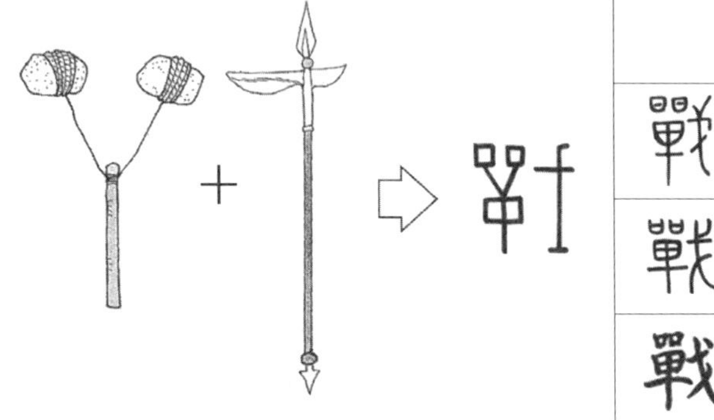

자형은 '單'(단)과 '戈'(과)로 되어 있다. 자형의 변화과정을 소급해 보면 '戰→戰→戰·戰·單→單' 등과 같다. 갑골문에서는 기다란 줄 양쪽 끝에 돌을 매단 후 그 가운데를 막대 끝에 묶어 놓은 사냥용 또는 전쟁용 무기인 '單'만으로 「전쟁」, 「싸우다」는 뜻을 나타내다가, 금문 이후 더욱 발달한 무기인 '戈'(과:창)를 덧붙여서 '戰'으로 쓰게 되었다. '單'은 방패, '戈'는 창을 나타낸다는 설명도 있으나, '單'의 갑골문 자형에 대한 오해에서 생긴 설명이다.

단(單)이란 무기

창

응용 : 戰果 전과, 戰功 전공, 戰國 전국, 戰亂 전란, 戰力 전력, 戰略 전략, 戰死 전사, 戰爭 전쟁, 戰車 전차, 戰場 전장, 戰雲 전운, 作戰 작전, 海戰 해전, 勝戰 승전, 苦戰 고전, 敗戰 패전, 百戰百勝 백전백승, 戰戰兢兢 전전긍긍.

쓰는 순서 　16획

472

한 수: 짐승(beast)

중 shòu(서우)(兽)　　일 ジュウ(쥬-)

짐승 수

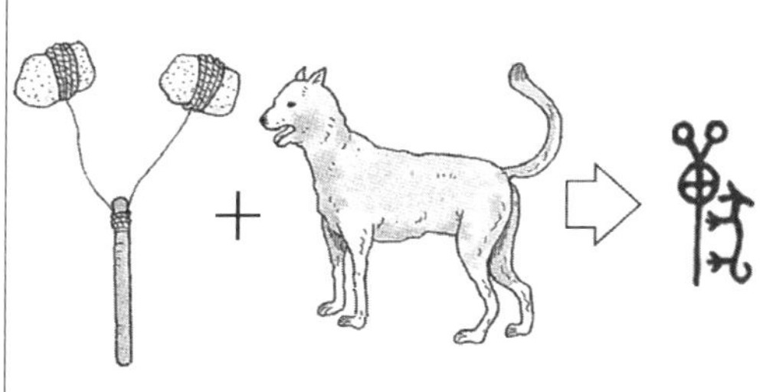

자형은 '嘼'와 '犬'으로 되어 있다. 그러나 자형의 변화과정을 소급해 보면 '獸→[illegible]→[illegible]·[illegible]·[illegible]→[illegible]·[illegible]·[illegible]' 등과 같다. 갑골문의 자형들은 '[illegible]'(單)과 '[illegible]'(犬)으로 되어 있는데, '單'은 사냥용 무기이고, '犬'은 사냥개를 나타낸다. 본래의 뜻은 「사냥하다」이다. '禽'(금)이 주로 날짐승의 사냥을 나타내는 데 반하여, '獸'는 네 발 달린 짐승의 사냥을 나타냈다. 후에 와서 '獸'가 주로 사냥의 대상물을 가리키자 「사냥하다」는 본래의 뜻은 '狩'(수)로 쓰게 되었다.

응용 : 獸心 수심, 獸肉 수육, 獸醫 수의, 獸性 수성, 獸慾 수욕, 禽獸 금수, 猛獸 맹수, 鳥獸 조수, 野獸 야수, 走獸 주수, 人面獸心 인면수심, 衣冠禽獸 의관금수, 百獸之王 백수지왕, 困獸猶鬪 곤수유투.

사냥용 무기(單)

사냥 개

쓰는 순서 [illegible] 獸 獸　19획

473

彈

한 탄: 탄알(bullet). 쏘다(shoot). 연주하다(play)
중 tán, dàn(탄, 딴)　　일 ダン(단)

탄알 탄
쏠 탄
탈 탄

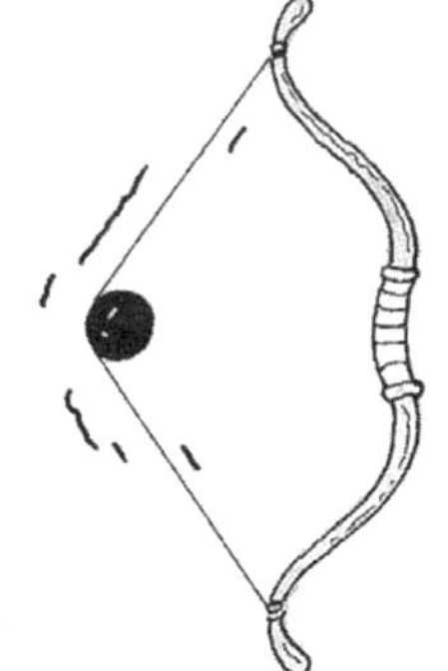

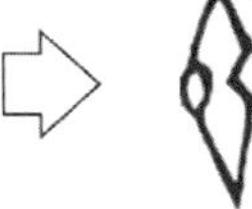

彈

彈

자형은 '弓'(궁)과 '單'(단 · 탄)으로 되어 있다. 자형의 변화과정을 소급해 보면 '彈→彈→弓→ · ' 등과 같다. 갑골문 자형 ' · '은 탄알(●)을 활시위에 얹어 쏘려는 모습, 또는 팽팽한 활시위를 당겼다 놓았을 때 그것이 떠는 모습으로, 본래의 뜻은 「탄알을 쏘는 활」, 또는 「탄알」이다. 「쏘다」, 「튀기다」, 「(현악기를) 타다」 등은 본래의 뜻에서 파생된 것이다. 소전에서부터 뜻을 나타내는 '弓'과 소리 겸 뜻을 나타내는 '單'(단, 탄)으로 된 형성자로 바뀌었다.

응용 : 彈弓 탄궁, 彈琴 탄금, 彈力 탄력, 彈性 탄성, 彈丸 탄환, 彈劾 탄핵, 彈冠 탄관, 糾彈 규탄, 流彈 유탄, 爆彈 폭탄, 砲彈 포탄, 槍林彈雨 창림탄우, 見彈求鳴炙 견탄구효적, 對牛彈琴 대우탄금, 新沐者必彈冠 신목자필탄관.

쓰는 순서　15획

474

한 매: 사다(buy). 구매하다(purchase)

중 mǎi(마이)(买) 反 賣(매) 일 バイ(바이)

살 매

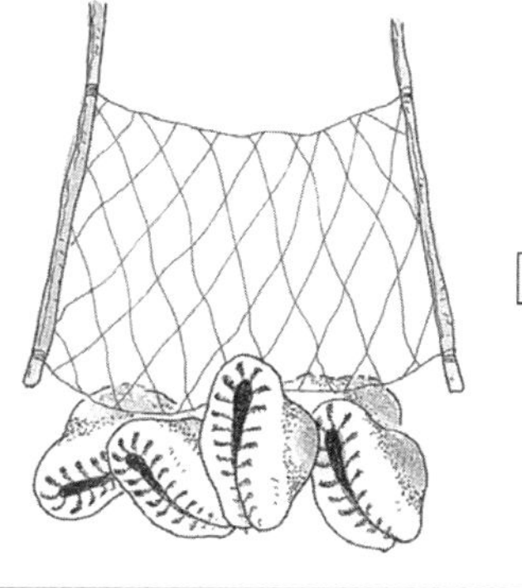

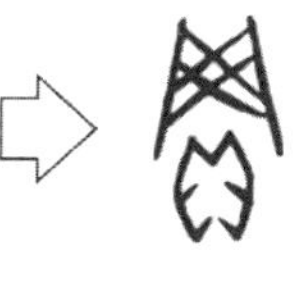

자형은 '罒'(망:그물)과 '貝'(패:조개)로 되어 있다. 자형의 변화과정을 소급해 보면 '買 → 𦋉 → 𦋉 · 𦋉 → 𦋉 · 𦋉' 등과 같다. 갑골문 자형에서 '网·网'(→罒)은 새나 물고기 등을 잡는 도구인 '그물'이고, '貝·貝'(→貝→貝→貝)는 '조개'이다. 고대에는 조개는 「장식물」이나 「돈」으로 사용되었고 또한 「재부」(財富)를 상징했다. 본래의 뜻은 「재물을 그물질하다」, 「재물을 그러모으다」인데, 후에는 「돈(貝)을 주고 물건을 사는 것」을 의미하게 되었다.

응용 : 賣買 매매, 買收 매수, 買入 매입, 買占 매점, 買價 매가, 買官 매관, 購買 구매, 求馬買骨 구마매골, 寸金難買寸光陰 촌금난매촌광음.

쓰는 순서 丶 冖 罒 罒 罒 買 買 買 買 12획

475

賣

한 매: 팔다(sell)

중 mài(마이)(卖) 反 買(매) 일 バイ(바이)

팔 매

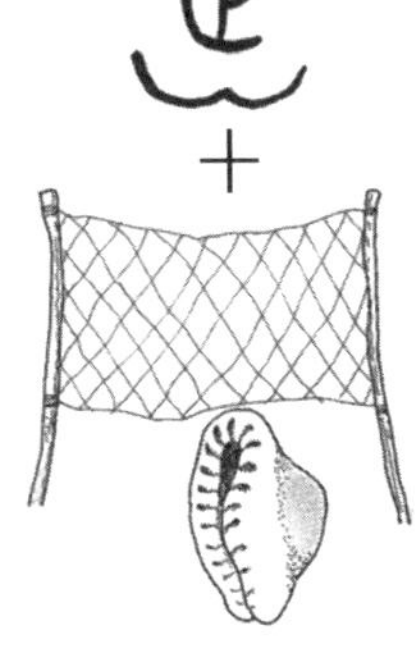

자형은 '士'(사)와 '買'(매)로 되어 있어서 그 의미가 분명하지 않다. 그러나 소전의 자형 '賣'은 '出'(←出←出←出)과 '買'(←買←買←買)로 되어 있어서 '그러모았던 재물'(買)을 '밖으로 내보내는(出) 것'이란 뜻이 분명히 나타난다. 본래의 뜻은 「팔다」, 「가지고 있던 재물을 돈을 받고 내주다」이다. '賣'(매)와 혼동하기 쉬운 자로 '𧶠'(독·속)이 있는데, '讀'(독: 읽다), '瀆'(독:도랑, 더럽히다), '續'(속:잇다), '贖'(속:바꾸다)에 있는 '𧶠'은 '贖'(속)의 본래자이다.

응용 : 賣却 매각, 賣買 매매, 賣國 매국, 賣官 매관, 賣名 매명, 賣店 매점, 賣盡 매진, 賣上 매상, 發賣 발매, 競賣 경매, 小賣 소매, 散賣 산매, 都賣 도매, 專賣 전매, 販賣 판매, 賣官賣職 매관매직, 賣身求榮 매신구영.

15획

476

負

한 부: 지다(carry on the back). 의지하다(rely on)
중 fù(푸) 일 フ(후)

질 부
믿을 부

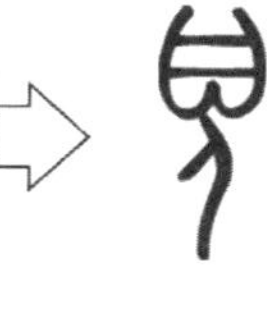

자형은 '貝'(패) 위에 '⺈'('人'의 변형)이 있는 모습이다(*危 위 참조). 금문의 자형 '𩠐·𠕋' 등은 '사람'(⺈→⺈→⺈)이 돈 또는 '재물'(貝→貝→貝)을 등에 지거나 머리에 이고 있는 모습, 또는 재물 위에 거꾸로 서 있는 모습으로, 본래의 뜻은 「(재물에) 의지하다」, 「믿다」, 「등에 지다」이다. '自負'(자부), '抱負'(포부)는 본래의 뜻으로 쓰인 예이다. 「짐」, 「빚」 등은 재물에만 의지할 때 나타나는 현상으로, 파생된 뜻이다. 「싸움에 지다」, 「배반하다」는 뜻으로도 쓴다.

응용 : 自負 자부, 抱負 포부, 勝負 승부, 負擔 부담, 負債 부채, 負荷 부하, 褓負商 보부상, 負老提幼 부로제유, 負石投河 부석투하, 負薪救火 부신구화, 負薪之疾 부신지질, 忘恩負義 망은부의.

사람(人)의 변형

조개(=재물)

쓰는 순서 ノ ⺈ ⺈ 角 角 自 負 9획

477

賓

한 빈: 손님(guest)

중 bīn(삔)(宾)   일 ヒン(힌)

손 빈

자형은 '집'(宀)과 '발'(歹:止)과 '貝'(패)로 되어 있다. 그러나 자형의 변화과정을 소급해 보면 '賓→賓→賓·賓→宾·宾·宾' 등과 같다. 갑골문의 자형들은 '집'(宀) 안에 '주인이 앉아서'(人·大·丂) '찾아오는 손님'(止)을 맞이하는 모습으로, 본래의 뜻은 「손님」이다. 금문에서 손님의 '발'(止) 대신에 '貝'를 써서 「귀한 예물을 들고 찾아오는 것이 손님」이란 뜻을 나타내다가, 소전 이후에는 '주인'의 모습을 찾아오는 손님의 '발'(止→止→歹) 모습으로 바꾸었다.

응용 : 賓客 빈객, 賓待 빈대, 貴賓 귀빈, 來賓 내빈, 外賓 외빈, 主賓 주빈, 衆賓 중빈, 賓客滿門 빈객만문, 敬之如賓 경지여빈, 相待如賓 상대여빈.

쓰는 순서 丶 宀 宀 宀 宀 宀 宀 賓 14획

478

寶

한 보: 보배(treasure)

중 bǎo(바오)(宝) 일 ホウ(호-)

보배 보

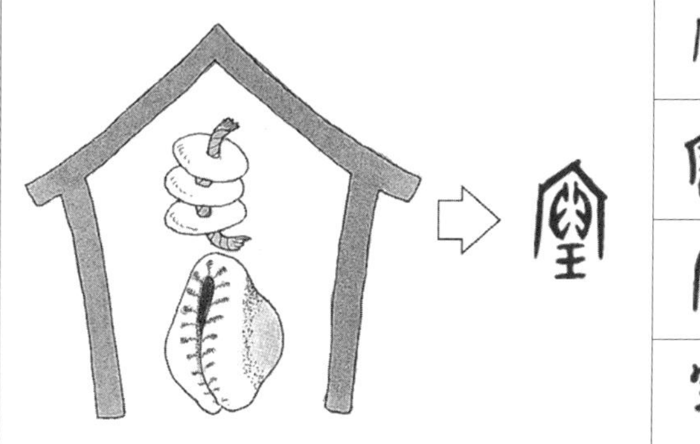

자형은 '집'(宀) 안에 보석인 '옥'(王: 玉)과 '그릇'(缶)과 '돈'(貝)이 있는 모습이다. 갑골문의 자형 '[갑골문]·[갑골문]·[갑골문]' 등은 '집'(⌂) 안에 '돈'([갑골문]:貝)과 보석인 '옥'(王·[갑골문]:玉)이 있는 모습인데, 금문의 자형 '[금문]·[금문]·[금문]' 등에 와서 '옥'(王)과 '돈'(貝) 이외에 '그릇'이란 뜻과 함께 '부'란 소리를 나타내는 '[금문]'(缶)가 추가되었다. 이것들은 아무나 쉽게 가질 수 없는 귀한 것으로, 본래의 뜻은 「보배」, 「진귀한 물건」, 「보물」이다.

응용 : 寶物 보물, 寶庫 보고, 寶刀 보도, 寶石 보석, 寶貨 보화, 寶貴 보귀, 家寶 가보, 國寶 국보, 財寶 재보, 希世之寶 희세지보, 懷寶夜行 회보야행, 入寶山而空手回 입보산이공수회, 慧眼識寶, 狗眼識草 혜안식보, 구안식초.

집 / 보석(玉) / 그릇 / 조개(=재물)

쓰는 순서 宀 宀 宀 宀 宀 宀 寶 寶 20획

479

賦

한 부: 구실(tax). 주다(give)

중 fù(푸)　　일 フ(후)

구실(세금) 부
줄 부
받을 부

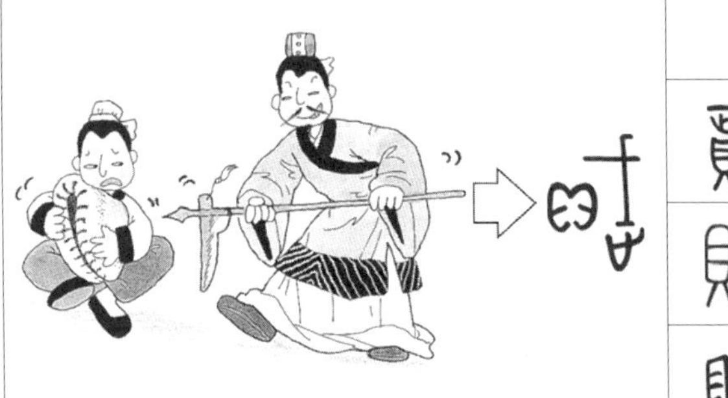

자형은 '貝'와 '武'(무)로 되어 있다(*武 참조). 소전이나 금문의 자형 '賦', '貣'는 위치만 다를 뿐 자형의 구성원리는 같다. '貝'는 돈, 재물, 곡식 등 귀한 물건을 나타내고, '武'(←[고문자]←[고문자]←[고문자])는 본래 무기, 무력, 병사, 전쟁 등을 나타낸다. 본래의 뜻은 「무력으로 강제로 빼앗아가는 돈이나 곡물」, 즉 「세금」이다. 세금은 (국민이) '주는 것'이기도 하고 (국가가) '받는 것'이기도 하므로, '賦'에는 「주다」는 뜻과 동시에 「받다」는 뜻이 있다(*문체의 이름으로도 쓰인다).

응용 : 賦稅 부세, 賦役 부역, 賦與 부여, 賦課 부과, 貢賦 공부, 田賦 전부, 天賦 천부, 征賦 정부, 天賦人權 천부인권, 能詩會賦 능시회부, 登高必賦 등고필부.

무력·무기
賦
재물

쓰는 순서　14획

480

賊

한 적: 도적(thief). 해치다(harm)

중 zéi(제이)　일 ゾク(조쿠)

도적 적

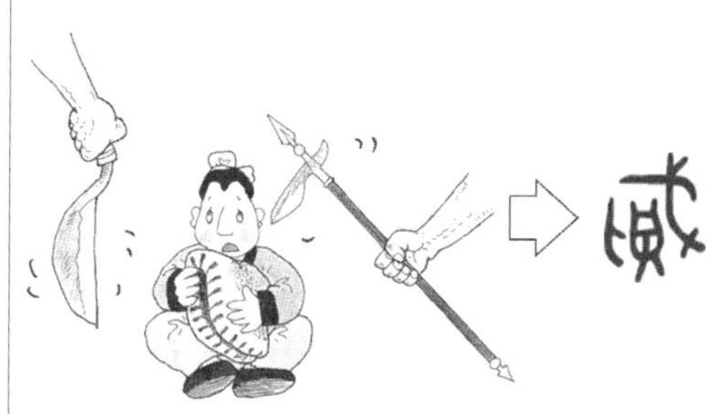

賊

자형은 '貝'와 '戎'(융)으로 되어 있으나, 자형의 변화과정을 소급해 보면 '賊 →[illegible]→[illegible]'과 같다. 금문의 자형 '[illegible]'은 가운데 '貝'([illegible] ←[illegible] :돈 · 재물)가 있고 그것을 좌우에서 '칼'([illegible] · [illegible] →刀)과 '창'([illegible]→戈)을 들고 에워싸고 있는 모습으로, 본래의 뜻은「창과 칼로 재물을 빼앗다」,「도적질하다」이다.「해치다」,「도적」,「역적」등의 뜻은 본래의 뜻이 확장된 것이다(*'戎'융 의 본래 자형 '[illegible]'은 창(戈)과 방패(甲)로 되어 있다. '戎' 참조).

응용 : 盜賊 도적, 山賊 산적, 黃巾賊 황건적, 國賊 국적, 賊軍 적군, 賊徒 적도, 賊黨 적당, 賊反荷杖 적반하장, 亂臣賊子 난신적자, 成則爲王, 敗則爲賊 성즉위왕, 패즉위적.

쓰는 순서　目 貝 貝 貝 貝 賊 賊 賊　13획

賣劍買牛(매검매우 : 마이 찌엔 마이 니우)

옛날 중국 한(漢) 나라 때 발해군(渤海郡) 일대에 흉년이 들자 굶주린 농민들은 도적질을 일삼게 되었습니다. 황제는 공수(龔遂)라는 지혜로운 관리를 뽑아 거기로 파견해 도적을 다스리도록 하였습니다. 공수를 보내기 전에 황제가 그에게 어떤 방법으로 도적을 다스릴지 그 복안을 물어보자, 공수는 도리어 황제에게 되물었습니다.

"벼슬아치들이 굶주리고 추위에 떠는 백성들을 사랑하지 않았기 때문에 농민들은 도적으로 나서게 된 것입니다. 폐하께서는 제가 그 도적들을 소탕하기를 바라시옵니까? 아니면 그자들을 잘 보듬어 주기를 바라시옵니까?"

황제는 공수의 대답에 아주 만족해 하며, 그들을 잘 보듬어 주길 바란다고 대답하였습니다.

발해군에 도착한 공수는 각 고을에 공문을 보내서 그때까지 도적을 소탕하는 일에 동원되어 있던 관리들을 쫓아 내도록 했습니다. 그리고 손에 농기구를 든 사람들은 모두 일반 백성들이므로, 관리들은 그 사람들을 못살게 굴어서는 안 되고 잘 보살펴 주어야 한다고 분부했습니다. 과연 얼마 뒤부터 도적들은 하나 둘 무기를 버리고 괭이와 삽 등 농기구를 들고 농사를 짓기 시작했습니다. 공수는 또 직접 백성들에게 절약하는 모범을 보여 주었습니다. 그리고 칼을 차고 다니는 백성들을 보면 칼을 팔아서(賣劍) 농사짓는 데 쓸 소를 사도록(買牛) 권했습니다.

공수의 어질고 지혜로운 다스림에 발해군은 점차 살기 좋은 지방이 되었다고 합니다.

그로부터 매검매우(賣劍買牛)는 백성들에게 농사일에 힘쓰도록 권고하는 어진 관리, 또는 난리를 평정하고 농사일을 권장하는 것을 비유하게 되었습니다. 〔출처:≪漢書·龔遂傳≫(한서 · 공수전)〕

〈한자풀이〉

賣(매): 팔다.　劍(검): 칼.　買(매): 사다.　牛(우): 소.

鼎

한 정: 솥(cooking vessel)

중 dǐng(딩)　　일 テイ(테이)

솥 정

자형의 변화과정을 소급해 보면 '鼎 → → · · → · · ' 등과 같다. 갑골문과 금문의 자형들은 손잡이(耳)가 둘, 발(足)이 셋 또는 넷 달린 배(腹)가 큰 솥의 모양으로, 본래의 뜻은 「솥」이다. 고대에 청동기로 만들어진 이 솥은 음식을 삶는 데도 썼지만 주로 제사용 또는 의식용으로 썼으며, 국가에 큰 공로가 있는 자에게 기념으로 주어졌다. 권력과 부의 상징으로 쓰였다. 소전 이후 한자의 자소(字素)로 쓰일 때는 '貝' (패)와 같은 모양으로 쓴다.

응용 : 鼎立 정립, 鼎銘 정명, 鼎足 정족, 鼎談 정담, 鼎新 정신, 寶鼎 보정, 九鼎 구정, 天下鼎沸 천하정비, 鼎足之勢 정족지세, 三足鼎立 삼족정립, 魚游沸鼎 어유비정.

솥의 귀와 배

鼎

솥의 발

쓰는 순서 12획

482

한 정: 곧다(faithful). 정조(virginity)

중 zhēn(쩐)　　　일 テイ(테이)

곧을 정
점칠 정

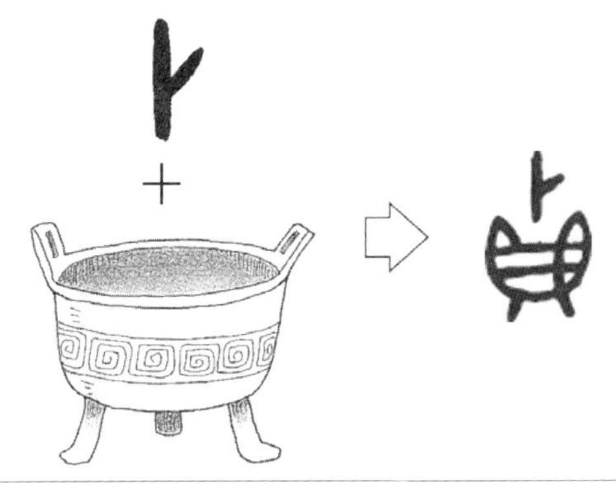

자형은 '卜'(복)과 '貝'로 되어 있으나, 자형의 변화 과정을 소급해 보면 '貞 → 貞 → 鼎·鼎 → 鼎·鼎·鼎·鼎' 등과 같다. 갑골문에서는 '鼎'(鼎·鼎: 정)의 소리만 빌려서 「점을 친다」는 뜻을 나타내다가, 후에와서 '卜'(복:점치다)을 덧붙였다. 본래의 뜻은 「점을 치다」이다. 소전 이후 '鼎'이 '貝'(패)로 변했다. 점을 치면 신(神)의 뜻을 알게 되고, 알고 나면 확신을 갖고 그것을 행할 수 있게 된다. 그래서 「옳곧다」, 「정조」 등의 뜻이 생겼다.

점(卜)을 친다는 뜻을 표시

솥(鼎)

응용 : 貞節 정절, 貞淑 정숙, 貞潔 정결, 貞婦 정부, 貞純 정순, 貞女 정녀, 貞實 정실, 貞臣 정신, 忠貞 충정, 堅貞 견정, 貞觀之治 정관지치, 忠貞不屈 충정불굴, 貞女不更二夫 정녀불경이부.

쓰는 순서　9획

483

한 ① 칙: 법칙(rule). ② 즉: 곧(then)
중 zé(쩌) 일 ソク(소쿠)

법칙 칙
본받을 칙
곧 즉

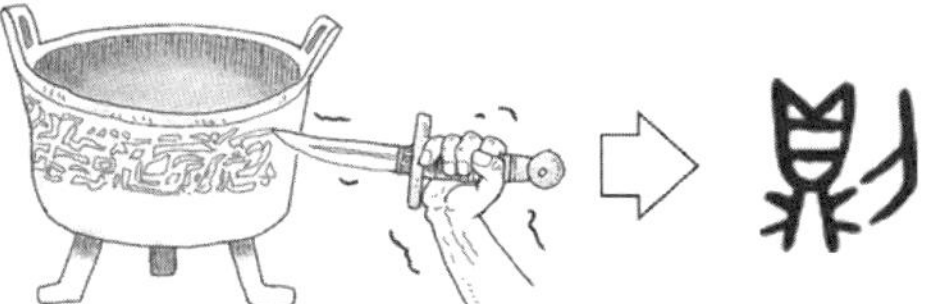

자형은 '貝'와 '刂'(刀)로 되어 있으나, 자형의 변화 과정을 소급해 보면 '則 → 鼎 → 鼎·鼎' 등과 같다. 금문의 자형은 권력이나 공로를 상징하는 '솥'(鼎 → 鼎 → 貝) 옆에 '칼'(刀 → 刂)이 있는 모습인데, 소전 이후 '鼎'이 '貝'(패)로 바뀌었다. 고대에는 청동기 '솥'에 '칼'로 문자나 법을 새겨서(銘文) 사람들이 그것을 보고 지키게 했다. 그래서 「본받아야 할 규범」, 「규칙」, 「법」 등의 뜻을 갖게 되었다. 한자에서 자소(字素)로 쓰일 때는 '측'이란 소리를 나타낸다.

응용 : ① 側 측:곁, 測 측:재다, 惻 측:측은하게 여기다, 厠 측:변소. ② 法則 법칙, 原則 원칙, 規則 규칙, 準則 준칙, 則效 즉효, 窮則變, 變則通 궁즉변, 변즉통, 鳥窮則啄 조궁즉탁, 疑則勿用, 用則勿疑 의즉물용, 용즉물의.

쓰는 순서 9획

484

側

한 측: 옆(side). 기울다(incline)

중 cè(처) 일 ソク(소쿠)

옆 측

지금의 자형은 '亻'(人)과 '則'(칙:鼎+刂)으로 되어 있어서, '則'이 소리를 나타내는 형성자인 듯이 보인다. 그러나 금문의 자형 '𠍵'은 '亻'(人)과 '鼎'(鼎: 鼎)과 '亻'(人)으로 되어 있다. 즉, 권력과 공로, 부의 상징인 '솥'(鼎→貝)의 양옆에 '사람'(亻: 亻)이 서 있는 모습으로, 본래의 뜻은 「옆」, 「곁」이다. 사람은 누구나 옆 또는 곁에 있는 사람에게 정을 주고 그 말에 귀를 기울이기 쉽다. 그래서 「기울이다」는 뜻이 생겼다(*側耳 측이, 側傾 측경).

사람(人)이 칼(刂)로 잘못 변했다

응용 : 側近 측근, 側面 측면, 側目 측목, 側門 측문, 側言 측언, 側室 측실, 側視 측시, 兩側 양측, 旁側 방측, 垂足而立, 側目而視 수족이립, 측목이시, 側耳 측이, 輾轉反側 전전반측.

쓰는 순서 亻 亻 们 伯 伯 侣 俱 側 11획

485

한 실:열매(fruit). 참(real, true)

중 shí(스)(实) 反 虛(허) 일 ジツ(지츠)

열매 실

참 실

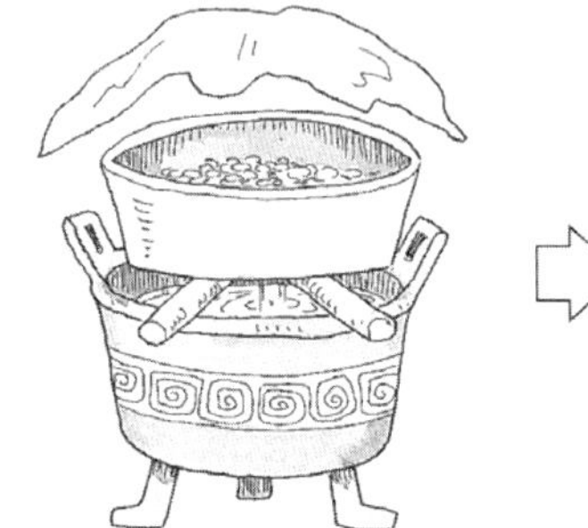

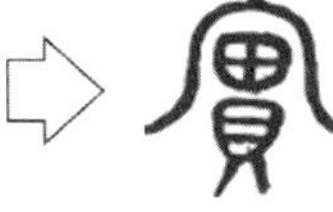

자형은 '宀'(면:집)과 '毌'(관)과 '貝'(패)로 되어 있다. 그러나 금문의 자형 '實·實' 등은 '집'(宀) 안에 '田'(전:밭)과 '貝'(패:조개) 또는 '솥'(鼎)이 있는 모습이다. 본래의 뜻은 「집 안에 논밭(田)과 귀한 재물(貝·鼎)이 가득차 있다」이다. 마음 속이 진실한 생각으로 「차 있는」 것이 '誠實'(성실)이다. 「열매」, 「열매가 익다」, 「씨」, 「참」, 「참으로」, 「재물」 등의 뜻은 모두 「차 있다」는 뜻에서 파생된 것이다.

응용 : 虛實 허실, 充實 충실, 結實 결실, 果實 과실, 事實 사실, 眞實 진실, 現實 현실, 實利 실리, 實習 실습, 實業 실업, 實存 실존, 實效 실효, 實學 실학, 實現 실현, 名實相副 명실상부, 有名無實 유명무실, 實事求是 실사구시.

쓰는 순서 宀 宀 宀 宀 宀 實 實 實 14획

486

한	융: 무기(weapon). 군대(army). 전쟁(war)
중	róng(롱)
일	ジュウ(쥬-)

병장기 융
군사 융
싸움 융

자형은 '戈'(과:창)와 '𠂇'으로 되어 있다. 그러나 자형의 변화과정을 소급해 보면 '戎 → 戎 → 戎 · 戎 → 戎 · 戎' 등과 같다. 갑골문의 자형들은 '창'(戈 → 戈)과 '방패'(甲 · 甲 → 中 → 十(甲)로 되어 있다(*고문에서 '十'은 '甲'의 뜻임). 본래의 뜻은 「공격용 무기인 '창'(戈)과 방어용 무기인 '방패'(甲)」, 즉 일체의 「병장기」이다. 「전쟁」, 「싸움」, 「병정」, 「군사(軍事)」 등의 뜻은 「병장기」에서 파생된 것이다. 후에 와서 중국의 「서쪽 오랑캐」란 뜻이 생겼다.

응용 : 戎歌 융가, 戎車 융거, 戎馬 융마, 戎兵 융병, 戎服 융복, 戎備 융비, 戎事 융사, 戎陣 융진, 戎狄 융적, 西戎 서융, 犬戎 견융, 戎馬生郊 융마생교, 興戎動衆 흥융동중, 唯口興戎 유구흥융.

창(戈)
戎
방패

쓰는 순서 一 二 于 戎 戎 戎 6획

487

戒

한 계:경계하다(guard against)

중 jiè(찌에) 일 カイ(카이)

경계할 계

자형은 '戈'와 '廾'(공)으로 되어 있다. 갑골문 자형 '[갑골문]·[갑골문]' 등은 적의 침입에 대비하기 위하여 '두 손'([갑골문]→廾)으로 '창'([갑골문]→戈)을 들고 경계를 서고 있는 모습이다. 본래의 뜻은 「경계하다」, 「방비하다」이다. 외부로부터 쳐들어오는 적이 아니라 자신의 내부에 있는 적, 즉 탐욕, 안일, 증오, 분노 등으로부터 자신을 지키기 위하여 세워둔 경계가 곧 '戒律'(계율)이다.

응용 : 警戒 경계, 戒律 계율, 戒告 계고, 戒名 계명, 戒嚴令 계엄령, 十戒 십계, 五戒 오계, 破戒 파계, 訓戒 훈계, 懲戒 징계, 酒戒 주계, 罰一戒百 벌일계백, 一罰百戒 일벌백계, 前車覆, 後車戒 전거복, 후거계, 鷄鳴戒旦 계명계단.

창

戒

두 손

쓰는 순서 一 二 于 开 戒 戒 戒 7획

488

武

한 무: 군대(military). 무기(weapon). 굳세다(strong)
중 wǔ(우) 일 ブ(부) · ム(무)

무사 무
무기 무

武

자형은 '弌'와 '止(지)'로 되어 있다. '弌'는 '戈'의 변형으로, 자형의 변화과정을 소급해 보면 '武 → [古字] → [古字] · [古字] → [古字] · [古字]' 등과 같다. 고문의 자형들은 '창'([古字] · [古字] →戈)을 들고 '걸어가는'([古字] → 止) 모습으로, 본래의 뜻은 「무기를 들고 싸우러 가다」이다. 「굳세다」, 「무기」, 「전쟁」, 「무사」 등의 뜻은 모두 본래의 뜻에서 파생되었다. "武란 전쟁(戈)을 멈추는 것(止)"이란 해석은 전국시대의 염전(厭戰: 전쟁을 싫어함) 사상을 반영한 것이고 본래의 뜻은 아니다.

창(戈)
武
발(止)

응용 : 武人 무인, 武力 무력, 武器 무기, 武功 무공, 武士 무사, 武道 무도, 武術 무술, 武臣 무신, 武威 무위, 武裝 무장, 文武 문무, 步武 보무, 尙武 상무, 文武兼備 문무겸비, 威武不能屈, 貧賤不能移 위무불능굴, 빈천불능이.

쓰는 순서 一 二 亍 于 正 武 武 7획

한 전: 적다(little)

중 cán(찬) 일 セン(센) · サン(산)

적을 전

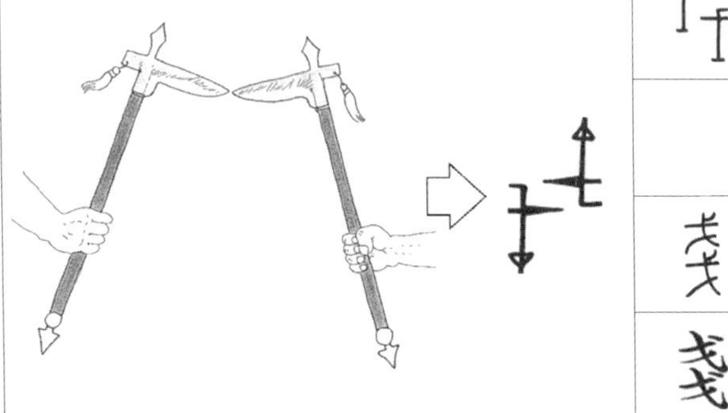

자형은 두 개의 '戈'가 상하로 겹쳐 있는 모습이다. 자형의 변화과정을 소급해 보면 '戔 → 戔 → 戔 · 戔 · 戔 →(戔)' 등과 같다. 초기의 도화문자와 갑골문자들은 '창'(戈 → 戈)과 '방패'(中 → 甲)를 든 두 병사('戎' 융 참조)가 서로 맞서 싸우는 모습으로, 본래의 뜻은 「싸우다」, 「서로 해치다」이고, '殘'(잔: 해치다)의 본래자이다. 후에 방패(中)가 생략되고 창(戈: 戈)만 두 개 남았다. 「줄어들다」, 「적다」, 「남다」 등의 뜻은 모두 싸움의 결과 생겨나는 현상들이다.

응용 : 殘 잔:해치다·쇠잔하다·남다, 淺 천:물이 얕다, 賤 천:천하다, 錢 전:적은 양의 돈, 踐 천:밟다·따르다, 箋 전: 쪽지·전지.

창(戈)

창(戈)

쓰는 순서 8획

490

한 무: 천간

중 wù(우)　　일 ボ(보) · ボウ(보-)

천간 무

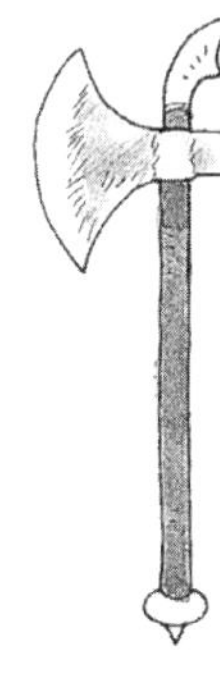

갑골문 자형 '[illegible] · [illegible] · [illegible]' 등과 금문의 자형 '[illegible] · [illegible] · [illegible] · [illegible]' 등은 긴 자루에 넓은 도끼날 모양의 칼날이 달린 '창'([illegible] → 戈)의 모습으로, 본래의 뜻은 공격용 무기의 일종인 창의 이름이다. 그러나 일찍부터 본래의 뜻으로 쓰인 예는 찾아보기 어렵고, 다만 다섯 번째 천간(天干: 甲 갑 · 乙 을 · 丙 병 · 丁 정 · 戊 무 … 등)의 명칭으로만 쓰이고 있다. '戊'가 들어 있는 한자는 모두 '戊'란 창의 사용과 관련이 있다.

응용 : ① 成 성:이루다, 歲 세:해, 戚 척:도끼·슬퍼하다, 威 위:위엄, 咸 함:다·모두·같다, 戌 술:지지. ② 戊戌年 무술년, 戊午年 무오년.

쓰는 순서 丿 厂 戊 戊 戊 5획

華而不實(화이부실 : 후와 얼 뿌 스)

옛날 중국 춘추 시대 때 진(晋) 나라의 대신 양처보(陽處父)가 이웃 나라를 방문하여 일을 마치고 돌아오는 길에 어느 한 객점에서 밤을 보내게 되었습니다.

객점의 주인은 영영(寧英)이란 사람이었습니다. 영영의 눈에 비친 양처보의 행장은 화려하고 위풍당당하기 이를 데 없었습니다. 이 모습을 본 영영은 양처보가 대단히 훌륭하고 배울 점이 많은 사람임에 틀림없다고 생각하고는, 집을 떠나 그를 따라가기로 작정하였습니다. 훌륭한 사람 곁에 있으면 많은 것을 보고 배울 수 있을 것이라고 생각했던 것입니다. 이렇게 해서 그 다음 날, 영영은 부인과 작별한 후 양처보 일행을 따라 길을 나섰습니다.

그러나 길을 가면서 양처보와 얘기를 나누어 본 영영은 곧 양처보가 생각했던 것처럼 배울 점이 많은 사람이 아니란 것을 발견했습니다. 영영은 즉시 발길을 돌려 집으로 돌아왔습니다.

길을 떠난 지 얼마 되지 않아 되돌아온 남편을 보고 부인이 그 까닭을 묻자, 영영은 이렇게 대답했습니다.

"양처보와 얘기를 나눠 보니, 겉으로 보이는 것처럼 그렇게 훌륭하고 당당한 사람이 아니란 것을 알았소. 알고 보니 그는 겉은 번드르르하고 화려하지만(華而) 내실은 없는(不實) 그런 자였소. 주위 사람들도 그를 좋아하지 않는 눈치였소. 이런 사람은 반드시 좋지 않은 일을 당하고 말 것이오."

과연 영영의 예상대로 일 년 뒤에 양처보는 어떤 사람에 의해 살해되고 말았습니다.

영영의 말에서 나온 화이부실(華而不實)은 겉모습은 화려하지만 속은 텅 비어 내실이 없는 경우를 비유하는 성어입니다.

〈한자풀이〉

華(화): 화려하다. 而(이): 하지만, 그러나. 不(불): 아니다.
實(실): 내실이 있다, 열매.

491

成

한 성: 이루다(achieve)

중 chéng(청)　反 敗(패)　일 セイ · ジョウ

이룰 성

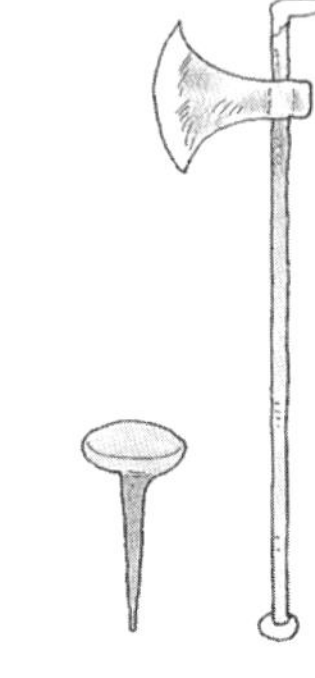

자형은 '戊'(무)와 '丁'(정)으로 되어 있다. 자형의 변화과정을 소급해 보면 '成 → · → · → · ' 등과 같다. 갑골문과 금문의 자형들은 '戊'(· → 戊)와 소리 겸 뜻을 나타내는 '丁'(· → 丁)으로 되어 있다. 본래의 뜻은 「무력으로 난리를 평정하여(戊) 못을 박듯이(丁) 안정시켜 놓다」이다. 「이루다」, 「성공하다」, 「화해하다」, 「평화」 등은 본래의 뜻에서 파생된 것이다. 역사상 '成'이란 왕의 이름이 많은 이유는 이 때문이다.

응용 : 成功 성공, 成果 성과, 成立 성립, 成分 성분, 成事 성사, 成熟 성숙, 成敗 성패, 成長 성장, 成績 성적, 達成 달성, 大成 대성, 養成 양성, 作成 작성, 合成 합성, 三人成市虎 삼인성시호, 玉不琢而不成器 옥불탁이불성기.

쓰는 순서　一 厂 万 成 成 成　6획

城

한 성: 성(city wall)

중 chéng(청)　　일 ジョウ(죠-)

성 성

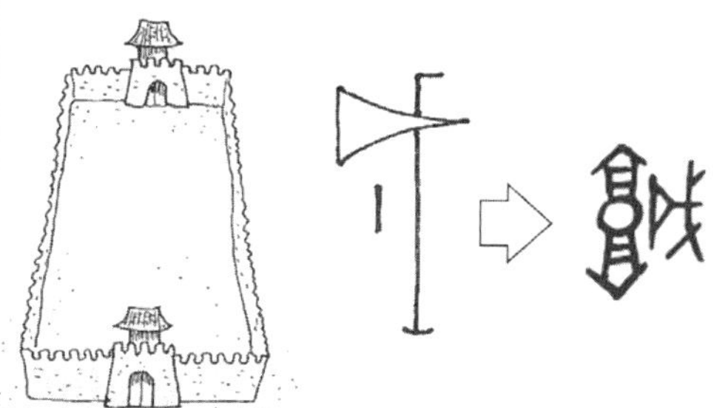

지금의 자형은 '土'(토)와 '成'(성)으로 되어 있다. 그러나 금문의 자형은 '[illegible]·[illegible]·[illegible]·[illegible]' 등으로, '담장'이란 뜻을 나타내는 '[illegible]'(→ 亯 → **庸**:용)과, '성'이란 소리를 나타내는 '[illegible]'(→ 成)으로 되어 있다. 옛날에는 담장이나 성을 「흙」으로 쌓았으므로, 후에는 '[illegible]'(庸)을 '土'로 바꾸어서 지금의 자형처럼 되었다. 본래의 뜻은 「성벽」, 「성(城)」이다. 옛날에는 도읍의 사방에 큰 성벽을 이중으로 쌓았는데, 안쪽의 것을 '城', 바깥쪽의 것을 '**郭**'(곽)이라 하였다.

'성'이란 소리 표시

城

흙

응용 : 城郭 성곽, 城門 성문, 城樓 성루, 城內 성내, 干城 간성, 京城 경성, 古城 고성, 都城 도성, 皇城 황성, 不夜城 불야성, 萬里長城 만리장성, 金城湯池 금성탕지, 衆心成城 중심성성, 城門失火, 殃及池魚 성문실화, 앙급지어.

쓰는 순서 一 ㅏ 圡 圹 坂 城 城 城　9획

493

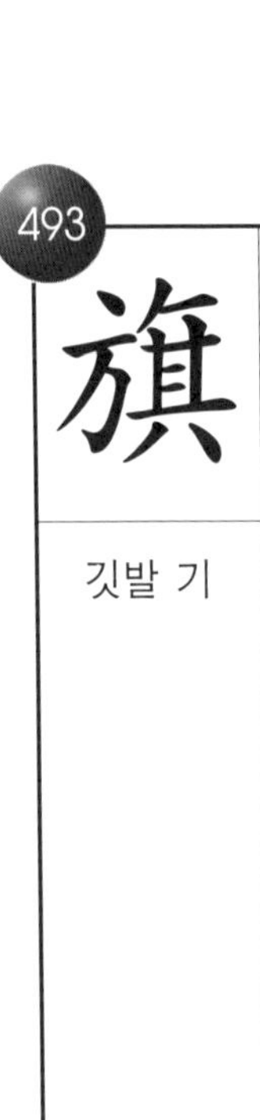

旗

한 기: 깃발(flag)

중 qí(치)　　일 キ(키)

깃발 기

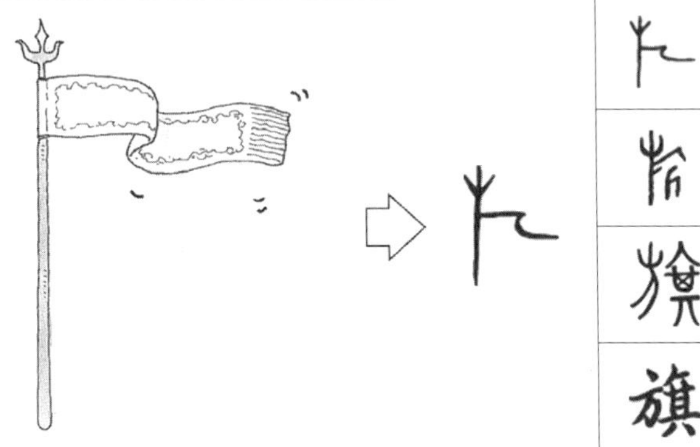

자형은 '㫃'(언)과 소리를 나타내는 '其'(기)로 되어 있다. '㫃'의 갑골문 자형 ' · · ' 등은 모두 바람에 깃발이 휘날리는 모습으로, 본래의 뜻은 「기」, 「깃발이 펄럭이다」이다. 「기」는 깃발에 그려진 그림 또는 상징물이나 장식물에 따라 여러 종류로 나뉘는데, 원래는 곰과 범이 그려진 깃발을 '기'라고 부르고, 소리부호 '其'(기)를 덧붙였다(形聲字). 그러나 후에 와선 여러 종류의 기를 통들어 '旗'(기)라고 부르게 되었다. '旂'(기)로 쓰기도 한다.

응용 : 太極旗 태극기, 國旗 국기, 校旗 교기, 軍旗 군기, 社旗 사기, 反旗 반기, 叛旗 반기, 半旗 반기, 白旗 백기, 赤旗 적기, 弔旗 조기, 旗下 기하, 旗幟鮮明 기치선명, 旌旗蔽日 정기폐일, 斬木爲兵, 揭竿爲旗 참목위병, 게간위기.

쓰는 순서 亠 方 方 㫃 旃 旗 旗 旗　14획

494

族

한 족: 겨레(clan). 무리(group)

중 zú(주) 일 ゾク(조쿠)

겨레 족
무리 족

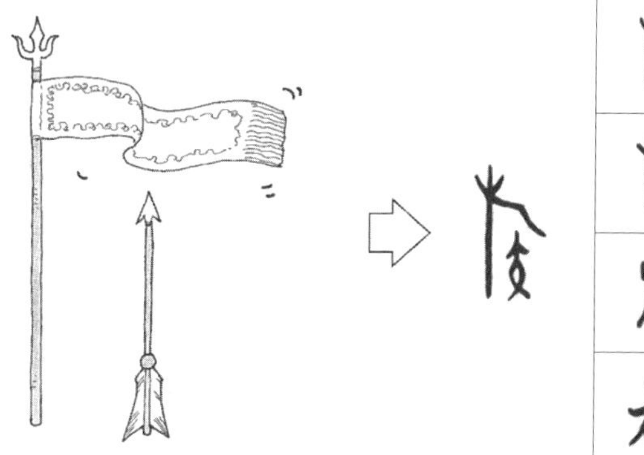

자형은 '㫃'(언)과 '矢'(시)로 되어 있다. 갑골문 자형 ' · · · ' 등은 모두 펄럭이는 깃발(→ 㫃) 아래에 화살(→ 矢)이 있는 모습이다. 고대에는 전쟁을 할 때 한 가족 또는 씨족끼리 하나의 전투부대가 되는 씨족군을 만들었다. 그들이 자신들의 씨족을 상징하는 깃발 아래에 전쟁무기인 화살을 들고 모여 있는 모습으로, 이로써 그들이 같은 「집안」 또는 「씨족」임을 나타냈다. 본래의 뜻은 「피붙이」, 「집안」, 「씨족」, 「겨레」이고 「무리」란 뜻도 있다.

응용 : 族長 족장, 族人 족인, 家族 가족, 氏族 씨족, 部族 부족, 民族 민족, 三族 삼족, 王族 왕족, 皇族 황족, 種族 종족, 血族 혈족, 語族 어족, 水族 수족, 魚族 어족, 名門大族 명문대족, 三族之罪 삼족지죄.

쓰는 순서 11획

495

旅

한 려: 여행하다(travel). 군대(troops)
중 lǚ(뤼) 일 リョ(료)

나그네 려
여행 려
무리 려
군사 려

자형은 '㫃'(언)과 '㐺'로 되어 있다. 자형의 변화과정을 소급해 보면 '旅 → [古字] → [古字]·[古字]·[古字]·[古字] → [古字]·[古字]·[古字]·[古字]' 등과 같다. 갑골문의 자형들은 깃발을 앞세우고([古字]:㫃) 많은 사람들이([古字]·[古字] → [古字] → 㐺), 한 곳에서 다른 곳으로 이동하고 있는 모습으로, 이것은 행군을 하거나 단체여행을 할 때 흔히 볼 수 있는 모습이다. 본래의 뜻은 「군대」로, 오백 명으로 이루어진 군대 단위가 '旅'였다. 후에는 주로 「무리」, 「나그네」, 「여행」 등의 뜻으로 쓰게 되었다.

응용 : 旅團 여단, 旅客 여객, 旅行 여행, 旅館 여관, 旅路 여로, 旅費 여비, 旅宿 여숙, 旅程 여정, 軍旅 군려, 逆旅 역려, 萬物之逆旅 만물지역려, 行旅 행려, 商旅 상려, 師旅 사려.

깃발(㫃)
旅
두 사람(㐺)

쓰는 순서 : 亠 方 方 方 㫃 㫃 旅 旅 旅 10획

496

旋

한 선: 돌다(revolve). 돌아오다(return)

중 xuán(쉬엔) 일 セン(센)

돌 선
돌아올 선

자형은 '㫃'과 '疋'(소:발)로 되어 있다. 금문과 갑골문의 자형 '[고문자]·[고문자]·[고문자], [고문자]' 등은 바람에 펄럭이는 '깃발'([고문자]→㫃) 아래에 '발'([고문자]·[고문자]→足·止)이 있는 모습이다. 옛날에는 무슨 일이 있을 때는 기를 높이 세워 사람들을 모으고, 깃발을 흔들어서 그들을 지휘했다. 그리고 많은 사람들은 깃발을 중심으로 움직였다. 본래의 뜻은 「깃발 아래서 빙빙 돌다」, 「깃발을 앞세우고 갔다가 돌아오다」이다. 전쟁에서 이기고 돌아오는 것을 '凱旋'(개선)이라고 한다.

응용 : 凱旋 개선, 周旋 주선, 斡旋 알선, 盤旋 반선, 旋回 선회, 旋風 선풍, 旋踵 선종, 戰不旋踵 전불선종, 時來運旋 시래운선, 天旋地轉 천선지전.

깃발
旋
발

쓰는 순서 亠 亣 方 方 方 㫃 旃 旋 11획

497

幸

한 행: 행복(happiness). 행운(good fortune)

중 xìng(씽) 일 コウ(코-)

다행 행

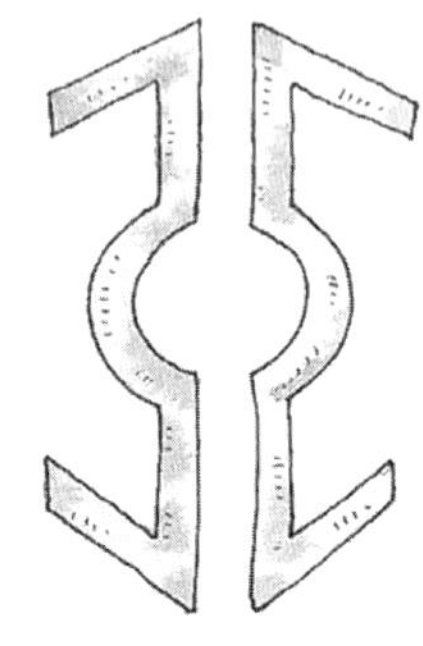

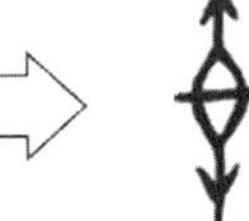

자형의 변화과정은 두 가지가 있다. 하나는, '幸 → 𡴘 → 𤞞 → 𤞞' 으로, 개(犬)가 양고기(羊)를 물고 있는 모습으로, 본래의 뜻은 「행복하다」, 「즐거운 일」이다(독립된 자형은 주로 이런 뜻으로 쓰고, '행' 이라 읽는다). 다른 하나는, '幸 → 𡴘 → ⇕ · ⇕ → ⇕' 으로, 죄인의 두 손에 끼워서 위아래를 끈으로 묶었던 「수갑」이다(이때의 음(音)은 '녑' 이다). '수갑 차는 신세를 면하는 것' 이야말로 '다행스런 일' 이란 뜻이다. 옛날 '왕' 의 행동임을 나타내는 데도 썼다.

응용 : 幸福 행복, 幸運 행운, 幸運兒 행운아, 多幸 다행, 不幸 불행, 天幸 천행, 僥幸 요행, 行幸 행행, 巡幸 순행, 幸而免 행이면, 不幸之幸 불행지행, 幸反爲禍 행반위화.

쓰는 순서 一 十 土 圭 圭 圭 壴 幸 8획

498

執

한 집: 잡다(hold). 맡다(take charge of)

중 zhí(즈)(执)　일 シツ(시츠)・シュウ(슈-)

잡을 집

자형은 '幸'(녑)과 '丸'(환)으로 되어 있다. 자형의 변화과정을 소급해 보면 '執 → [illegible] → [illegible] → [illegible]・[illegible]・[illegible]' 등과 같다. 두 팔을 앞으로 뻗은 채 꿇어앉아 있는 사람([illegible]・[illegible]:丸)의 손에 수갑([illegible]:幸)이 채워져 있는 모습으로, 본래의 뜻은 「죄인을 붙잡다」, 「체포하다」이다. 수갑을 채워 벗어날 수 없을 정도로 「꽉 붙잡고 있다」, 「차지하고 있다」는 뜻에서 '固執'(고집), '執權'(집권) 등에서의 '執'의 뜻이 생겼다. '일을 담당하다', '책임지고 하다' 등의 뜻도 있다.

두 팔을 앞으로 뻗고 앉아 있는 사람의 모습

수갑

응용 : 執行 집행, 執權 집권, 執事 집사, 執着 집착, 執中 집중, 執筆 집필, 執政 집정, 執務 집무, 各執其見 각집기견, 允執其中 윤집기중, 擇善固執 택선고집.

쓰는 순서 [illegible] 執 執　11획

499

報

한 보: 갚다(repay). 알리다(report)

중 bào(빠오)(报)　　일 ホウ(호-)

갚을 보
알릴 보

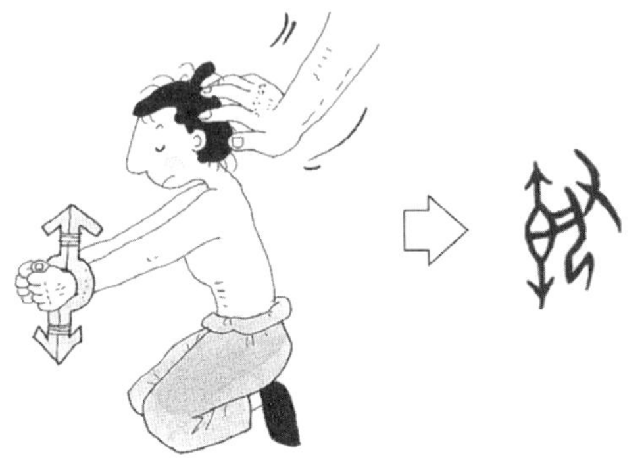

報

자형은 '幸'(녑)과 '𠬝'(복)으로 되어 있다(*服 복 참조). 자형의 변화과정을 소급해 보면 '報 → 𦏦→ 𦏦 → 𦏦· 𦏦' 등과 같다. 갑골문에서 '幸'(幸:녑)은 「수갑」을 나타내고, '𠬝·𠬝'(𠬝)은 사람을 손으로 눌러 꿇어 앉힌 모습으로, 본래의 뜻은 수갑 찬 죄인을 꿇어 앉혀 「죄를 문초하다」, 「심판하다」이다. 문초한 후 지은 죄에 합당한 「처벌」, 「죄갚음」을 함으로써 죄의 결과가 어떤 것인지를 '알게 했다'. 「갚다」, 「알리다」, 「대답하다」 등의 뜻은 이로부터 생겼다.

응용 : 報答 보답, 報恩 보은, 報償 보상, 報告 보고, 報復 보복, 報道 보도, 日報 일보, 月報 월보, 通報 통보, 情報 정보, 電報 전보, 豫報 예보, 凶報 흉보, 吉報 길보, 因果應報 인과응보, 善有善報, 惡有惡報 선유선보, 악유악보.

쓰는 순서 一 土 去 幸 幸 幸 𠦪 報 報 12획

한 어: 감옥(prison). 마굿간(horse stable)

중 yǔ(위) 일 ギョ(교)

감옥 어
마굿간 어

자형은 '囗'(위:에워싸다)와 '幸'(녑)으로 되어 있다. 그러나 갑골문 자형은 '[갑골문]·[갑골문]·[갑골문]·[갑골문]' 등으로, 두 손에 수갑을 찬 죄인([갑골문]:執)이 감옥(囗) 속에 갇혀 있는 모습으로, 본래의 뜻은 「죄인을 가두어 두는 곳」, 즉 「감옥」이다. 갑골문에서 이미 죄인이 수갑을 찬 모습이 수갑([갑골문]:幸)만의 모습으로 간략화되고 있다. 말을 기르는 마굿간도 「감옥」과 닮았으므로 「마굿간」, 「말 기르는 사람」 등의 뜻도 생겼다.

응용 : 囹圉 영어, 下圉 하어, 馬圉 마어, 牧圉 목어, 圉人 어인, 禍亂不作, 囹圉空虛 화란부작, 영어공허, 囹圉與福堂同居 영어여복당동거.

圉

쓰는 순서 丨 冂 ... 圉 11획

大器晩成(대기만성 : 따 치 완 청)

옛날 중국에는 한(漢) 나라가 망해 버리고 난 뒤 위(魏) 나라, 촉(蜀) 나라, 오(吳) 나라 삼국이 서로 천하를 차지하려고 다투던 시대가 있었습니다. 우리가 잘 아는 중국의 고전 소설 「삼국지」의 배경이 된 시대가 바로 그때이지요.

그때 위 나라에 최림(崔林)이란 젊은이가 있었습니다. 최림은 열심히 글공부에 전념했지만 세상에 내노라 하는 뛰어난 성과는 이루지 못했고, 또 세상에 이름이 널리 알려지지도 못한 젊은이였습니다. 최림의 친척과 친구들은 이런 최림을 하찮게 여기고 무시하곤 했습니다. 사람들은 글재주가 뛰어나 세상에 이름을 떨치는 일을 매우 중요하게 생각하고 있었기 때문입니다.

그러나 최림의 사촌 형 최담(崔琰)은 최림을 무시하는 사람들에게 이렇게 말해 주곤 하였습니다.

"최림 같은 사람을 '큰 그릇은(大器) 늦게 완성된다(晩成)' 고 하는 걸세. 두고 보게나. 앞으로 최림은 큰 인물이 될 걸세."

최담의 말은 과연 틀리지 않았습니다. 주위의 비웃음에도 아랑곳 하지 않고 홀로 열심히 글공부에 힘쓴 최림은, 훗날 위 나라 조비(曹丕) 황제 때 어느 고을의 수령이 되어 백성을 잘 다스렸답니다.

'큰 그릇은 늦게 완성된다,' 또는 '큰 그릇은 늦게 채워진다' 는 뜻의 '대기만성' (大器晩成)이란 말은 본래는 『노자』(老子)란 책에서 나온 말인데, 큰 재능을 가진 사람이 타고난 재능을 오랫동안 연마하여 마침내는 큰 일을 하게 된다는 뜻을 나타내는 성어로 쓰이고 있습니다. 〔출처: ≪三國志 · 魏書 · 崔琰傳≫(삼국지 · 최담전)〕)

〈한자풀이〉

大(대): 크다. **器**(기): 그릇. **晩**(만): 늦다. **成**(성): 이루다.

색　　인

※ 한자의 오른 쪽 번호는 각 한자의 고유 번호입니다.

저자 박 기 봉(朴琪鳳) 약력

경북고등학교 졸업(1966)
서울상대 경제학과 졸업(1970)
한국출판협동조합 이사장(前)
비봉출판사 대표(現)

〈저서〉
214 한자 부수자 해설(1995)
비봉한자학습법(1998)

〈역서〉
孟子(1992) 漢字正解(1994)
교양으로 읽는 논어(2000)
교양으로 읽는 맹자(2001)
성경과 대비해 읽는 코란(2001)
충무공 이순신 전서 전4권(2006)
을지문덕전(2006)
조선상고사(2006)
조선상고문화사(2007)

뿌리를 찾아 원리를 이해하는

비봉 한자 학습법(2) <개정판>

저 자	朴 琪 鳳
발 행 인	朴 琪 鳳
발 행 처	비봉출판사
출판등록	317-2007-571(1980. 5. 23)
주 소	서울 금천구 가산동 550-1, 롯데IT캐슬 2동 808호
전 화	02-2082-7444
F A X	02-2082-7449
초판발행	1998년 1월 20일
개정판발행	2008년 11월 5일
ISBN	978-89-376-0366-2 04700 978-89-376-0364-8 (전2권)

정가 10,000원

※ 잘못된 책은 바꿔 드립니다.

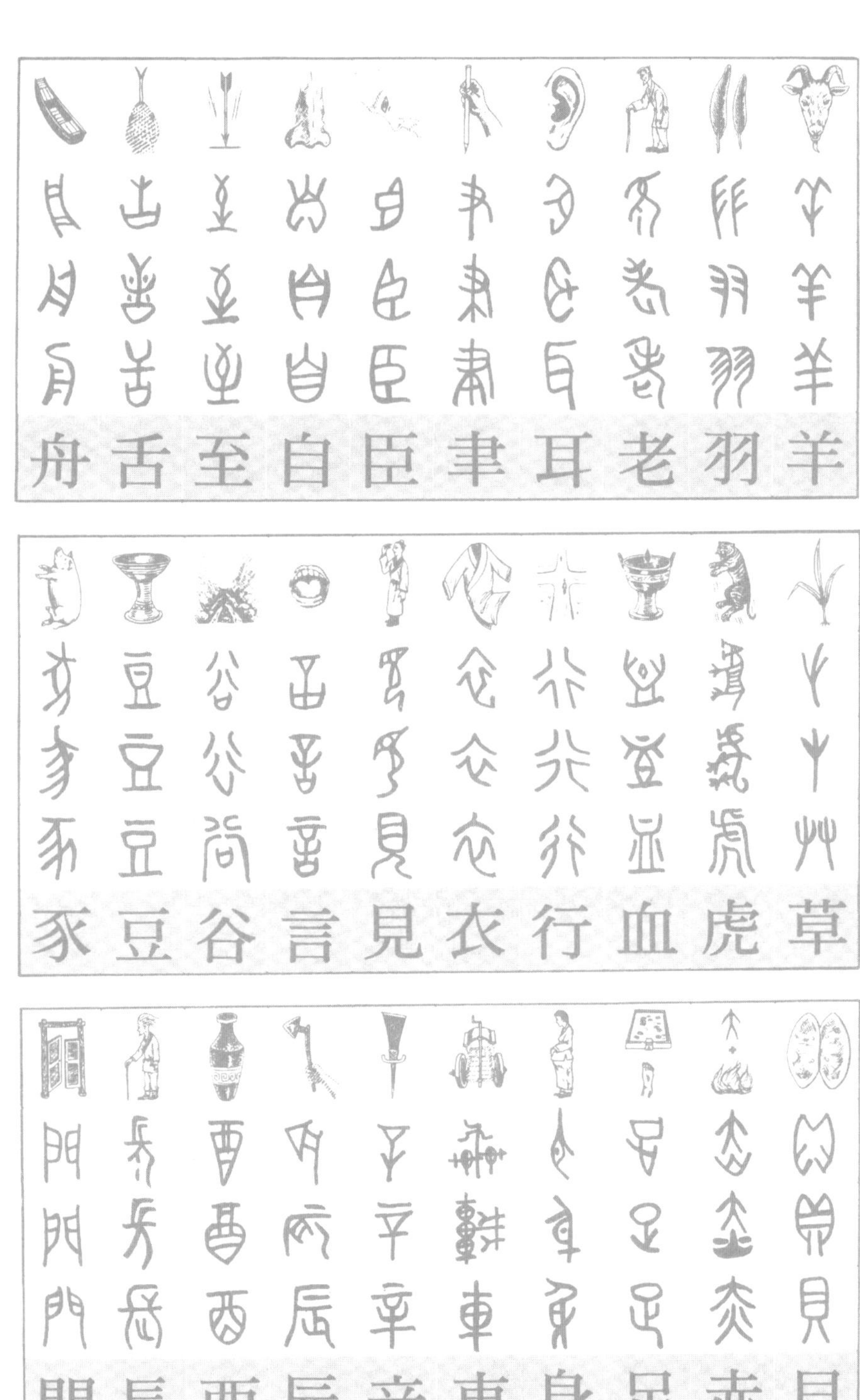
舟 舌 至 自 臣 聿 耳 老 羽 羊
豕 豆 谷 言 見 衣 行 血 虎 草
門 長 酉 辰 辛 車 身 足 赤 貝

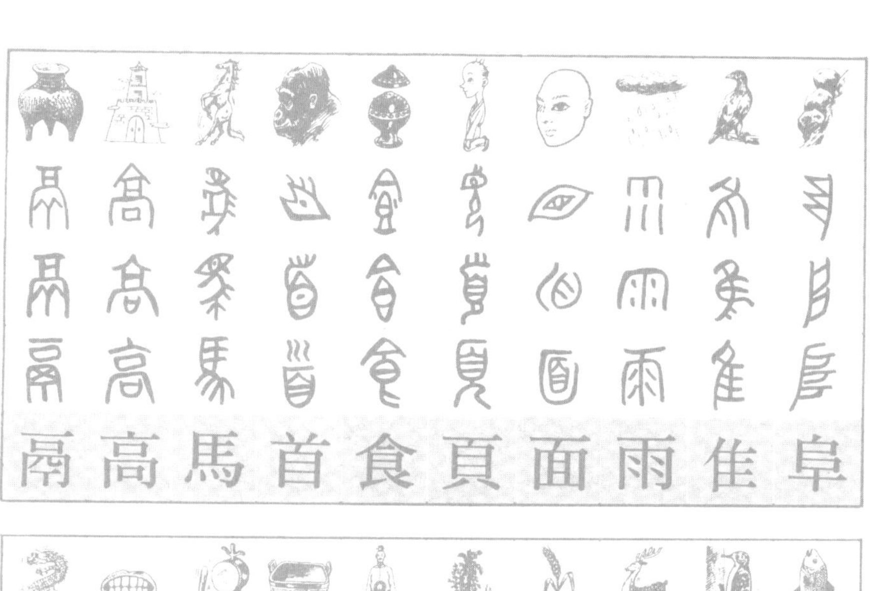

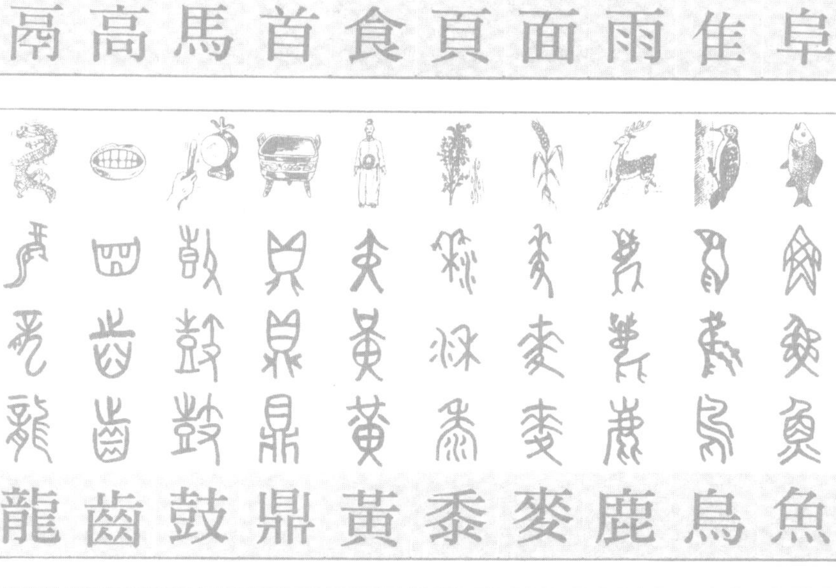

乳 出 萬 東 家 明 改 好 之 龜